臺灣史研究名家論集

（二編）

尹章義　王見川　吳學明

李乾朗　周翔鶴　林文龍

邱榮裕　徐曉望　康　豹

陳小沖　陳孔立　黃卓權

黃美英　楊彥杰　蔡相輝

蘭臺出版社

作者簡介（依姓氏筆劃排序）

尹章義　社團法人臺灣史研究會理事長、財團法人福祿基金會董事、財團法人兩岸關係文教基金會執行長。中國文化大學民國 106 年退休教授，輔仁大學民國 94 年退休教授，東吳、臺大兼課。出版專書 42 種（含地方志 16 種）論文 358 篇（含英文 54 篇），屢獲佳評凡四百餘則。

　　　　　赫哲人，世居武昌小東門外營盤（駐防），六歲隨父母自海南島轉進來臺，住臺中水湳，空小肄業，四民國校、省二中、市一中畢業，輔仁大學學士，臺灣大學碩士，住臺北新店。

王見川　1966 生，2003 年 1 月取得國立中正大學歷史所博士學位。2003 年 8 月至南臺科技大學通識教育中心任助理教授至今。研究領域涉及中國民間信仰(關帝、玄天上帝、文昌、媽祖)、預言書、明清以來民間宗教、近代道教、佛教、扶乩與慈善等，是國際知名的明清以來民間宗教與相關文獻專家。著有《從摩尼教到明教》(臺北新文豐出版公司，1992)、《臺灣的齋教與鸞堂》(臺北南天書局，1996)、《漢人宗教、民間信仰與預言書的探索：王見川自選集》(臺北：博揚文化公司，2008)、《張天師之研究：以龍虎山一系為考察中心》(臺北：博揚文化公司，2015)等書。另編有《明清民間宗教經卷文獻》、《中國預言救劫書彙編》《臺灣宗教資料彙編：民間信仰、民間文化》、《中國民間信仰、民間文化資料彙編》、《明清以來善書叢編》等套書。

吳學明　國立臺灣師範大學歷史學碩士、博士，現任國立中央大學歷史研究所教授，曾任國立中央大學客家社會文化研究所所長、客家研究中心主任等職。主要研究領域為臺灣開發史、臺灣客家移墾史、臺灣基督教長老教會史與臺灣文化史，關注議題包括移民拓墾、北臺灣隘墾制與地方社會、南臺灣長老教會在地化歷程等。運用自民間發掘的族譜、契約文書等地方文獻，從事區域史研究，也對族群關係、寺廟與社會組織等底層民眾行動力進行探討。著有《金廣福墾隘與新竹東南山區的開發（1835-1895）》、《頭前溪中上游開墾史暨史料彙編》、《金廣福隘墾研究》、《從依賴到自立──臺灣南部基督長老教會研究》、《變與不變：義民爺信仰之擴張與演變》、《臺灣基督長老教會研究》

與學術論文數十篇，並着編《古文書的解讀與研究》（與黃卓權合編著）、《六家林氏古文書》等專書。

李乾朗　中國文化大學建築及都市設計系畢業，現任國立臺灣藝術大學古蹟藝術修護學系客座教授。致力於古建築田野調查研究，培養古蹟維護的專業人才，並積極參與學術研討會發表研究成果。曾出版了《臺灣建築史》、《古蹟入門》、《臺灣古建築圖解事典》、《水彩臺灣近代建築》、《巨匠神工》等八十餘本與傳統建築或近代建築相關之個人著作，同時也主持多項古蹟、歷史建築的調查研究計劃，出席各縣市政府之古蹟評鑑會議或文化資產議題會議，盡其所能地為臺灣古建築的保存與未來發聲。2011 年榮獲第十五屆臺北文化獎，2016 年榮獲第三十五屆行政院文化獎。

周翔鶴　廈門大學臺灣研究院歷史研究所副教授。

林文龍　南投竹山人，現寓彰化和美。1952 年生，臺灣文獻館研究員。喜吟詠，嗜藏書，旁及文房雅玩。近年，以科舉與臺灣書院研究為重點。著《臺灣的書院科舉》、《彰化書院與科舉》、《臺灣科舉家族──新竹鄭氏人物與科名》，以及《掃籜山房詩集》、《陶村夢憶雜詠》等集。別有書話《書卷清談集古歡》，含〈陶村說書〉、〈披卷餘事〉二編。

邱榮裕　臺灣省桃園縣中壢市人，1955 年生，臺灣省立臺北師專、國立臺灣師範大學、日本立命館大學文學碩士、博士。歷任國小、國中教師、臺灣師範大學專任助教、講師、副教授，全球客家文化研究中心主任；兼任中央大學客家學院副教授、臺灣大學客家研究中心特聘副研究員、中華民國斐陶斐榮譽學會榮譽會員等；曾任國立臺灣師範大學校友總會秘書長、臺灣客家研究學會第六屆理事長、考試院命題暨閱卷委員、客家委員會學術暨諮詢委員、臺北市客家事務委員會委員等。
學術專長領域：臺灣史、客家研究、文化資產與社區。專書有：《臺灣客家民間信仰研究》、《臺灣客家風情：移墾、產業、文化》、《臺灣桃園大溪南興庄纘紳公派下弘農楊氏族譜》、《傳承與創新：臺北市政府推展客家事務十週年紀實（民國 88 年至 98 年）》、《臺北市文獻委員會五十週年紀念專輯》等，並發表相關研究領域學術研討會論文數十篇。

徐曉望　生於 1954 年 9 月，上海人。經濟史博士。現為福建社會科學院歷史研究所研究員，閩臺文化中心主任。2000 年獲評國務院特殊津貼專家，2012 年獲評福建省優秀專家，2016 年獲評福建省文史名家。廈門大學宗教研究所兼職教授，福建師範大學歷史系兼職教授，福建省歷史學會副會長。2006 年被聘為福建師範大學社會歷史學院博士導師。主要研究方向為明清經濟史、福建史、海洋史等。發表專著 30 餘部，發表論文 300 餘篇，其中在《中國史研究》等核心刊物上發表論文 100 餘篇，論著共計 1000 多萬字。主要著作有：主編《福建通史》五卷本 186 萬字，《福建思想文化史綱》40 萬字，個人專著有：《福建民間信仰源流》《閩國史》《福建經濟史考證》《早期臺灣海峽史研究》《媽祖信仰史研究》《閩商研究》《明清東南山區經濟的轉型——以閩浙贛邊山區為核心》等；近著有：《福建文明史》《福建與東南：海上絲綢之路發展史》等。獲福建省社會科學優秀著作一等獎一次，二等獎三次，三等獎二次。

康　豹　1961 年在美國洛杉磯出生，1984 年耶魯大學歷史系學士，1990 年美國普林斯頓大學東亞系博士。曾經在國立中正大學歷史研究所與國立中央大學歷史研究所擔任過副教授和教授。2002 年獲聘為中央研究院近代史研究所副研究員，2005 年升等為研究員，並開始擔任蔣經國國際學術交流基金會研究室主任。2015 年升等為特聘研究員。研究主要集中在近代中國和臺灣的宗教社會史，以跨學科的方法綜合歷史文獻和田野調查，並參酌社會科學的理論。

陳小沖　1962 年生，廈門大學歷史系畢業。現為兩岸關係和平發展協同創新中心文教平臺首席專家，廈門大學臺灣研究院歷史研究所所長、教授，《臺灣研究集刊》常委副主編。出版《日本殖民統治臺灣五十年史》等多部專著及臺灣史學術論文數十篇。主持或參加多項重大科研課題。主要研究方向：海峽兩岸關係史、殖民地時期臺灣歷史。

陳孔立　1930 年生，現任廈門大學臺灣研究院教授、海峽兩岸和平發展協作創新中心學術委員會委員。曾任廈門大學臺灣研究所所長、中國社會科學院臺灣史研究中心副理事長、中國史學會理事。主要著作有：《臺灣歷史綱要》（主編）、《簡明臺灣史》、《臺灣歷史與兩岸關係》、《臺灣史事解讀》、《臺灣學導論》、《走近兩岸》、《心繫兩岸》、《臺灣民意與群體認同》等。

黃卓權　1949 年生於苗栗縣苗栗市，現籍新竹縣關西鎮。現任客委會諮詢委員、新竹縣文獻委員、國立交通大學客家文化學院客座專家、《關西鎮志》副總編纂。專長臺灣內山開墾史、客家族群史、清代地方制度史。發表研究論著約百萬言，主編「新竹研究叢書」及文史專輯等十餘冊。主要著作：《苗栗內山開發之研究》、《跨時代的臺灣貨殖家：黃南球先生年譜 1840-1919》、《進出客鄉：鄉土史田野與研究》、《古文書的解讀與研究》上、下篇（與吳學明合著）等書；出版詩集《人間遊戲：60 回顧詩選》、《笑看江湖詩選》二冊；參與編撰《新竹市誌》、《獅潭鄉志》、《大湖鄉志》、《北埔鄉志》等地方誌書。

黃美英　政治大學宗教研究所博士生、法鼓佛教學院碩士（主修：佛教史、禪學）。清華大學社會人類學研究所碩士（主修：歷史人類學、宗教人類學、族群史）。臺灣大學中國文學系畢業、臺灣大學考古人類學系肄業。中央研究院民族學研究所研究助理、國立暨南國際大學歷史學系兼任講師。相關學術著作《臺灣媽祖的香火與儀式》、《千年媽祖》及論文二十多篇，主編十多冊書籍。

楊彥杰　男，廈門大學歷史系畢業，長期從事臺灣史和客家研究。歷任福建社會科學院研究員兼臺灣研究所副所長、科研組織處處長、客家研究中心主任、中國閩臺緣博物館館長等職，2014 年退休。代表作：《荷據時代臺灣史》、《閩西客家宗族社會研究》。撰著或主編臺灣史專題、客家田野叢書十餘種，發表論文百餘篇。

蔡相輝　中國文化大學史學研究所博士，歷任任國立空中大學人文學系主任、圖書館館長、總務長等職。現任臺北市關渡宮董事、臺南市泰安旌忠公益文教基金會董事、北港朝天宮諮詢委員、中華媽祖交流協會顧問等職。
　　　　著有：《臺灣的王爺與媽祖》（1989）、《臺灣的祠祀與宗教》（1989）、《北港朝天宮志》（1989、1994）《臺灣社會文化史》（1998）、《王得祿傳》（與王文裕合著）（1998）、《媽祖信仰研究》（2006）、《關渡宮的歷史沿革》《關渡宮的祀神》（2015）、《天妃顯聖錄與媽祖信仰》（2016）等專書及論文篇多。

《臺灣史研究名家論集》──總序

《臺灣史研究名家論集》即將印行，忝為這套叢刊的主編，依出書慣例不得不說幾句應景話兒。

這十幾年我個人習慣於每學期末，打完成績上網登錄後，抱著輕鬆心情前往探訪學長杜潔祥兄，一則敘敘舊，問問半年近況，二則聊聊兩岸出版情況，三則學界動態及學思心得。聊著聊著，不覺日沉西下，興盡而歸，期待半年後再見。大約三年前的見面閒聊，偶然談出了一個新企劃。潔祥兄自從離開佛光大學教職後，「我從江湖來，重回江湖去」（潔祥自況），創辦花木蘭出版社，專門將臺灣近六十年的博碩士論文，有計畫的分類出版，洋洋灑灑已有數十套，近年出書量及速度，幾乎平均一日一本，全年高達三百本以上，煞是驚人。而其選書之嚴謹，校對之仔細，書刊之精美，更是博得學界、業界的稱讚，而海峽對岸也稱許他為「出版家」，而不是「出版商」。這一大套叢刊中有一套《臺灣歷史文化叢刊》，是我當初建議提出的構想，不料獲得彼首肯，出版以來，反應不惡。但是出書者均是時下的年輕一輩博、碩士生，而他們的老師，老一輩的名師呢？是否也該蒐集整理編輯出版？

看似偶然的想法，卻也是必然要去做的一件出版大事。臺灣史研究的發展過程，套句許雪姬教授的名言「由鮮學經顯學到險學」，她擔心的理由有三：一、大陸學界有關臺灣史的任務性研究，都有步步進逼本地臺灣史研究的趨勢，加上廈大培養一大批三年即可拿到博士學位的臺灣學生，人數眾多，會導致臺灣本土訓練的學生找工作更加雪上加霜；二、學門上歷史系有被社會科學、文學瓜分，入侵之虞；三、在研究上被跨界研究擠壓下，史家最重要的技藝──史料的考訂，最後受到影響，變成以理代証，被跨學科的專史研究壓迫得難以喘氣。另外，中研院臺史所林玉茹也有同樣憂慮，提出五大問題：一、是臺灣史研究受到統獨思想的影響；二、學術成熟度仍不夠，一批缺乏專業性的人可以跨行教授臺灣史，或是隨時轉戰研究臺灣史；三、是研究人力不足，尤其地方文史工作者，大多學術訓練不足，基礎條件有限，甚至有偽造史料或創

造歷史的情形，他們研究成果未受到學術檢驗，卻廣為流通；四、史料收集整理問題，文獻資料躍居成「市場商品」，竟成天價；五、方法問題，研究者對於田野訪查或口述歷史必須心存警覺和批判性。

十數年過去了，這些現象與憂慮仍然存在，臺灣史學界仍然充滿「焦慮與自信」，這些焦慮不是上文引用的表面問題，骨子裡頭真正怕的是生存危機、價值危機、信仰危機，除此外，還有一種「高平庸化」的危機。平心而論，臺灣史的研究，不論就主題、架構、觀點、書寫、理論、方法等等。整體而言，已達國際級高水準，整個研究已是爛熟，不免凝固形成一僵硬範式，很難創新突破而造成「高平庸化」的危機現象。而「高平庸化」的結果又導致格局小、瑣碎化、重複化的現象，君不見近十年博碩士論文題目多半類似，其中固然也有因不同學門有所創見者，也不乏有精闢的論述成果，但遺憾的是多數內容雷同，資料重複，學生作品如此；學者的著述也高明不到哪裡，調研案雖多，題材同，資料同，析論也大同小異。於是乎只有盡量挖掘更多史料，出版更多古文書，做為研究創新之新材料，不過似新實舊，對臺灣史學研究的深入化反而轉成格局小、理論重複、結論重疊，只是堆砌層累的套語陳腔，好友臺師大潘朝陽教授，曾諷喻地說：「早晚會出現一本研究羅斯福路水溝蓋的博士論文」，誠哉斯言，其言雖苛，卻是一句對這現象極佳註腳。至於受統獨意識形態影響下的著作，更不值得一提。這種種現狀，實在令人沮喪、悲觀，此即焦慮之由來。

職是之故，面對臺灣史這一「高平庸化」的瓶頸，要如何掙脫困境呢？個人的想法有二：一是嚴守學術規範予以審查評價，不必考慮史學之外的政治立場、意識形態、身分認同等；二是返回原點，重尋典範。於是個人動了念頭，很想將老一輩的著作重新整理，出版成套書，此一構想，獲得潔祥兄的支持，兩人初步商談，訂下幾條原則，一、收入此套叢書者以五十歲（含）以上為主；二、是史家、行家、專家，不必限制為學者，或在大專院校、研究機構者；三、論文集由個人自選代表作，求舊作不排除新作；四、此套書為長期計畫，篩選四、五十位名家代表

作，分成數輯分年出版，每輯以二十位為原則；五、每本書字數以二十萬字為原則，書刊排列起來，也整齊美觀。商談一有結論，我迅即初步擬定名單，一一聯絡邀稿，卻不料潔祥兄卻因某些原因而放棄出版，變成我極尷尬之局面，已向人約稿了，卻不出版了。之後拿著企劃書向兩家出版社商談，均被婉拒，在已絕望之下，幸得蘭臺出版社盧瑞琴女史遞出橄欖枝，願意出版，才解決困局。但又因財力、人力、市場的考慮，只能每輯以十人為主，這下又出現新困擾，已約的二十幾位名家如何交代如何篩選？兩人多次商討之下，盧女史不計盈虧，終於同意擴大為十五位，並不篩選，以來稿先後及編排作業為原則，後來者編入續輯。

　　我個人深信史學畢竟是一門成果和經驗累積的學科，只有不斷累積掌握前賢的著作，溫故知新，才可以引發更新的問題意識，拓展更新的方法、理論，才能使歷史有更寬宏更深入的研究。面對已成書的樣稿，我內心實有感發，充滿欣喜、熟悉、親切、遺憾、失落種種複雜感想。我個人只是斗膽出面邀請同道之師長友朋，共襄盛舉，任憑諸位自行選擇其可傳世、可存者，編輯成書，公諸同好。總之，這套叢書是名家半生著述精華所在，精彩可期，將是臺灣史研究的一座豐功碑及里程碑，可以藏諸名山，垂範後世，開啟門徑，臺灣史的未來新方向即孕育在這套叢書中。展視書稿，披卷流連，略綴數語以說明叢刊的成書經過，及對臺灣史的一些想法、期待與焦慮。

卓克華

2016.2.22 元宵　於三書樓

《臺灣史研究名家論集》——推薦序

陳支平教授在《臺灣史研究名家論集》第一輯之《推薦序》裡精闢地談論海峽兩岸學者共同參與「臺灣史研究」學科建設的情形，並謂「《臺灣史研究名家論集》，在一定程度上體現了當今海峽兩岸臺灣史學術研究的基本現狀和學術水準。這套論集的出版，相信對於推動今後臺灣史研究的進一步開拓和深入，無疑將產生良好積極的作用」。誠哉是言也！

值此《臺灣史研究名家論集》第二輯出版之際，吾人亦有感言焉。

在中國學術史上不乏「良好積極」的示範：一套叢書標誌著一門學科建設的開啟並奠定其「進一步開拓和深入」的基礎。

譬如，1935—1936 年間，由編輯家、出版家趙家璧策劃，蔡元培撰序，胡適、鄭振鐸、茅盾、魯迅、鄭伯奇、阿英（錢杏邨）參與編選和導讀，上海良友圖書公司編輯出版了十卷本《中國新文學大系》。於今視之，《中國新文學大系》之策劃和序論、編選與導言、編輯及出版，在總體上標誌著「中國新文學史研究」學科建設的開啟並為其發展奠定基礎。

「臺灣史研究」的學科建設亦然。1957—1972 年間出版的《臺灣文獻叢刊》具有發動和發展「臺灣史研究」學科建設的指標意義和學術價值。1988 年 1 月 30 日至 2 月 1 日在臺北舉辦的「臺灣史學術研討會」開始有邀請大陸學者、邀請陳孔立教授「共襄盛舉」的計畫。由於政治因素的干擾，陳孔立教授未能到會，他提交了論文《清代臺灣移民社會的特點》，由臺灣學者尹章義教授擔任評論人。陳孔立、尹章義教授的此次合作，值得記取，令人感慨！2005 年，陳支平教授主持策劃的《臺灣文獻彙刊》則是大陸學者對於「臺灣史研究」學科建設的一大貢獻。

在我看來，作為叢書，同《臺灣文獻叢刊》、《臺灣文獻彙刊》一樣，《臺灣史研究名家論集》對於「臺灣史研究」學科建設的意義和價值堪當「至重至要」四字評語。

《臺灣史研究名家論集》第二輯的作者所顯示的學術陣容相當可觀。用大陸學界的習慣用語來說，陳孔立教授、尹章義教授及其他各位教授

均屬於「臺灣史研究」的「學科帶頭人」、「首席學者」一類的人物。

　　臨末，作為學者和讀者，我要對出版《臺灣史研究名家論集》的蘭臺出版社與籌劃總主編卓克華教授表達敬意。為了學術進步自甘賠累，蘭臺出版社嘉惠學林、功德無量也。

汪毅夫

2017 年 7 月 15 日記於北京

《臺灣史研究名家論集》——編後記

　　《臺灣史研究名家論集》〈二編〉就將編校完成，出刊在即，蘭臺出版社編輯沈彥伶小姐，來電囑咐寫篇序，身為整套論集叢書主編，自是不容推辭。當初構想在每編即將出版時，寫篇序，不過（楊）彥杰兄在福州一次聚會中，勸我不必如此麻煩，原因是我在《初編》中已寫過序，將此套書編集成書經過、構想、體制，及對現今研究臺灣史的概況、隱憂都已有完整交待，可作為總序，不必在每編書前再寫篇序，倒不如在書後寫篇〈編後記〉，講講甘苦談，說說些有趣的事兒，這建議非常好，正合我意，欣然同意！

　　當初以為我這主編只要與眾位師長、好友、同道約個稿，眾志成城，共襄盛舉就好了，沒想到事非經過不知難，看似簡單不過的事兒，卻曲折不少。簡言之，有三難，邀稿難，交稿難，成書更難。此話怎說？且聽我一一道來：

　　一、邀稿難：這套論集是個人想在退休前精選兩岸臺灣史名學者約40-50 位左右，將其畢生治學論文，擇精編輯，刊印成書，流傳後世，以顯現我們這一代學人的治學成績。等到真的成形，付諸實踐，頭一關便遇到選擇的標準，選誰？反過來說即是不選誰？雖然我個人對「名家」的標準指的是有「名望」，有「資望」，尤其是有「重望」者，心中雖有些譜，但真的擬定名單時，心中卻忐忑不安，擔心得罪人。一開始考慮兩岸學者比例，以三分之二、三分之一為原則，即每編 15 位學者中，臺灣學者 10 人，大陸學者 5 人，大陸學者倒好處理，以南方學者為主，又集中在廈門大學。較困難的是北方有那些學者是研究臺灣史的？水平如何？不過，幸好有廈大諸師友的推薦過濾，尚不構成困擾。較麻煩的反倒是臺灣本地學者，列入不列入都是麻煩，不列入必定會得罪人，但列入的不一定會答應，一則我個人位卑言輕，不足以擔此重任，二則有些學者謙虛客套，一再推辭，合約無法簽定，三則或已答應交給某出版社出版，不便再交給蘭臺出版社，四則老輩學人已逝，後人難尋，難以

簽約。最遺憾是有些作者欣然同意，更有意趁此機會作一彙編整理，卻不料前此諸多論文已賣斷給某出版社，經商詢該出版社，三番兩次均不答應割愛，徒呼奈何。此邀稿難。

二、交稿難：我原先希望作者只要將舊稿彙整擇精交來即可，以15 萬字為原則，結果發現有些作者字數不足，必須另寫新稿，但更多的作者都是超過字數，結果守約定的學者只交來 15 萬字，因此割愛不少篇章，不免向我訴苦，等出版社決定放寬為 20 萬字時，已來不及編輯作業，成為一大憾事。超過的，一再商討，忍痛割捨才定稿。更有對昔年舊稿感到不滿，重新添補，大費周章，令我又佩服又慚愧。也有幾位作者真的太忙，拖拖拉拉，一再延遲交稿，幸好我記取《初編》經驗，私下有多約幾位作者，以備遞補，遲交的轉成《三編》、《四編》。但最麻煩的是有一、二位作者遲遲不簽合約，搞得出版社不敢出版，以免惹上著作權法的法律問題。

三、成書難：由於不少是多年前的舊稿，作者雖交稿前來，不是電子檔，出版社必須找人重新打字，不免延擱時間。而大部份舊稿，因是多年前舊作，參考書目，註釋格式，均已改變，都必須全部重新改正，許多作者都是有年紀的人，我輩習慣又要親自校對，此時已皆老眼昏花，又要翻檢原書，耗費時日，延遲交稿，所在皆是。而蘭臺出版社是一家負責任且嚴謹的公司，任何學術著作都要三校以上才肯出版，更耗費時間。

不可思議的在《二編》校對過程，有作者因年老不慎跌倒，顱內出血；或身體有恙，屋漏偏逢連夜雨，居然又逢車禍；或有住家附近興建大廈，整日吵雜，無法專心校對，又堅持一定要親自校對……等等，各種現象都有，凡此都造成二編書延遲耽擱（原本預計九月底出版），而本論集又是以套書形式出版，只要有一本耽誤，便影響全套書出版。

邀稿難，交稿難，成書更難，這是我個人主編《臺灣史研究名家論集》最大的切身感受，不過忝在我個人自願擔負此一學術工程的重大責任，這一切曲折、波折都是小事，尤其看到即將成書的樣稿，那心中的

喜樂是無法言宣的，謝謝眾位賜稿的師友作者，也謝謝鼎力支持，不計盈虧的蘭臺出版社負責人盧瑞琴女士。

卓克華

106 年 12 月 12 日 於三書樓

王見川

臺灣史研究名家論集

（二編）

蘭臺出版社

目　錄

遲來的果實

　　幾年前，卓克華在策劃臺灣史名家論集時，就邀我參加，那時毫不考慮就答應了！由於久久未見催稿，也就沒將此事放在心上，以為可能是計劃告吹或因故不出了。加上那時事忙，很快忘記此事。去年中，卓克華打電話告知臺灣史名家論集第一輯出版，賣得不錯。現在規劃第二輯，你要加入！雖然心裏對這套書居然出版，還賣得好，有點懷疑，但被主編熱誠感動。實在不能再馬虎，一定要準時交稿，於是著手選編這本書。

　　有人說：遲來的正義，不是正義。不過，對我而言，遲來的學術果實，還是果實。不因它被忽略，或是刻意視而不見，就沒有價值或貶值。我的意思是說：臺灣的學者與學生不少人是不看或是假裝沒看到他人的研究，以此欺世盜名或蒙混過關。或許有的人只是混口飯吃！但這是臺灣學界的悲哀。學歷史的人大多是厚古薄今，認為以前學者多厲害，大師輩出！其實，近觀與深入研究後，還是篤學積累者較令人佩服，其他的著名學者不少只是吹捧出來，經不起時間考驗！

　　本書分四大部份：一、媽祖。二、鸞堂。三、齋教。四、民間宗教。另外我與李世偉合寫的二文，雖是特定任務下的產品，尚有參考的價值，當作附錄，以資對照！這些文章有的十餘年前完成，有的新近寫的，或長或短，具備的共同性是具有學術價值，值得一看。在這方面我是有自信的，我早就學會不要妄言與隨便寫文章。時間是最好，也是最公正的裁判，多少學者一生文章，瞬間化為烏有！有的在死後不久，有的是生前。大陸電視小品大家趙本山說：最怕人沒死，錢卻沒了！借用這話，我最怕人沒死，文章卻沒了！果真如此，那不就白費一生，情何以堪？我做學者不是為了賺錢，也不是為了名，不過是想幹點事，解些惑，替自己，替大家長些知識，得點智慧，自由自在的活著！希望本書能讓你更了解臺灣的民間信仰與宗教，那就圓滿了！如果，想進一步深入，請參考筆者在南天書局與博揚文化公司出版的相關著作。有人可能會質疑，

書中有些文章不是曾收入作者的專著嗎？確實，但之所以重複收入這樣
做，不是一魚二吃。其實是為了修正之前專書中的錯誤，算是一種補救。
人都可能會犯錯，我也不例外，尚祈讀者見諒！

王見川　　2017.4.5

施琅與清初臺灣的媽祖信仰：
兼談「天上聖母」的由來

眾所周知，施琅是清朝攻下臺灣的關鍵人物。民間相傳他在進攻臺灣的過程中，屢獲媽祖庇佑，渡過困境，取得勝利。媽祖因他的奏薦，獲康熙皇帝晉封為「天后」。此外，他更在臺南寧靖王故居建立廟宇，答謝神恩，此即俗稱的「大天后宮」的由來[1]。

對於這些流言傳聞，最近陸續有學者提出反駁，如宋光宇排比方志資料，即認為清代方志中提到施琅攻臺中的媽祖神蹟，是官員根據《天妃顯聖錄》編出來的，是神話並非真有其事，而就臺灣實際情況，媽祖信仰的隆盛，是跟商業活動有關，而不是施琅的攻臺[2]，至於李世偉則根據新發現的檔案，追溯媽祖晉封天后的來龍去脈[3]。

本文擬利用新出版的檔案與文集[4]，探討下列課題：

1、施琅信仰媽祖嗎？

2、施琅與媽祖晉封「天后」的關係。

3、臺南「大天后宮」的初期情況。

4、「天上聖母」的由來。

---

[1] 石萬壽《臺灣的媽祖信仰》頁 230、241，臺北臺原出版社，2000 年 1 月。

[2] 宋光宇〈施琅與臺灣的媽祖信仰〉頁 431-432，施偉青編《施琅與臺灣》，北京社會科學出版社，2004 年 10 月。

[3] 李世偉〈「媽祖升天后」新探〉，海洋大學編《海洋學刊》第 1 期，頁 146-157，2006 年 1 月。

[4] 新的檔案指的是中國第一歷史檔案館、湄洲媽祖文化研究中心等合編的《清代媽祖檔案史料匯編》（中國檔案出版社，2003 年 10 月）收錄的康熙二十三年施琅奏摺，感謝湄洲媽祖廟贈送此書。而新的文集資料是指李祖基發現的季麒光《蓉洲文稿》中的媽祖記載，見李祖基〈從季麒光（慕修天妃宮疏）看清代臺灣地方官員在媽祖信仰傳播中的角色〉，中華媽祖文化學術研討會組委會編《中華媽祖文化學術研討會論文》頁 127-131，莆田湄洲祖廟，2004 年 10 月。另見季麒光著、李祖基點校《蓉洲詩文稿選輯、東寧政事集》頁 122、127-131，香港人民出版社，2006 年 1 月。

一、施琅信仰媽祖嗎？

在《靖海記事》中收錄，施琅寫的一篇〈師泉井記〉，反映他對媽祖信仰的態度。其文云：

> 今上御極之二十一載，壬戌孟冬，予以奉命統率舟師，徂征臺灣……從者三萬有餘，眾駐集平海之澳，俟長風……爰際天時晴亢，泉流殫竭，軍中取汲之道，遙遙難致。而平澳故遷徙之壤，今在海陬，昔之井廛，盡成堙廢，始得一井於天妃宮廟之前……瀆鹵浸潤，厥味鹹苦，其始其未達深源，其流亦復易罄……予乃殫抒誠愫，祈籲神聰。拜禱之餘，不崇朝而泉流斯溢，味轉甘和。緪汲挹取之聲，盛夜靡間……凡三萬之眾咸資飲沃，而無呼癸之慮焉。自非靈光幽贊，佐知戎師，殲殄妖氛，翼衛王室，未有弘闡嘉祥，淇澤汪濊，若斯之渥者也，因鑴石紀異，名曰師泉，昭神貺也……揚旌海外，發軔涯涘，神異初彰，閭惠覃布，誕惟聖天子赫濯之威，以致百靈效順，山海徵祥……予……是用勒之貞珉，以志不朽云（康熙二十一年十一月□日）。[5]

以往，研究施琅者，罕見仔細分析此文獻[6]。從上下文脈來看：其實，〈師泉井記〉中施琅祈求的神明是媽祖，並非泛指，否則他不需要特別指出此井在天妃宮旁。此文反映三個訊息，值得注意。一是施琅曾在平海天妃宮祈求媽祖庇佑。二是施琅親自經歷了媽祖顯靈事蹟。三是施琅將征臺克服困難的情況，歸功於康熙的英明與神明保佑。

循這樣的思路來看，《天妃顯聖錄》上的一則施琅為神靈助戰，乞請皇恩加封記載，就值得注意：

> 竊照救民伐暴，示天威之震揚，輔德效靈，見神明之呵護。閩之湄洲島，有歷代勅封天妃，往來舟楫，每遇風濤險阻，呼之獲安。前提督萬曾經題請勅封。臣奉命征剿臺灣，康熙二十一年十一月師次平海澳。澳離湄州水道二十里許，有天妃廟，緣遷界坍毀，

---

[5] 施琅《靖海紀事》頁 20-21，南投臺灣省文獻會複印臺銀本，1995 年 8 月。
[6] 宋光宇〈施琅與臺灣的媽祖信仰〉頁 420-421。

僅遺數椽可蔽神像，臣因稍為整掃以妥神。廟左有一井，距海數
武，踩止丈餘，蕪穢不治。臣駐師其間，時適天旱七月餘，該地
方人民咸稱，往常雨順，井水已能供百日，今際此愆陽，又何能
資大師所需。臣遣人淘浚，泉忽大湧，自二十一年十一月至次年
之三月，晝夜用汲不竭，供四萬眾裕如也。此皆皇上峻德格天，
使神功利我行師也。臣乃立石井傍，額之曰師泉，以誌萬古不朽，
且率各鎮營弁捐俸重建廟宇。及康熙二十二年六月十六、二十二
等日，臣在澎湖破敵，將士咸謂恍見天妃，如在其上，如在其左
右，而平海之人俱見天妃神像是日衣袍透濕，與其左右二神將兩
手起泡，觀者如市，知為天妃助戰致然也。又先於六月十八夜，
臣標署左營千總劉春夢天妃告之曰：「二十一日必得澎湖，七月
可得臺灣」。果於二十二日澎湖克捷，七月初旬內臺灣遂傾島投
誠，其應如響。且澎湖八罩虎井大海之中，井泉甚少，供水有限。
自臣統帥到彼，每於潮退就海次坡中扒開尺許，俱有淡水可餐，
從未嘗有。及臣進師臺灣，彼地之淡水遂無矣。均由我皇上至仁
上達昊蒼，故無往而不得神庥，俾臣克底成功，非特賜顯號，無
以揚幽贊之美，彰有赫之靈。臣擬於班師敘功之日，一起題請加
封。近接邸報，冊封琉球正使汪楫以聖德與神庥等事，具題請封，
因先以其靈異詳陳，伏乞皇上睿鑒勅封，並議加封。
奉旨：該部議奏。部題「遣官獻香帛，讀文致祭，祭文由翰林院
撰擬，香帛由太常寺備辦，臣部派出司官一員前往致祭」。康熙
二十三年八月二十四日奉旨：依議。欽差禮部郎中雅虎等賚香帛
到湄詣廟致祭。[7]

　　對於《天妃顯聖錄》的這段記載，以往的學者幾乎都持懷疑態度，
視此文獻為偽造的，非施琅所做。不過，懷疑論者似乎忘記比對施琅的
〈師泉井記〉。如果做一對照，其內容與《天妃顯聖錄》記載部份內容
是大致相同的。更重要的是，最近發現的檔案寫著：

[7] 僧昭乘刻《天妃顯聖錄》〈歷朝褒封致祭詔誥〉頁 11-12，南投臺灣省文獻委員會翻印臺銀本，
1996 年 9 月。此書另有《天上聖母源流因果》附刊。另見雍正初期編《天后顯聖錄》卷下
〈奏疏〉頁 4-5，湄洲媽祖祖廟董事會等印，辛巳年。

> 康熙二十三年甲子八月二十二日乙卯早，福建水師提督施琅請封
> 天妃之神，禮部議不准行，但令致祭。上曰：此神顯有默佑之處，
> 著遣官致祭。此本著還該部另議。[8]

　　由此檔案來看，施琅確實曾在康熙二十三年八月二十二日上奏康熙請求加封媽祖。禮部官員建議不予同意施琅的要求，但可派官員致祭。對於此事，康熙同意由禮部派官致祭。上引的《天妃顯聖錄》最後部份可能即是禮部對這件事的回應。

　　另從康熙說：「此神顯有默佑之處」，可以窺知施琅奏摺中，提及媽祖庇佑攻臺之事。總之，以上種種證據顯示《天妃顯聖錄》收錄的施琅奏摺，可能是真的。退一步來說，此摺若不是施琅所上，也包含正確的訊息。

二、施琅與臺南大天后宮的建立

　　從現存資料來看，大約在施琅上奏請封媽祖之時，他還會同攻臺諸鎮將領，合力捐錢建造廟宇奉祀媽祖。康熙二十四年蔣毓英的《臺灣府記》上即說：

> 天妃宮二所，一在府治鎮北坊赤嵌城南，康熙二十三年臺灣底
> 定，將軍侯施同諸鎮，以神有效順功，各捐俸鼎建。廟址即寧靖
> 王故宅也。內庭有御勒龍匾「輝煌海瀅」。一在鳳山縣治安平鎮
> 渡口。[9]

　　對照康熙三十五年高拱乾《臺灣府志》相關記載，可知這個天妃宮「棟宇尤為壯麗，後有禪室，付住持僧奉祀」[10]。

　　由於施琅攻下臺灣不久即率軍返回大陸，他並沒有時間建造壯麗的媽祖廟，既然如此，那施琅等人捐錢建造的天妃宮，究竟由誰督造呢？

8　中國第一歷史檔案館等《清代媽祖檔案史料匯編》頁 1。
9　康熙二十四年蔣毓英《臺灣府志》卷六〈廟宇〉頁 123，北京中華書局，1980 年 4 月。
10　康熙三十五年高拱乾《臺灣府志》卷九〈外志〉「天妃宮」，頁 950，北京中華書局，1980 年 4 月。

最近發現季麟光的《蓉洲文稿》提供一點訊息：

> 東寧天妃宮者，經始於寧靖王之捨宅，而觀成於吳總戎之鳩工也……[11]

吳總戎即吳英，是施琅手下第一大將，是攻臺後留臺善後者，由此可知，負責建造天妃宮者是吳英。一般認為寧靖王捨宅蓋廟，季麟光在〈寧靖王傳〉即說：

> 寧靖王殉難後……其遺宅為天妃神祠，住僧於後楹大士旁奉王為捨宅主。[12]

問題是寧靖王怎會捨宅給敵對者蓋天妃宮？這不合常理。現今臺南大天后宮藏著住僧替寧靖王奉祀的牌位，提供捨宅的線索：

> 本菴捨宅檀樾明寧靖王全節貞忠朱諱術桂神位，住持僧宗福、耆士楊陞、莊啟等仝立。[13]

這個捨宅牌位就是季麟光〈寧靖王傳〉所提住僧所設的。由此可知，當時寧靖王自殺時是捨宅為菴，也就是作為佛寺而非天后宮。為什麼寧靖王會捨宅為佛寺呢？季麟光採錄的訊息是他壬戌夏已經信仰佛教[14]，故在自殺前交待捨宅為佛寺遺言。對照相關資料，這個菴堂崇祀觀音（大士），有僧侶住持[15]。

著名學者石萬壽認為：康熙二十二年寧靖王自殺後，其所居之齋房、監軍府，以及一元子園盡成聖知即僧宗福住持佛庵的範圍，後遭施琅部將強佔部份建築。至康熙二十三年七月二十二日康熙批評施琅「恃功驕縱」後，施琅為避禍遂與諸鎮捐俸將寧靖王故居奉祀媽祖，並非酬謝媽祖助戰之功。大天妃宮創建後，他並延請故里泉州府臨濟宗禪師勝

---

[11] 季麟光著、李祖基點校《蓉洲文稿、東寧政事集》〈募修天妃宮疏〉頁127。
[12] 季麟光著、李祖基點校《蓉洲文稿、東寧政事集》〈寧靖王傳〉頁122。
[13] 轉引自石萬壽《臺灣的媽祖信仰》頁238。
[14] 季麟光著、李祖基點校《蓉洲文稿、東寧政事集》〈寧靖王傳〉頁121。
[15] 季麟光著、李祖基點校《蓉洲文稿、東寧政事集》〈寧靖王傳〉頁122。

修來臺住持，以代替粵人宗福[16]。這個判斷，符合常理，值得重視。不過，卻非事實。就證據來說，首先前引施琅〈師泉井記〉已說明施琅早在攻臺之前，即確立勝利歸於天子、神明的指導原則。其次，大天妃宮建成，住持僧侶並非是勝修。季麟光在康熙二十三年見到的天妃宮住持僧是寄漚，他確是臨濟宗派下[17]。在寄漚的規畫、經營下，天妃宮「宮傍餘地，作左右廊舍三間，位置在僧寮前，樹山門一層，廓戲樓舊址而大之」[18]。這些工程耗費巨大，若無士紳贊助很難完成。從資料來看，寄漚主要的支持者是當時諸羅縣令季麟光。季除幫他作文疏募款外，還替天妃宮置產：以招墾荒園二七甲為常住香火[19]。最後，天妃宮中的「輝煌海滋」，恐怕並非康熙御賜。按常理而言，施琅上疏請求的是「天妃」加封之事，並非賜匾。就算要贈匾，照慣例也應是封贈湄洲祖廟或是攻臺顯聖的平海媽祖廟、澎湖娘媽宮，怎麼輪，也排不到天妃宮，因此我們可以大膽推斷天妃宮中的「輝煌海滋」應是偽造的[20]。這也就是高拱乾《臺灣府志》等志書不載此匾的原因。退一步來說，就算康熙真的賜匾，也非贈給大天妃宮。

三、媽祖加封天后傳說的流傳

從目前資料來看，施琅及其部將宣揚的媽祖攻臺神蹟，當時官民大都相信，蔣毓英《臺灣府志》即將其編入府志[21]。其中影響最大的是媽祖加封之事。此事雖未成功，但當時官民卻相信皇帝曾因媽祖助戰晉封天后。如康熙三十九年郁永河《海上紀略》、康熙四十八年孫元衡《赤

---

16 石萬壽《臺灣的媽祖信仰》頁 238-242。

17 季麟光著、李祖基點校《蓉洲文稿‧東寧政事集》〈募修天妃宮疏〉頁 128。

18 季麟光著、李祖基點校《蓉洲文稿‧東寧政事集》〈募修天妃宮疏〉頁 128。從此疏可知，天妃宮原始宮貌，前有一戲樓，供神誕演戲之用。後來，大天后宮香火在清代前期一直很興盛，到此獻戲者絡繹不絕。

19 季麟光著、李祖基點校《蓉洲文稿‧東寧政事集》〈天妃宮僧田小引〉頁 130。

20 不少學者相信「輝煌海滋」匾是真的，蔣維錟〈清代御賜天后宮匾額及其歷史背景〉頁 140，此文收入中華媽祖文化學術研討會組委會編《中華媽祖文化學術研討會論文》。

21 蔣毓英《臺灣府志》卷六〈廟宇〉頁 123-124。

嵌集》都提到此事[22]。最值得注意的是郁永河的描述：

> 海神惟馬祖最靈，即古天妃神也……康熙二十三年六月，王師攻
> 克澎湖，靖海侯施公烺屯兵天妃澳，入廟拜謁，見神衣半身沾濕；
> 自對敵時恍見神兵導引，始悟戰勝實邀神助。又澳中水泉，僅供
> 居民數百人飲，是日駐師數萬，方以無水為憂，而甘泉沸湧，汲
> 之不竭。表上其異，奉詔加封天后……[23]

郁永河是杭州人，在康熙三十九年來臺探勘硫磺。《海上紀略》是
他來臺過程的所見所聞的記錄。郁永河的敘述反映施琅及其部將宣揚的
媽祖助戰傳說，進一步的新變化。其中最重要的變化是助戰媽祖的澎湖
化，也就是說原在平海發生的媽祖神蹟被轉移成澎湖媽祖的顯聖。

不過，郁永河版本的媽祖助戰傳說，尚未達到標準化的情況，康熙
五十九年陳文達的《鳳山縣志》就反映另一版本的內容：

> 天妃宮，康熙二十二年靖海將軍侯施琅奉旨徂征臺灣，師次平
> 海，地方苦旱，有井在天妃廟前之左，舊不能資百口，至是泉忽
> 大湧，四萬餘眾汲之裕如，如是。及澎湖攻克，我師登岸，見妃
> 像臉汗為下，衣袍俱顯，乃知神功之默佑。奏聞，上遣禮部郎中
> 雅虎致祭。[24]

有的學者認為陳文達編《鳳山縣志》參考《天妃顯聖錄》[25]。若此，
對照內容則可知陳文達誤讀了《天妃顯聖錄》。值得注意的是，陳文達
編《鳳山縣志》時媽祖尚是天妃，但在《臺灣縣志》他則提到媽祖封天
后之事[26]，顯見陳文達受到傳聞的影響。

---

[22] 康熙三十九年郁永河《海上紀略》〈天妃神〉頁 60，收入氏著《裨海紀遊》，南投臺灣省文
獻委員會，1996 年 10 月。康熙四十八年孫元衡《赤嵌集》卷四〈澎湖〉頁 81 云：「昔日
王師事征討，神兵彷彿前馳驅。風摧火滅甘泉沸，降幡夜出臺山阪。（大帥施公親見媽祖
助戰，表上其事，敕封天后）」（臺灣省文獻委員會複印臺銀本，1992 年 6 月）。

[23] 郁永河《海上紀略》〈天妃神〉頁 59-60。

[24] 康熙五十九年陳文達《鳳山縣志》卷三〈祠廟〉頁 160，南投臺灣省文獻委員會複印臺銀本，
1989 年 4 月。

[25] 宋光宇〈施琅與臺灣的媽祖信仰〉頁 431。

[26] 陳文達《臺灣縣志》卷九〈雜記志〉頁 209，臺灣省文獻會，1993 年。

相對於此，雍正三年巡臺監察御史等人的奏摺，提供第三種版本媽祖助戰傳說：

> ……臣等聞前靖海將軍臣施琅征服臺灣之時，舟師戰於澎湖，隱隱有神兵助陣。是日海神天妃廟中見神像皆有汗下，大軍既集，島中乏甜水，眾以為慮。臣施琅禱於天妃廟，移時水泉溢出足供數萬人飲。及至臺灣之鹿耳門乃全臺之鎖鑰，四圍水湧，伏有沙線如鐵，舟不敢近。中通水道，僅容一舟，止可魚貫而進，乃潮水驟長五尺，益以順風，舟師聯帆直入，遂定臺灣，經臣施琅恭疏具題，聖祖仁皇帝勅建天妃神祠於其原籍興化府莆田縣湄洲，勒有勅文以紀功德，隨又加封天后……[27]

這三種版本的媽祖助戰傳說，反映民眾間流傳媽祖聖蹟的多元化與地方性。但不論何種類型，官民都相信媽祖因攻臺助戰獲得康熙加封，晉升為天后。媽祖這一神格的變化，不只代表其地位攀升，更重要的是影響官方志書和民間的叫法。

四、從「天后聖母」到「天上聖母」

現今坊間對媽祖有娘媽、馬祖等多種稱呼，其中之一是「天上聖母」。以往，有的學者嘗試分析其稱號由來，認為其可能跟崇禎年間媽祖被勅封「天仙聖母青靈普化碧霞元君」有關[28]。這種說法，究竟對不對呢？就證據而言，崇禎朝的勅封名詞，歷經百餘年，民眾早已淡忘，更重要的是一般人根本無法看到這個「天仙聖母」的封號，因為《天妃顯聖錄》、《天后顯聖錄》等媽祖資料圖誌，都未轉載。也就是說，「天仙聖母」封號僅見於明崇禎檔案或邸報，民眾無緣見到的。因此，「天仙聖母」演變為「天上聖母」是學者全面閱讀史料的想像，並非民眾認知。

較合情合理的推斷，應放在清朝媽祖稱呼演變的脈絡上來看。在「媽

---

27 中國第一歷史檔案館等編《清代媽祖檔案史料匯編》頁 2-3。
28 石萬壽《臺灣的媽祖信仰》頁 53。

祖升天后」流行後，官民逐漸採用「天后」來稱呼媽祖，如乾隆二十二年屏東紳民合立的〈合境平安碑記〉即說：

> ……我媽祖之靈感，奉旨勅封「天后」、「聖母」，由來久矣……茲鳳邑之西，有大港焉，市廛新興，爰造天后宮，奉祀聖母。舉凡港市商民，以及莊眾，無不咸被感應之鴻恩……[29]

乾隆四十年知諸羅笨港事的地方官薛肇璜在〈重修諸羅縣笨港天后宮碑記〉則記著：

> 笨港天后宮建自雍正庚戌……余曰：「神亦人也。維天后聖母，海內外舟車所至，凡有血氣者，莫不尊親……」[30]

由此可知，至少在乾隆中期，官、民間已發展出媽祖為「天后聖母」的叫法。所謂的「天后」是封號，表地位，而聖母則是民眾對天子之母的尊稱，或是對女性神明的尊稱，如黃蓮聖母。至於「天上聖母」一詞，首見於嘉慶元年彰化田中的〈新社宮天上聖母碑〉[31]。而嘉慶二十一年〈彰化南瑤宮老大媽會合約〉即說：

> 同立合約字人鄭印、王喜……竊聞官有正條，民有私約。是約之立者，原欲為諸同人立制而守常規，庶無偏陂之弊，以免將來爭競之端者也。我南門外天上聖母，聲靈溢乎四海，赫濯著於普天，印等誠見聖母之威靈庇佑我無疆，是以每年往笨港進香……嘉慶廿拾壹年三月日立公約。[32]

到了道光初期，「天上聖母」流行於民間[33]，連大陸的信眾也受到影響，如〈福建天后宮碑記〉即說：

---

29 黃典權編《臺灣南部碑文集成》上，頁54，南投臺灣省文獻委員會影印臺銀本，1994年7月。
30 黃典權編《臺灣南部碑文集成》上，頁96。
31 劉枝萬《臺灣中部碑文集成》頁127，南投臺灣省文獻委員會影印臺銀本，1994年7月。
32 轉引自李俊雄《我所知南瑤宮一些事》頁15，自印本，1988年。
33 如《臺灣中部碑文集成》頁44、91。

……我天上聖母，功奠陽侯，澤隆海國……[34]

〈上海縣為泉漳會館地產不准盜賣告示碑〉也提到：

……有兩郡客氈人等……建泉漳會館一所，供奉天上聖母神位，春秋祭祀……[35]

當時即有人認為天上聖母是清廷加封的[36]。由此可見，天上聖母和天后聖母的關連性。對一般民眾而言，「天后聖母」較為遙遠，且難以理解，媽祖既是神明，應該是住在天上的聖母，也就是說，媽祖就是天上的聖母。或許，這就是天上聖母稱呼的來由。[37]

五、結語

根據內政部的調查，臺灣目前至少有 1500 間媽祖廟，是媽祖信仰最鼎盛的地區。以往，有些媽祖廟喜歡編歷史，爭正統，希望透過歷史悠久來贏得民眾的認同。不過，若我們平心靜氣閱讀史料，就會發現臺灣早期的媽祖廟與施琅攻臺有或多或少的關係。而這些關係，其實是反映各地媽祖廟媽祖顯聖的情況。

從以上的論述，我們可以發現施琅在攻臺前夕，即已確立榮耀歸於天子、神明的指導原則。而他所運用的神明就是媽祖。也就是說，他用媽祖來鼓舞將士，提昇士氣。

在順利取得臺灣之後，施琅及其部將捐資興建媽祖廟，以答神恩。在第一副手吳英的經營下，選定寧靖王故宅，在大士庵前，建立壯麗的媽祖廟。這間媽祖廟，前有戲樓，作演戲之用，後有禪室供住持僧居住。

34　蔣維錟編《媽祖文獻資料》頁 307，福州福建人民出版社，1990 年。

35　蔣維錟編《媽祖文獻資料》頁 308。

36　蔣維錟編《媽祖文獻資料》頁 323，收錄陳池養〈募修郡城文峰宮引〉云：「天上聖母……生而神靈，能伏諸水怪，援人危難之際，上昇而後，感應尤多，赫濯愈甚，歷代褒封，入於祀典。我朝之初，遺孽不靖，用兵海上四十年乃收臺灣入版圖。戰陣之際，舟航之間，無有不荷神之庇者，用是屢降御書，近復尊稱天上聖母焉……」。

37　另見王見川、李世偉《臺灣媽祖廟閱覽》頁 20，臺北博揚文化公司，2000 年

　　以前，學者大都相信大天后宮的住持是宮中牌位所寫的第一代「紫雲弘開戒法標大和尚」，第二代「德輝煥大和尚」[38]，對照季麟光康熙二十三年的描述，當時大天后宮的住持是寄漚，既非第一代，也不是第二代，可見大天后宮的住持牌位記載是有問題的。

　　就在大天后宮興建之時，施琅寫了一封奏摺陳述媽祖顯聖助其攻臺的事蹟，請求康熙加封媽祖。根據檔案，康熙並未同意加封媽祖，但派員到湄洲致祭媽祖。

　　雖然如此，施琅及其部將除宣稱：媽祖助戰攻臺靈蹟外，還添油加醋說：皇帝因此晉升媽祖為天后。當時不少人相信此傳言，至康熙末期已成為官民共同認知。到了乾隆中期，在臺官民更流傳媽祖叫「天后聖母」的稱呼。嘉慶元年民間出現媽祖叫「天上聖母」的稱呼，到了道光初期已逐漸取得閩臺信眾的認同，流行至今。

附錄

募修天妃宮疏

　　東寧天妃宮者，經始於寧靖王之捨宅，而觀成於吳總戎之鳩工也。天妃泉湄神女，生有奇徵，長多靈異，迄今遂為海神，其功德及人，則又在泰山陳州之上，直與普陀大士同其濟渡。蓋海天巨浸，淼淼湯湯，生死安危，關於俄頃，非若擊江中之楫，揚湖上之帆者，所可可語。若夫雲迷大壑，日落荒洋，月黑星黃，渺不知其所之，一針失向，即為岐路。從來估商販舶，走死趨利，以其身深試波濤，然往來無恐，雖三人為，實自神護。故每當潛蛟嘯風，驕鯨鼓浪之時，輒呼天妃神號，無不聲聞感應，怒潮為柔，所不魚鱉吾人者，神之功也。環海內外立祠廟，皆敬神如天，而親是如母。蓋以慈悲之願力，運廣大之神通，無禱不應也。夫神以血肉佛心，救人世險風駭浪之艱，即當以土木佛身，享人世金碧丹檀之奉。住僧寄漚以臨濟橫支，發大弘願力，欲就宮傍餘地，作

---

[38] 蔡相輝《臺灣的王爺與媽祖》頁 185，臺北臺原出版社，1989 年。

左右廊舍三間，位置僧寮前，樹山門一層，廓戲樓舊址而大之。庶幾有門有殿，肴廊廡，有維摩室，有香積廚。神所憑依，神其饗之矣。獨是工匠之資，木石之費，斷非彼小乘人能作大因緣事，因授簡於余，申言倡導。凡在東寧宰官長者，皆由渡海而來，必思渡海而去，各隨分力，以襄盛事。下至商販估漁，凡往來資息於重洋巨浪之中者，各發歡喜心，共助勝因。夫神之赫赫不可盡者，固不繫於宮之大小。蓋人之嚮往而崇奉之不足者，非廟祀之輝煌無以致其敬也。神之恩固足以感人，況瞻拜而如親炙之者歟。寄漚勉乎哉！願力既堅，機緣自興，飛樓湧閣，故當一彈指頃移兜率於人世矣。

募修天妃宮戲臺小引

嘗論人之生死，自疾病而外，莫甚於水火。蓋雷霆狼虎，百不一遭；而刀兵饑饉，則毒霧殭坑，黃烟血路，為二子沉淪大劫，非人所及料，亦非人所及避。獨於水火，往往患之。然火猛烈，人知遠焉。即祖龍一炬，昆岡灰燼，而燎原之焰起於星星，未聞有抱薪而就焚者。若夫水，則茫茫萬頃，水也；涓涓一勺，亦水也。一經沉溺，貴賤賢愚，同歸魚鱉，可不畏哉。況大海汪洋，萬里一黑。蛟龍蜃虺之所窟宅，風颶波濤，不可測度，亦無所趨避，非恃天妃之護持涵拯濟，何以使士大夫之乘軒露冕者，來焉去焉；行旅商賈之腰纏捆載者，往焉復焉？則舟航之內依恃天妃者，如嬰兒之依恃慈母也。考河神自謝王張將軍而下，有蕭柳三十六部而統之於天妃海神。自順應、孚應、廣順、惠順海王而外，又有靈應、昭應、嘉應三龍王及天吳海若諸神，而亦統之於天妃。豈非以駭浪滾驚波之上，必藉慈悲感應，具有鞠育之誠如天妃者，始隨在而普度也哉。

人既食神之德，無以報神之恩，雖辦香明燭，亦足以將誠敬，而求神之愉悅。詩曰：「神之聽之，終和且平」。周禮大司樂，分樂而用之，以祭以祀以饗，乃奏函鐘舞大夏以祭山川，而後神祇皆降，可得而禮焉。則是黎園褉部，固非雲門空桑之奏，所以娛神聽而邀福利者，未嘗不在

乎此也。天妃宮舊有戲樓，營建未久，為海風潮雨所摧剝，漸見傾欹，制度狹小，不足以肅觀瞻。今欲廓而大之，以隆崇祀，以彰愛敬，俾遏雲裂石之歌、摩天非地之舞，與馨香黍稷同進，而薦神之歆也，當亦天妃之所鑒知者矣。伏願無論宰官，無論善信，凡生全覆被於天妃神者，財施力施，各隨分願，則一粟一銖，一工一匠，皆為歡喜因緣，將平波迅渡，緩滾輕馳。受神之陰扶默佑者，視以銖兩，而獲百千，其歡欣禱祝為勻如耶？偈曰：「何妨暗裏拾燈油，莫待急來假佛腳」，吾請持此以勸募焉。

天妃宮僧田小引

支硎大師有言：「佛法壽命，惟在常住；常住不存，我法安寄」。此言供佛供僧，必恃布施因緣也。臺灣海外番島，原非如來眷屬。鄭氏以來，浦逃偕竊之餘，渫殺難除，貪瞋易種。家無結蔓之文，地無灌頂之侶，不知教典為何物，而僧伽為何人也，值茲中外蕩平，光天日月，將令象罍雞彝，咸歸佛土；蜃樓蛟市，共暢皇風。則欲明心地之心，須早證法王之法。天妃一宮，前祀海神聖母，後奉觀音大士，皆以慈航普渡，故爾供養法應平等。住僧寄漚焚修祇侍，晨昏讚頌，氤氳烟篆，歷落鐘魚，庶使殃業淵藪，發深省於朝歌，迴慈腸於夜夢。風早以消，刀兵可禳，誠為廣大願力。但香積常空，緇衣莫續，則香火誰資？弟子麟光以招墾荒園二十七甲，永為常住執持之業。在弟子焦茅鈍根，少於首楞，曾有宿緣，愧異地浮踪，身為窮子，財施法施，一切無有，惟從楮墨，倡導四眾。寄漚勉之！願力既法，機緣自來，當有智覺善人，乘願護持，為大導師，弘開佛境。自此東土劫波，即為西方樂園。豈慮黃頭外道、青眼邪師與我佛爭此布金片地者哉。是用書之，以傳於後。

————附錄三文取材自季麟光著，李祖基點校《蓉洲文稿‧東寧政事集》

附記：本文初刊於《台灣宗教研究通訊》第 8 期，頁 19-37，2007
年 6 月。後修改收入王見川《漢人宗教、民間信仰與預言書的探索：王
見川自選集》頁 77-96，臺北博揚文化公司，2008 年。因文中有重複之
處（頁 86），故刪去，再收入本書。

臺南「大天后宮」的淵源、名稱由來
及其他：從曾吉連新著談起

臺南「大天后宮」位於赤崁樓右前方，「祀典武廟」旁。該廟奉祀媽祖，是清代官方祭祀封賜媽祖的代表廟，也是清中期一些有名的媽祖廟進香的中心，可說是臺灣著名的媽祖廟。[1]以往，大家普遍認為「大天后宮」的興建與施琅平臺有密切關聯，如石萬壽即說：施琅建大天后宮是為平息康熙的猜忌，將功勞歸功於媽祖。[2]最近，現任「大天后宮」主委曾吉連出版一本書《全臺祀典臺南大天后宮簡史》[3]提出新說：大天后宮明鄭時期已興建，證據有二：一是乾隆四十三年的〈重修臺郡天后宮圖說〉記載「查郡城西定坊之天后宮位入版圖之前即已建造，郡垣廟宇此為最久。」二是康熙二〇年代季麒光《蓉洲文稿》中的媽祖相關文獻。[4]此說有根有據，看起來不是胡扯，值得注意。如果此說經得起檢驗，那真是石破天驚，不只推倒蔡相輝等主張明鄭無媽祖廟的說法，也對媽祖研究做出一大貢獻！但真相究竟為何？我們先來看看清朝統治臺灣初期所修方志上的相關記載！

一、康熙朝《臺灣府志》中的相關記載

目前所見，最早的臺灣方志是康熙二十四年左右成書的《臺灣府志》。該志是蔣毓英所修。在該志中說：

> 天妃宮二所，一在府治鎮北坊赤崁城南。康熙二十三年臺灣底

[1] 王見川・李世偉《臺灣媽祖廟閱覽》（臺北博揚文化公司，2000 年）頁 164-174〈大天后宮〉。
王見川〈施琅與清初臺灣的媽祖信仰：兼談「天上聖母」的由來〉，氏著《漢人宗教民間信仰與預言書的探索：王見川自選集》（臺北博揚文化公司，2008 年）頁 77-96。
[2] 王見川〈施琅與清初臺灣的媽祖信仰：兼談「天上聖母」的由來〉頁 85。
[3] 曾吉連《全臺祀典臺南大天后宮簡史》，全臺祀典臺南大天后宮，2012 年 3 月。這書收錄李祖基蔣維錟謝國興等人論文，是曾吉連所編，不應稱其著。
[4] 〈重修臺郡天后宮圖說〉，蔣元樞《重修臺郡各建築圖說》頁 71，國立中央圖書館，1983年。曾吉連《全臺祀典臺南大天后宮簡史》頁 20，94-97。

定，將軍侯施琅同諸鎮，以神有效順功，各捐俸鼎建。廟址即寧
靖王故宅也，內庭有御敕龍匾輝煌海滋。[5]

康熙三十五年高拱乾的《臺灣府志》有二處記載提到鎮北坊天妃
宮。其一是卷二〈壇廟〉：

天妃廟在府治鎮北坊。康熙二十二年，將軍侯施琅建，以東征荷
神效靈，疏請崇祀，奉旨予祭，懸額記其事。[6]

其二是該書卷九〈寺觀宮廟附〉：

天妃宮在府治鎮北坊赤崁城南。康熙二十三年臺灣底定，神有效
靈，靖海將軍侯施琅同諸鎮捐俸鼎建，棟宇猶為壯麗。後有禪室，
付住持僧奉祀。[7]

以上幾則相關史料告訴我們幾項訊息：1.鎮北坊赤崁城的天妃宮是
施琅與諸鎮捐錢所建。2.建造時間是康熙二十二年或二十三年。3.建廟
原因是施琅平臺時媽祖顯靈助戰。4.媽祖廟址是寧靖王故宅。5.廟中有
康熙御匾、聖旨、禪室與住持僧。

根據相關資料可知，施琅是康熙二十二年八月十三日入臺，十一月
二十二日離臺。[8]當時留守臺灣的是興化鎮總兵吳英，於康熙二十四年
三月離臺上京面聖，後陞四川提督。[9]據清康熙檔案，施琅是在康熙二
十三年八月上疏請封媽祖，得到康熙皇帝的答覆是遣官致祭。[10]施琅這
個奏摺與康熙的諭旨，從上引康熙三十五年高拱乾的《臺灣府志》相關
記載來看，至少康熙三十五年還在媽祖廟中。有趣的是，高拱乾的《臺
灣府志》已不再提及「御敕龍匾輝煌海滋」。按照常理，這是極大榮耀，
為何不提？恐怕這反映該匾非康熙所賜，故府志不言及或是廟方人員取

---

[5] 蔣毓英《臺灣府志》卷六〈廟宇〉頁 123-124，《臺灣府志三種》，北京中華書局，1985 年。

[6] 高拱乾《臺灣府志》卷二〈壇廟〉頁 496，《臺灣府志三種》。

[7] 高拱乾《臺灣府志》卷九〈寺觀宮廟附〉頁 950。

[8] 蔣維鋅〈臺南大天后宮淵源新考〉頁 94-95，該文收入曾吉連《全臺祀典臺南大天后宮簡史》。

[9] 蔣維鋅〈臺南大天后宮淵源新考〉頁 94-95。

[10] 王見川〈施琅與清初臺灣的媽祖信仰：兼談「天上聖母」的由來〉頁 81-82。

下！

　　至於鎮北坊赤崁城附近的天妃宮是寧靖王宅與有僧住持，康熙五十二年來臺的吳振臣在其《閩遊偶記》中有所言及：

> 媽祖廟（即天妃也）在寧南坊。有住持僧字聖知者，廣東人；自幼居臺，頗好文墨。嘗與寧靖王交最厚，王殉難時許以所居改廟，即此也。天妃廟甚多，惟此為盛。[11]

康熙六十年江日昇《臺灣外誌》則說：

> ……迨至議降……（寧靖王）遂將所有產業悉分賞其所耕佃戶，所居之府舍與釋氏為剎供佛。設為天后宮，前祀天后，後奉佛祖，旁祀王護法。[12]

究竟寧靖王捨宅為佛寺，還是捨宅建媽祖廟？

二、季麒光《蓉洲文稿》中的媽祖記載

　　康熙二十三年來臺的季麒光提供一點線索，《蓉洲文稿》〈募修天妃宮疏〉中說？

> 東寧天妃宮者，經始於寧靖王之捨宅，而觀成於吳總戎之鳩工也…住僧寄漚以臨濟橫支，發大宏願力，欲就宮旁餘地，作左右廊舍三間，位置僧寮前，樹山門一層，廓戲樓舊址而大之……[13]

　　關於東寧天妃宮與寧靖王之關係，季麒光《蓉洲文稿》中的另一文〈寧靖王傳〉是這樣說：

> 寧靖王…壬戌夏…素不喜佛事，是年忽持齋，誦準提金剛咒……

[11] 吳振臣《閩遊偶記》，蔣維錟‧鄭立航輯纂《媽祖文獻史料彙編》第一輯「散文卷」頁109，北京中國檔案出版社，2007年。

[12] 江日昇《臺灣外誌》頁384，濟南齊魯書社，2004年。

[13] 季麒光著、李祖基點校《蓉洲詩文稿選輯、東寧政事集》〈募修天妃宮疏〉頁127-128，香港人民出版社，2006年1月。

其遺宅為天妃神祠，住僧於後楹大士旁，奉王為捨宅主云。[14]

眾所周知，寧靖王於施琅康熙二十二年六月二十二日攻克澎湖後不久自殺。[15]

他自殺之前，將其所有一一做處理。其中宅第部份，他捨宅，捐了出去。捐給何人？從上引季麒光的描述，可知寧靖王捐給和尚僧人。這個和尚是聖知？或是寄漚？還是宗福？現存大天后宮內的寧靖王神位寫著：

本庵捨宅檀樾明寧靖王全節貞忠朱諱術桂神位。住持僧宗福…[16]

從文中出現「明寧靖王」稱號來看，這個牌位內容是明鄭滅亡後所做，即康熙二十二年八月二十二日所寫！不少學者認為「宗福」就是《閩遊偶記》所記之「聖知」。若是如此，那「王殉難時許以所居改廟」，就是寧靖王捨宅為天妃廟。既然如此，寧靖王神位為何不是放在天妃廟中？而宗福要稱寧靖王為「本庵捨宅檀樾」。可見宗福與聖知是不同之人。若將宗福稱寧靖王為「本庵捨宅檀樾」，對照季麒光《蓉洲文稿》中〈寧靖王傳〉住僧於後楹大士旁，奉王為捨宅主，與他死前奉佛的情況，很明顯寧靖王捨宅是為佛寺[17]，極有可能是奉觀音的大士庵！最近一些學者認為寧靖王捨宅是為天妃廟，進而推測明鄭已有媽祖廟！如蔣維鈰說：

季麒光的〈寧靖王傳〉…傳記結尾云：「其遺宅為天妃神祠，住僧於後楹大士旁，奉王為捨宅主云。」從傳文可證，寧靖王在自殉前即遺囑捨宅為天妃神祠…[18]

其實，只要平心靜氣讀季麒光《蓉洲文稿》〈寧靖王傳〉，即可知「其遺宅為天妃神祠，住僧於後楹大士旁，奉王為捨宅主云。」是季麒光的

---

[14] 季麒光著、李祖基點校《蓉洲詩文稿選輯、東寧政事集》〈寧靖王傳〉頁118-122。

[15] 季麒光著、李祖基點校《蓉洲詩文稿選輯、東寧政事集》〈寧靖王傳〉頁121。

[16] 蔡相煇《臺灣的王爺與媽祖》頁185，臺北臺原出版社，1992年1版4刷。

[17] 王見川〈施琅與清初臺灣的媽祖信仰：兼談「天上聖母」的由來〉頁84-85。

[18] 蔣維鈰〈臺南大天后宮淵源新考〉頁97。

意見，不是寧靖王的遺囑！蔣維錟誤讀了！至於蔣維錟為什麼會相信寧靖王捨宅是為天妃廟，進而推測明鄭已有媽祖廟，主要是受到〈重修臺郡天后宮圖說〉「查郡城西定坊之天后宮未入版圖之前即已建造，郡垣廟宇此為最久。」記載的影響！學者一般相信蔣元樞「查郡城西定坊之天后宮未入版圖之前即已建造」的說法，都沒想到下一句「郡垣廟宇此為最久」[19]，就暴露出〈重修臺郡天后宮圖說〉的描述有問題！因為臺南府城歷史最久的廟宇是城隍廟、玄天上帝廟、東嶽廟[20]，絕對不會是天妃廟，可見〈重修臺郡天后宮圖說〉「查郡城西定坊之天后宮未入版圖之前即已建造」的說法是錯誤的，不能相信！

三、「大天后宮」稱號的由來及其他

有的學者如李祖基，甚至說：臺南大天后宮現存的文物「西天東土歷代宗師大和尚猊座」神牌上列名臨濟宗第七代勝修恬大和尚係康熙二十三年清廷建大天妃宮的第一任開山，授臺灣府僧綱司事，之前還有六代，依此向前推，臺南大天后宮創建於明天啟或萬曆年間。[21]這真是驚人之論，但卻是誤讀大天后宮僧侶牌位的意涵。這位勝修恬是「臨濟正宗三十六世，重興本宮第一代開山，授臺灣府僧綱司事」，不只佛教派別與臨濟橫支「寄漚」不同，所做之事：重興大天妃宮，也與「寄漚」的增修大天妃宮有異。更重要的是職務不同，勝修恬有官職臺灣府僧綱司，「寄漚」沒有。若有，季麒光在幫他募款時一定會提！可見「勝修恬」與「寄漚」是不同之僧人。又需要注意的是「勝修恬」授臺灣府僧綱司事，顯示這位僧人應該不是康熙二十三年時人，可能是更後時期的僧人，因當時的僧人恐怕不多，尚無需設此職。若有此職，也會由城隍廟、關帝廟的住持僧擔任，還輪不到天妃宮！因為它還不是祀典廟！那

19 〈重修臺郡天后宮圖說〉，蔣元樞《重修臺郡各建築圖說》頁 71。

20 陳文達《臺灣縣志》卷九〈雜記志・寺廟〉頁 209-210，臺灣省文獻委員會，1993 年。

21 李祖基〈從季麒光《蓉洲文稿》看臺南大天后宮的創建歷史〉頁 92，該文收入曾吉連《全臺祀典臺南大天后宮簡史》。

鎮北坊天妃宮何時成為「祀典廟」？只要看看臺灣方志中有無記載官府每年出資支付媽祖廟祭祀費用，即可窺知！因為官員有義務在朔望時到「祀典廟」上香，每年要春秋祭祀這些「祀典廟」。康熙五十九年陳文達的《臺灣縣志》即說：

> ……至於廟宇雖極壯麗，而非有司致祭者，概列之寺廟中。[22]

　　列名其中者有關帝廟、媽祖廟等寺廟，顯見這些廟當時都不是「祀典廟」。乾隆十三年范咸的《臺灣府志》已記載一年三次祭祀關帝的花費[23]，但還未見到祭祀媽祖廟費用，可見此時鎮北坊媽祖廟還不是「祀典廟」。到了乾隆十七年王必昌的《重修臺灣縣志》已在禮儀志‧祭祀部分見到天后廟春秋擇日祭祀的記載[24]，顯示大天后宮此時已是「祀典廟」。

　　最後，我想處理的問題是「大天后宮」的稱呼何時出現？以往大家不假思索就這麼叫「大天后宮」，似乎這是不證自明的廟名。那麼，其根據何在？臺南市長賴清德說：臺灣媽祖廟遍佈，唯獨臺南府城西定坊這一間媽祖廟多一「大」字，叫「大天后宮」。原來是相對於府城水仔尾規制廟貌較小的天后宮而產生的區別性俗稱，後來沿用成為全臺均知的正式名稱。[25]而「大天后宮」主委曾吉連則說：「吳英鳩工改建的大天后宮，俗稱大媽祖宮」。[26]

　　目前所見可能與此有關的最早記載是蔣毓英《臺灣府志》。該書中說：西港仔渡在小媽宮口。[27]此「小媽宮」可能是小媽祖宮或小娘媽宮的簡稱，而當時的鎮北坊媽祖廟叫「天妃宮」，季麒光也稱「天妃宮」，不是「東寧天妃宮」。東寧指的是地名，是天妃宮所在。這一點，也可以從季麒光寫的三篇媽祖文章都稱「天妃宮」[28]可窺知！高拱乾的《臺

22　陳文達《臺灣縣志》〈凡例〉頁 10。
23　范咸《臺灣府志》卷六〈賦役〉頁 1734、1743，《臺灣府志三種》。
24　王必昌《重修臺灣縣志》卷七〈禮儀志‧祭祀〉頁 212、217，臺灣省文獻委員會，1993 年。
25　曾吉連《全臺祀典臺南大天后宮簡史》「臺南市長賴清德序」。
26　曾吉連《全臺祀典臺南大天后宮簡史》曾吉連序。
27　蔣毓英《臺灣府志》卷六〈渡橋〉頁 135。
28　季麒光著、李祖基點校《蓉洲詩文稿選輯、東寧政事集》頁 127、129、130。

灣府志》也稱「天妃宮」，不過康熙三十五年臺灣知縣李中素的跋稱「天后宮」。[29]康熙五十九年陳文達《臺灣縣志》則出現大小媽祖廟的稱呼：

> 大媽祖廟，即寧靖王故居。康熙二十三靖海侯施琅捐俸改建為廟，祀媽祖。…國朝改封天后…小媽祖廟，開闢後鄉人同建，在水仔尾。[30]

　　不只有大小媽祖廟，尚有大小關帝廟、大小上帝廟等稱呼[31]，這些應是民間叫法，也就是俗稱，陳文達《臺灣縣志》都採用，也成了正式稱號！所以，你可以叫西定坊媽祖廟為「天妃宮」、「天后宮」、「大媽祖廟」，康熙朝還沒有「大天后宮」稱呼！到乾隆十三年范咸的《臺灣府志》，乾隆十七年王必昌的《重修臺灣縣志》都叫「天后廟」，而乾隆四〇年代初的〈重修臺郡天后宮圖說〉則稱其「天后宮」。目前所見，至少在咸豐八年〈天后宮緣起碑記〉已出現：「我郡之大天后宮」[32]字樣，而道光十年則有〈重興大天后宮碑記〉[33]，由此可知，「大天后宮」是乾隆後期至道光十年間出現的稱呼，道光十年後成為西定坊媽祖廟常用稱呼。

　　附記：此文原刊於《媽祖與民間信仰：研究通訊》（4）頁150-156，臺北博揚文化公司，2013年12月。

---

[30] 陳文達《臺灣縣志》卷九〈雜記志·寺廟〉頁209-210。
[31] 陳文達《臺灣縣志》卷九〈雜記志·寺廟〉頁208-211。
[32] 《臺灣南部碑文集成》（上）頁321，臺灣省文獻委員會，1999年1版2刷。
[33] 《臺灣南部碑文集成》（下）頁592，臺灣省文獻委員會，1999年1版2刷。

從新史料看光復前的「北港進香」
——兼談南瑤宮的進香與信仰圈

如果由臺灣人民票選心目中最受歡迎的神明，媽祖無疑地會名列前茅！而位於北港的朝天宮則是解嚴前（1987）全臺最著名的媽祖廟！筆者以往曾撰文，描述朝天宮崛起的過程、原因及其與相關寺廟（臺南大天后宮、彰化南瑤宮）的往來情況[1]。

最近，在蔡相煇教授的告知與友人的幫助下[2]，我看到了一些新材料：同治年間的檔案[3]和日據時期的《水竹居主人日記》[4]，對光復前北港朝天宮的名聲和南瑤宮進香北港活動，有了不同的想法，現表述如下，以就教於各位學界先輩，企盼不吝指正！

一、清代「北港進香」的情況

在清代，所謂的「北港進香」，意義與現在不大相同，它意指二種情況：

---

[1] 王見川〈光復前的北港朝天宮〉，收入王見川、李世偉《臺灣的寺廟與齋堂》（臺北博揚文化公司，2004 年）頁 45-76。王見川〈日據時期的彰化南瑤宮與大天后宮：兼談藝閣廣告化問題〉，同上書，頁 77-104。王見川〈歷史、權力與香火：北港朝天宮宗教地位形成之分析〉，收入王見川、李世偉《臺灣的民間宗教與信仰》（臺北博揚文化公司，2000 年）頁 241-260。

[2] 2004 年 11 月 1 日筆者到莆田湄洲開媽祖信仰論文研討會，在吃飯時，與蔡相煇教授交談，承他告知黃富三教授大著《霧峰林家的中挫》中，有關於南瑤宮到北港的情形。我返臺後即循此線索找到同治年間的官方檔案。

[3] 這是指霧峰林家在同治九年至光緒八年間上京呈控林文明被冤殺的訴訟文書，黃富三教授稱之為《林家訟案文書》，在其大著《霧峰林家的中挫（1861-1885）》（臺北自立晚報社文化出版部，1992 年）引錄不少訟案內容。在訟案進行期間，林家將相關文件出版，題名《臺灣冤錄》，吳幅員在 1981 年 6 月的《臺北文獻》直字 56、57 合期，發表〈臺灣冤錄：林文明案文獻叢輯〉，全文刊錄。這裏要說明的是，《臺灣冤錄》僅是《林家訟案文書》部份內容。

[4] 這是日據時期豐原士紳張麗俊的日記，書中有大量豐富的宗教、信仰資料。目前該日記在許雪姬教授主持下，已全部出版。筆者非常感謝臺中縣文化局的贈書，使我有機會閱讀這些資料。

　　1、北港媽祖至臺南巡歷[5]。

　　2、各地信眾至北港進香[6]。

　　咸豐初期任職府城的徐宗幹在《斯未信齋雜錄》中對前者有深刻的描繪[7]。根據他的觀察，當時北港媽祖至臺南期間，信眾「從未滋事」，故官員聽之[8]。在三月十五日那天，他跟同僚進廟參拜，信眾非常多，壅擠不堪，幸有媽祖的轎夫拿木板闢路才有辦法進廟。晚上，他還微服夜巡，看到賽會行列中，出現「我護善良，進香須做好人，求你不能饒你惡」的告示[9]。隔天，他看到媽祖出巡，轎夫都穿黃色衣服，指揮群眾前進，以及城內各廟送行的情形。對清代臺南府城人民而言，每年的北港進香和南鯤鯓王爺蒞臨，都是年度最盛大的活動[10]。不過，對境內的儒生紳士，這樣的進香活動帶來的污染字蹟，是不能忍受的，同治十二年，府城府治道署旁的奎樓書院紳士吳尚雲等人向官員稟稱：

> 緣臺地供神，概用內地辦來壽金…焚灰賣與爐戶，蹂踏淘鑄錫箔，情形可惡。又于賽會迎神之際，道旁燒化壽金，字跡灰飛，不無污瀆…通臺笨北港、南鯤鯓兩路進香，有字壽金燒灰四散，沿途踐踏穢褻尤甚……詳請大憲……示禁……[11]

　　由此可見，當時進香的規模與信徒沿路參拜的盛況。

---

[5] 此一情況，詳見王見川〈光復前的北港朝天宮〉頁 60-63，〈歷史、權力與香火：北港朝天宮宗教地位形成之分析〉頁 242-244。

[6] 詳見王見川〈歷史、權力與香火：北港朝天宮宗教地位形成之分析〉頁 242-244、253。

[7] 咸豐初徐宗幹《斯未信齋雜錄》〈壬癸後記〉（臺灣省文獻委會複印臺銀本，1994 年）頁 69。

[8] 同前註，頁 70。

[9] 徐宗幹《斯未信齋雜錄》〈壬癸後記〉頁 70。

[10] 關於南鯤鯓王爺蒞臨臺南府城造成的盛況，道光年間刊行的《瀛洲校士錄》收錄許廷崙〈鯤鯓王〉云：『落花如塵香不歇，紫蕭吹急夕陽沒。靈旗似復小徘徊，解纜風微記不發。碧波涵鏡逼人清，照見輕粧水底月。龍宮百寶縱光怪，洛水明璫漢象珮。淫佚民心有識傷，昇平餘事無人績。神來漠漠雲無心，神去滔滔江水深。士女雜沓舉國狂，年年迎送鯤身王』。又劉家謀《海音詩》亦載其景況：「鯤身王以四五月來郡，祈禱於行宮無虛日，皆攜所乞以歸，明年必倍數酬之，如求利者乞錢，求名者乞筆乞紙之類。」（頁 10）又同書頁 15 又云：「競送王爺上海坡，烏油小轎水邊多…鯤身王俗謂之」『王爺』，以五月來，六、七月歸。歸時郡中婦女皆送至海波上，輕薄之徒藉言出遊，以觀佳麗」。本文引用的《海音詩》版本，為吳守禮校注本，臺灣省文獻委員會印行，1953 年。

[11] 《淡新檔案》第 4 冊（臺大排印版，1995 年）頁 23。

至於各地信眾至北港進香的情形，咸豐初年的詩文集《海音詩》云：

> 曾門溪畔少行人，草地常愁劫奪頻；何似春風香腳好，去來無恙
> 總依神。〔註〕曾文溪為臺、嘉二邑交界處……近溪多匪人，渡
> 者苦之。鄉村曰草地。進香北港天后宮者，不下數千人，謂之香
> 腳。往來盜不敢劫，劫者屢遭神譴[12]。

劉家謀詩中描述的是嘉義以南的信眾進香北港媽祖廟的情形。同治
年間的檔案則提到北港以北的官員當時觀察民眾進香北港的情況：

> 嘉義屬北港地面，向有建立天后聖母廟宇，全臺民人無不敬信供
> 奉。每屆三月聖誕之際，南至鳳山，北至噶瑪蘭，不分裏山沿海、
> 男婦老幼，屆期陸續咸赴北港進香，各執小旗一張、燈籠一盞，
> 上書「北港進香」字樣，或步行或乘輿，往還何止數萬人。[13]

由此可知，最晚至同治年間，北港媽祖廟已是名冠全臺，當時南至
鳳山，北至噶瑪蘭，山內沿海都有其信徒。每年三月各地至北港進香者，
已有數萬人之眾。

對於如此大規模的進香活動，地方官頗為警覺、擔憂，因「人眾混
雜，易滋事端」[14]。同治九年三月，官民因此還發生衝突：

> ……臺屬每年三月十六日，有各處男婦赴嘉義之北港進香…其
> 時，又有匪類入內山勾結拜會之謠。當奉鎮、道憲出示禁止，並
> 由縣派撥役勇分路巡查。王令又因彰化縣城外南壇廟供奉天后神
> 像，向來北路人民抬赴北港進香；遂先期將神像移入城內觀音亭
> 中，示諭不准抬往，各紳民均各遵從。惟文明不遵示禁，倡為會
> 首，造謠惑眾，於三月十五日率黨攜帶軍器，入城迎神而去……[15]

文中的「王令」是彰化縣令王文棨，而「文明」則是林文明。他是

---

12 劉家謀著、吳守禮校注《海音詩》頁9。
13 這是同治十一彰化典史許其棻的供詞，轉引自黃富三《霧峰林家的中挫（1861-1885）》頁
　 210。
14 吳幅員〈臺灣冤錄：林文明案文獻叢輯〉頁74。
15 這是臺灣府委員凌定國同治九年六月的供詞，轉引自吳幅員〈臺灣冤錄：林文明案文獻叢輯〉
　 頁74。

清朝中期臺灣中部豪族霧峰林家的領導者。他之所以敢帶頭違反官方禁令，主要的因素與地方信眾的支持有關。當時眾多信眾並不是像縣令所言，聽從官方禁令，停止進香，而是聚集在彰化城廂內外[16]，準備抬媽祖往北港進香。面對這樣的形勢，身為地方領袖的林文明招集地方總理、頭人向官方交涉進香事宜[17]。隨後不久，林文明在官府中遇襲身亡[18]。

二、南瑤宮進香北港的情況

　　林文明參與的彰化媽祖進香活動，就是廣為人知的南瑤宮媽祖進香「笨港」活動。彰化南瑤宮是光復（1945）前臺灣中部地區最著名的媽祖廟。因其香火來自笨港天后宮，故自嘉慶年間即至笨港進香，道光年間周璽編寫的《彰化縣志》便記載當時「男女塞道、屢著靈驗」的情況[19]。南瑤宮赴笨港進香的活動，清代以來一直持續進行。有的資料說，該宮每十二年進香一次，有的認為每年舉行[20]。據說，在日本領臺之後，這一進香傳統中斷多年。地方史家李俊雄整理南瑤宮的資料時認為：日據時期南瑤宮赴笨港進香活動，只有民國六年及民國二十四年兩次[21]。這樣的看法，是頗有問題的，《水竹居主人日記》便記載日本領有臺灣後，南瑤宮的首次笨港進香：

> 庚戌年（1910）舊三月二十二日…是日也，本欲全清連往彰化南瑤宮進香，因此聖母自帝國領臺以來，迄今十有六年，未嘗往南北港進香。此次算初回，故全臺人民隨駕進香者數萬人。此數日南上北下列車香丁幾無容膝之處…[22]

---

[16] 黃富三《霧峰林家的中挫（1861-1885）》頁 212。

[17] 同註 14，頁 68。

[18] 詳見黃富三《霧峰林家的中挫（1861-1885）》頁 216-218。

[19] 王見川〈日據時期的彰化南瑤宮與臺南大天后宮：兼談藝閣廣告化問題〉頁 78。

[20] 同前註，頁 78、95。

[21] 同註 19，頁 79、94、95。

[22] 張麗俊作、許雪姬等編纂、解說《水竹居主人日記》（二），頁 353，中央研究院近史所，2000 年 11 月。

　　當時的《臺灣日日新報》報導，南瑤宮此次進香，由董事吳德功、吳汝祥等先向當局請求許可[23]。整個行程是在舊曆三月十六日啟程，二十二日歸廟，約有十餘萬人參與，連新竹、苗栗、埔里一帶都有民眾隨香[24]。顯然，張麗俊在進香活動全部結束才記載此事。他的描述最有價值之處，在凸顯進香客利用縱貫線鐵路的情形。此外，他亦提到庄中民眾隨南瑤宮媽祖進香北港回來的情形：

> 庚戌（1910）年，中四月十一日…往墩買豬肉、什物，因是日庄中人隨南瑤宮天上聖母往北港進香，故諸香丁募集演唱梨園，恭迎聖母鑾駕也。[25]

　　這是指張麗俊庄中人隨香回來後，請南瑤宮媽祖來遶境，民眾準備供品拜拜、演戲歡迎的情形。由此可見，南瑤宮媽祖進香笨港的的行程，至此才算結束，費時約二十五天。此外，《水竹居主人日記》又記載大正元年，豐原下南坑庄民眾又隨香至北港進香的情況：

> 壬子（1912）年，中四月初二日…邀汝清…等來家享晚，因我庄香丁往南北港進香，歸演下馬戲故也…香丁令我書壇聯文云：
> 隨駕進南天，佑我香丁安且吉。
> 回鑾由北港，祈諸弟子壽而康。[26]

三、南瑤宮的信仰圈

　　為什麼豐原下南坑庄人參與南瑤宮的進香？莫非他們是屬於南瑤宮的信仰圈？還是信眾個別信仰呢？《水竹居主人日記》提供一些例

---

[23] 《漢文臺灣日日新報》明治 43 年 3 月 30 日〈北港進香〉。

[24] 《漢文臺灣日日新報》明治 43 年 5 月 1 日〈進香光景〉。

[25] 《水竹居主人日記》（二），頁 360。

[26] 許雪姬等編纂《水竹居主人日記》（三），頁 211-212，中央研究院近史所，2001 年 8 月。張麗俊於一九一二年五月作一首〈笨港進香詞〉：「笨港進香詞乃南瑤宮聖母往南北港進香也。傘影燈光晝夜連，三春有約進朝天，誠心祝告緣何事，祈保平安兩字先。看到黃標處處黏，紅男綠女興增添，心香一辨（辦）酬神聖，千里往還盡戒嚴。」，《水竹居主人日記》（三），頁 226。

子，可供推敲：

1、丙午年（1906）舊三月九日…往墩，遇罩欄庄天上聖母往南
碯（瑤）宮進香…[27]

2、丙午年（1906）舊閏四月十五…隨母、大嫂率清波、清漣乘
頭幫（班）汽車往彰化南瑤宮並城隍廟、觀音亭三處燒金賽願…
[28]

3、戊申年（1908）舊元月廿九日…全先生到慈濟宮前玩梨園雙
枱，因墩街會友請南瑤宮天上聖母來遶境故也…[29]

4、戊申年（1908）舊元月三十日…下街亦請南瑤宮聖母演唱梨
園雙枱故也…[30]

5、戊申年（1908）舊二月廿三日…數日來墩街人口稍不平安…
爰是墩人往石崗庄請三恩主…往南瑤宮請天上聖母…[31]

6、己酉年（1909）舊四月十八日…又到慈濟宮前玩梨園，因是
日墩街諸會友請南瑤宮天上聖母六媽來過爐也…[32]

7、己酉年（1909）舊五月初二日…全清漣與朝君叔…到南瑤官
（宮）、觀音亭、城隍廟等處燒金…[33]

8、庚戌年（1910）舊三月廿一日…明日欲往南瑤宮進香…[34]

9、庚戌年（1910）中四月初三日…往南瑤宮進香，后又到城隍
廟、觀音亭，亦是如此…[35]

10、癸丑年（1913）陰九月十七日…是日清漣率大嫂並其妻往南
瑤宮進香也…[36]

11、乙卯年（1915）舊三月十三日…午后在家應接賓客，因是日

---

[27] 張麗俊作、許雪姬等編纂、解說《水竹居主人日記》（一），頁39，中央研究院近史所，2000
年11月。

[28] 水竹居主人日記》（一），頁72。

[29] 《水竹居主人日記》（二），頁16。

[30] 《水竹居主人日記》（二），頁17。

[31] 《水竹居主人日記》（二），頁25。

[32] 《水竹居主人日記》（二），頁181。

[33] 《水竹居主人日記》（二），頁185。

[34] 《水竹居主人日記》（二），頁352。

[35] 《水竹居主人日記》（二），頁356。

[36] 《水竹居主人日記》（三），頁424。

庄中迎請奉天宮、南瑤宮天上聖母來遶境演戲也…[37]

12、丙辰年（1916）舊四月十一日…及午，今雇人挑祭品往聖母廳拜奉天宮聖母，又南瑤宮六聖母來過爐慈濟宮聖母…[38]

13、丁巳年（1917）舊又二月廿二日…往春草家享晚，因今日南瑤宮六媽來墩送爐故也…[39]

14、丁巳年（1917）舊四月十四日…往墩，買豬肉、什物，因庄中恭迎南北港並南瑤宮列位聖母來演戲也…[40]

15、甲子年（1924）舊四月十三日…往慈濟宮，則見紅男綠女挨擠來進香者，庭為之滿。因南瑤宮六媽聖母厚德季會友來過爐…[41]

16、乙丑年（1925）舊三月初十日…往第二保保正陳振德方，因明日南瑤宮六聖母來當庄送爐，諸會友演梨園恭送。[42]

17、乙丑年（1925）舊三月十一日…往慈濟宮迎請朝天宮、奉天宮、南瑤宮及本庄廣福宮列位天上聖母來廣福宮住（駐）蹕，因庄中六媽會友請南瑤宮六媽聖駕來庄中演梨園送爐…並見六媽駕前和樂軒子弟彈唱…[43]

　　由以上所列的事實，大致可推知三個訊息：一、張麗俊及其家人頗為崇信南瑤宮媽祖，故常往進香。二、葫蘆墩人常迎請南瑤宮媽祖奉祀、遶境。三、葫蘆墩地區屬於南瑤宮六媽的信仰圈。

　　專研南瑤宮媽祖會的林美容，在其報告中說：伴隨著南瑤宮的笨港進香活動，在清代信眾逐漸發展出十個媽祖會，即老大媽會、新大媽會、老二媽會、興二媽會、聖三媽會、新三媽會、老四媽會、興四媽會、老五媽會和老六媽會。其中老大媽會成立最早，在嘉慶十九年，而老六媽

[37] 張麗俊作、許雪姬等編纂、解說《水竹居主人日記》（四）頁180，中央研究院近史所，2001年8月。
[38] 《水竹居主人日記》（四），頁334。
[39] 張麗俊作、許雪姬等編纂、解說《水竹居主人日記》（五）頁32，中央研究院近史所，2002年11月。
[40] 《水竹居主人日記》（五），頁49。
[41] 張麗俊作、許雪姬編纂、解說《水竹居主人日記》（六），頁200，中央研究院近史所，2002年11月。
[42] 《水竹居主人日記》（六），頁333。
[43] 同前註。

會最晚，在光緒二十年[44]。其中「老六媽會」目前分為十二大角，包含太平、大里鄉、臺中市北屯、東區、西區、潭子、北屯、南屯、彰化市、和美、豐原市三村里等地。「原本烏牛欄、豐原街亦有二百多名會員，合屬一角頭，後來因故未參加吃會，已廢二十幾年」[45]。

　　由《水竹居主人日記》可知，林美容的調查，有其正確部份，但該會不是叫「老六媽會」，而稱「六媽會」。這個「六媽會」，似乎又稱「六媽聖母厚德季會」，其駕前至少有一曲館「和樂軒」。根據日據初期的調查，「六媽會」有一千七百餘會員（分為八角），每角除置一名爐主外，另置一名監掌或首事管理該會財產，對輪值爐主發給祭祀費。監事及首事皆是名譽職，不限任期。[46]

四、結語

　　以往，不少學者堅稱南瑤宮或大甲鎮瀾宮媽祖是到笨港參拜，而非往北港朝天宮進香。從上引同治年間的檔案來看，這樣的說法是有問題的。不論是彰化縣典史許其桀等官員或是民眾何春林，都說臺屬天后信眾三月進香，是到北港進香或「燒香」[47]，可見清代民眾到笨港進香就是到北港朝天宮進香。當時，在法令上，這些進香活動是禁止的，但官員會依狀況允許或嚴禁，顯示媽祖信仰雖是正祀，政府許可的信仰，但其活動仍受到法令的制約。

　　附記：此文原刊於《媽祖國際學術研討會論文》，頁 2-1-7，臺中縣文化局，2005 年。又此文另有一姊妹文（即下文）請參看。

---

[44] 王見川〈日據時期的彰化南瑤宮與臺南大天后宮：兼談藝閣廣告化問題〉頁 79、95。

[45] 林美容《媽祖信仰與漢人社會》頁 72，黑龍江人民出版社，2003 年 3 月。

[46] 同註 44，頁 79-80。

[47] 何春林是林戴氏呈控的代表，他說：「三月十七日進香，乃係俗例，各屬皆有，向來地方官均有示禁。此係各人誠心，手持一把雨傘，一個燈籠，跟隨天后聖母赴北港燒香…」（轉引自黃富三《霧峰林家的中挫（1861-1885）》頁 283）

彰化南瑤宮的「北港進香」與「笨港進香」新論

　　幾年前，我在大甲參加「媽祖信仰國際研討會」，發表一篇文章討論南瑤宮媽祖會成員笨港進香的情況。[1]此文是在蔡相煇的提示下，利用「清代林文明案」資料，初步認定南瑤宮媽祖會成員笨港進香是到北港進香[2]。後來，蔡相煇也寫出論文，使用林文明案卷[3]與日劇時期報紙，論證南瑤宮媽祖會成員笨港進香是到北港朝天宮進香[4]。

　　最近，我因撰寫新港奉天宮文章，重新檢視南瑤宮媽祖會成員笨港進香相關史料，有與之前的認識不同的看法。現表述如下，敬請同好指正！

一、「清代林文明案」中的北港進香敍述

　　目前所見，「清代林文明案」資料，提到信眾赴北港進香的內容有這幾條：

> 1.臺屬每年三月十六日，各屬男婦赴北港進香，前述鎮……慮其聚眾滋事，照例是禁，城鄉個具結遵依。[5]
>
> 2.臺屬每年三月十六日，有各處男婦赴嘉義之北港進香，人眾混

---

[1] 王見川〈從新史料看光復前的「北港進香」—兼談南瑤宮的進香與信仰圈〉，大甲鎮瀾宮舉辦「媽祖信仰國際研討會」論文，2005年。

[2] 2004年11月1日筆者到莆田湄洲開媽祖信仰論文研討會，在吃飯時，與蔡相煇教授交談，承他告知黃富三教授大著《霧峰林家的中挫》中，有關於南瑤宮到北港的情形。我返臺後即循此線索找到同治年間的官方檔案。

[3] 這是指霧峰林家在同治九年至光緒八年間上京呈控林文明被冤殺的訴訟文書，黃富三教授稱之為《林家訟案文書》，在其大著《霧峰林家的中挫（1861-1885）》（臺北自立晚報社文化出版部，1992年）引錄不少訟案內容。在訟案進行期間，林家將相關文件出版，題名《臺灣冤錄》，吳幅員在1981年6月的《臺北文獻》直字56、57合期，發表〈臺灣冤錄：林文明案文獻叢輯〉，全文刊錄。這裏要說明的是，《臺灣冤錄》僅是《林家訟案文書》部份內容。

[4] 蔡相煇《媽祖信仰研究》頁485-486，臺北秀威資訊，2006年。

[5] 蔡相煇《媽祖信仰研究》頁485。

雜……其時，又有匪類入內山勾結拜會之謠。當奉鎮、道憲出示
禁止，並由縣派撥役勇分路巡查。王令又因彰化縣城外南壇廟供
奉天后神像，向來北路人民抬赴北港進香；遂先期將神像移入城
內觀音亭中，示諭不准抬往，各紳民均各遵從。惟文明不遵示禁，
倡為會首，造謠惑眾，於三月十五日率黨攜帶軍器，入城迎神而
去……[6]

3.嘉義北港地面，向有建立天后聖母廟宇，全臺民眾無不敬信供
奉。每屆聖誕之際，南至鳳山，北至噶瑪蘭，不分裏山沿海、男
婦老幼，屆期陸續咸赴北港進香，各執小旗一張、燈籠一盞，上
書「北港進香」字樣，或步行或乘輿，往還何止數萬人。事已因
燒香人眾，謠言不一，前道憲黎，行文禁止。乃年久習俗，禁止
不住，阻之不得，故彰化王令文棨將彰化南門南壇天后神像，向
來北路香客神像同往北港之神像，請入城內，藏供觀音亭廟中。[7]

　　第一則史料談的是清代時期，每年農曆三月十六日臺灣男女信眾到
北港朝天宮進香的情況。第二則資料第一部份談的也是每年農曆三月十
六日臺灣男女信眾到北港朝天宮進香的情況。第二部分則是提到彰化縣
令在農曆三月十六日臺灣男女信眾北港進香期將彰化南門南壇天后神
像，遷至城內觀音亭之事。第三部分是林文明不顧禁令，搶抬彰化南壇
天后神像。這位南壇天后神像一般認為就是所謂的南瑤宮媽祖。第三則
史料的第一部分則是描述每年農曆三月十六日臺灣男女信眾北港進香
手持「北港進香」字樣的盛況。第二部分彰化縣令在農曆三月十六日臺
灣男女信眾北港進香期將彰化南門南壇天后神像，遷至城內觀音亭的事
情。所以綜合來看，「清代林文明案」資料反映清代二種進香活動：一
是農曆三月十六日臺灣男女信眾北港進香。二是在臺灣北路（中北部）
民眾至北港進香時，彰化縣境內民眾會迎請南壇媽祖（南瑤宮媽祖）一

---

[6] 這是臺灣府委員凌定國同治九年六月的供詞，轉引自吳幅員〈臺灣覓錄：林文明案文獻叢輯〉
　　頁74。另見蔡相煇《媽祖信仰研究》頁486。

[7] 這是同治十一彰化典史許其棻的供詞，轉引自黃富三《霧峰林家的中挫(1861-1885)》頁210。
　　另見蔡相煇《媽祖信仰研究》頁486。

起隨香至北港。不少資料提到南北兩路民眾進香北港情形[8]，但除了「清代林文明案」資料外，幾乎沒人提及此時彰化縣境內民眾會迎請南壇媽祖（南瑤宮媽祖）一起隨香至北港一事。以往，學者大都認為「清代林文明案」資料是指南瑤宮媽祖進香[9]，經由上述分析可知這種看法是部分正確，部分錯誤。因此「清代林文明案」資料只能說明南瑤宮媽祖在三月十六日由彰化信眾抬者，隨同北路進香信眾到北港的情況，無法反映清代南瑤宮媽祖是到北港進香。就算是，「清代林文明案」資料中的進香北港敘述，也是外部官員的看法，不是真相。因為清代南瑤宮媽祖會內部文獻就是提到「笨港進香」。[10]這一點，李獻璋昭和 11 年（1936）左右採錄的林文明案民間傳說也提到：

> 這是一篇清同治年間的故事。是彰化媽祖往笨港進香後的二天晚上……[11]
> ……恰巧傳說南瑤宮的媽祖要到笨港去進香，又是二大人捧的聖筶……[12]

更重要的證據是日據初期參與其事的地方仕紳在日記也提到此事。

二、日據時期的北港進香敘述

著名的張麗俊《水竹居主人日記》便記載日本領有臺灣後，南瑤宮的首次笨港進香：

> 庚戌年（1910）舊三月二十二日……是日也，本欲全清漣往彰化南瑤宮進香，因此聖母自帝國領臺以來，迄今十有六年，未嘗往

---

[8] 如清中葉劉家謀《海音詩》、清末《新竹縣採訪冊》卷七頁 375：「笨現各處天后香火，多自嘉義縣北港分來，是月各莊士民百十為群，各制小旗一（旗上有小鈴），燈籠一，上寫「北港進香」字樣，競往北港焚香敬禮，謂之隨香。道途往來，無分晝夜，鈴聲不絕者，皆隨香客者。」臺灣省文獻會，1999 年林文龍點校本。

[9] 黃富三《霧峰林家的中挫》頁 211。

[10] 李俊雄編《我所知道南瑤宮第一些事》頁 2，明嘉印刷公司，1981 年。

[11] 李獻璋《臺灣民間文學集》頁 229，臺灣文藝協會，1936 年。

[12] 李獻璋《臺灣民間文學集》頁 248。

南北港進香。此次算初回……[13]

　　當時的《臺灣日日新報》報導，南瑤宮此次進香整個行程是在舊歷三月十六日啟程，二十二日歸廟，約有十餘萬人參與，連新竹、苗栗、埔里一帶都有民眾隨香[14]。他的描述最有價值之處，在敘述南瑤宮進香的時間：三月十六日、進香地點：南北港。[15]照新港奉天宮保存的《日清簿》，南瑤宮媽祖那年桐月（三月）二十日到奉天宮「請火」。[16]

　　大正元年（1912）《水竹居主人日記》又記載豐原下南坑庄民眾隨香至北港進香的情況：

四月初二日……邀汝清……等來家享晚，因我庄香丁往南北港進香，歸演下馬戲故也……[17]

　　以上種種記載顯示三月十六日起的南瑤宮媽祖進香是到南北港進香。北港是指北朝天宮，南港是指新港奉天宮。朝天宮、奉天宮都宣稱源自笨港天后宮，所以《水竹居主人日記》提及的南瑤宮媽祖進香是到南北港進香，也就是到笨港進香。張麗俊於一九一二年五月曾作一首〈笨港進香詞〉提到：「笨港進香詞，乃南瑤宮聖母往南北港進香也」。[18]日據中期南瑤宮重修完成立的碑文，也提到此一進香笨港傳統：

每春夏間，進香士女摩肩擊轂，有遠自三貂、葛噶瑪蘭山后等處而來，踵接於途，旂聲不絕，而聖母正駕每年亦恆往發源地之笨港進香……[19]

---

[13] 張麗俊作、許雪姬等編纂、解說《水竹居主人日記》（二），頁353，中央研究院近史所，2000年11月。

[14] 《漢文臺灣日日新報》明治43年5月1日〈進香光景〉。

[15] 他亦提到庄中民眾隨南瑤宮媽祖進香北港回來的情形：
庚戌（1910）年，中四月十一日…往墩買豬肉、什物，因是日庄中人隨南瑤宮天上聖母往北港進香，故諸香丁募集演唱梨園，恭迎聖母鑾駕也。（《水竹居主人日記》（二），頁360）

[16] 王見川等編《嘉義縣新港奉天宮無形文化資產研究與調查》，頁17。

[17] 許雪姬等編纂《水竹居主人日記》（三），頁211-212，中央研究院近史所，2001年8月。

[18] 張麗俊〈笨港進香詞〉：「笨港進香詞乃南瑤宮聖母往南北港進香也。傘影燈光晝夜連，三春有約進朝天，誠心祝告緣何事，祈保平安兩字先。看到黃標處處黏，紅男綠女興增添，心香一辨（瓣）酬神聖，千里往還盡戒嚴。」，《水竹居主人日記》（三），頁226。

[19] 昭和11年碑文，彰化師大地理系編《彰化南瑤宮志》頁182，彰化市公所，1997年。

三、結語：珍貴的無形文化資產

　　這一傳統，戰後有所延續，以至於今。結合以上論證與以往相關研究，我們可以得知：南瑤宮媽祖南下進香的地點是笨港，所以其進香活動叫「笨港進香」。從清代到今日，所有的南瑤宮媽祖南下進香的香條啟文都寫者笨港進香，即是明證。在笨港天后宮消失後，南瑤宮媽祖改到其香火代表的南北港，也就是北港朝天宮與新港奉天宮。這個南瑤宮媽祖到笨港進香的活動時間，是農曆三月十六日開始，新港奉天宮《日清簿》顯示日據初期是三月二十日在奉天宮「乞火」。

　　雖然南瑤宮媽祖到笨港進香的活動內容，已有所轉變，但新港奉天宮始終是其活動中心與重點。可以說，二百多年來，南瑤宮媽祖與南港聖母共創出悠久的進香傳統。這是臺灣史上的罕見的無形文化資產，值得重視。

　　附記：此文原刊於王見川等編《嘉義縣新港奉天宮無形文化資產研究與調查》頁 101-107，臺北博揚文化公司，2013 年 7 月。收入本書，略改篇名。

媽祖電影、戲劇初探：以《聖女媽祖》、《聖母媽祖》為中心

一、前言

媽祖信仰是近世中國重要的民間信仰。宋代以來流行於中國海域沿岸地區。明清時期，更隨著閩人的足跡，逐漸分佈大陸內陸，嘉慶皇帝甚至在圓明園立祠奉祀。以往，不少學者投入研究，發表相當數量的成果。不過，尚少文章觸及媽祖電影。筆者六年前在湄洲媽祖會議上曾提出論文，稍微言及戰後媽祖電影的情形[1]，現以此為基礎，配合新資料，對此做進一步論述。

二、「媽祖電影之爭」

據目前所得資料，早在明清時代，即有涉及媽祖的戲曲、小說。其中以明末吳還初《媽祖出身志傳》最為著名[2]。民國初期，也出現以媽祖為題材的戲曲。大正五年（1926）的《臺灣日日新報》即云：

> 媽祖出世得道　　新劇有趣
> 近日永樂座乾坤京班，扮演京滬流行媽祖出世得道之新劇，節目離奇，饒有趣味。又每幕附以新繪布景，巧創機關，殊如燒媽祖一幕，火光熊熊，及媽祖救父一幕，海波汪洋，宛然如真。又媽祖化□□，詼諧百出。[3]

這個「乾坤大京班」來自上海，其所演出的《媽祖出世》是新編的劇碼，主要演員有「武生五歲江、老生沈筱秋、花旦王寶蓮、大花郭德

[1] 「中華媽祖文化學術研討會」論文，2004 年。此文後刊登於《莆田學報》13 卷 1 期，頁 76-79、89，2006 年。
[2] 此書又叫《天妃娘媽傳》。
[3] 徐亞湘選編、校點《臺灣日日新報與台南新報戲曲資料選編》頁 210，臺北宇宙出版社，2001 年 4 月。

奎」[4]，以活動佈景、機關取勝。該班在大正十五年十一月來臺演出，除臺北永樂座外，也到基隆等地公演[5]，所到之處，都頗受歡迎，尤其是《媽祖出世》，更受喜愛。

　　這些為數不多的例子告訴我們，歷代有人嘗試用通俗大眾的媒介，傳達對媽祖的信仰。當然，除此之外，他們似乎也有商業的考量。

　　這一點在媽祖電影中看的最清楚。資料記載，首見的媽祖電影是在民國四十四年。黃仁巨著《臺灣電影百年史話》，對此有所描述：

　　　　1954 年 4 月 5 日，自立晚報和大華晚報首先刊出臺港兩地雙包拍攝《媽祖傳》糾紛，一為周曼華丈夫吳國璋任董事長的國光影業公司，半年前就請陳文泉收集資料寫劇本《聖女媽祖傳》。一為本省士紳林章任董事長的南洋影業公司，投資香港必達公司拍臺語片《聖母媽祖傳》。同年四月十一日媽祖誕辰，南洋公司高薪聘請旅美攝影家薛丹尼到北港朝天宮拍攝數萬信徒大拜拜迎接大甲媽祖回娘家的盛況。但未有見國光的人馬到場搶拍鏡頭。雙方第一次交鋒，是在報上刊登啟事，國光先登警告啟事，聲明劇本有著作權，其他公司不得抄襲，南洋請律師刊登啟事反駁，強調該公司籌備已一年，而且獲北港朝天宮管理委員會提供「媽祖」資料。雙方第二回合交鋒，是法庭相見，國光的《媽祖傳》電影劇本經內政部登記核准，控告南洋公司拍《媽祖傳》抄襲，南洋未出庭，國光告錯對象，拍《聖母媽祖傳》者為香港必達公司，片頭上寫明北港朝天宮管理委員會協助攝製，這個委員會的委員不少是省議員，他們擁有更多原始資料，用不著抄襲，法院無力約束。第三回合交鋒，是臺語《聖母媽祖傳》的拷貝先送審，電影檢查處沒有理由不發執照，雖有糾紛已在法院審理中，何況有北港朝天宮護航，他們勢力很大，因而順利搶先上映，國光莫可奈何，好在必達拍的是臺語片，國光拍的是國語片，戲院路線不同各有不同的觀眾。1955 年 11 月 3 日鬧雙包的香港攝製的臺語《聖母媽祖傳》搶先上映，臺灣攝製的國語《聖女媽祖傳》遲

一天。[6]

　　黃仁的描述主要根據當時的報紙：《聯合報》、《大華晚報》，有的敘述是正確的，有的部份則需加以補充。如陳文泉撰寫媽祖劇本一事。在《臺灣風物》第五卷第一期（1955 年 1 月 20 日印行）即刊登江蘇文泉的〈聖女媽祖的故事〉[7]，其文末附記云：「本文現已由陳氏再編為劇本，並由國光電影公司攝製中」[8]。可見陳文泉確實在半年前即撰寫媽祖劇本，當時國光影業也在拍攝中，後因資金籌措困難，延至四月初才正式拍攝。

　　其次是關於朝天宮的立場。當時《中華日報》的報導，北港朝天宮是支持南洋影業的媽祖傳。周曼華為該劇本主角，片名稱《聖女媽祖》[9]，令人摸不著頭緒，不禁令人懷疑朝天宮是不是真的只支持《聖母媽祖傳》。記者之所以搞混，主因是《聖女媽祖》編劇兼導演陳文泉，也到北港朝天宮取鏡，並趁機宣傳[10]，可國光影業之厲害。第三是《聖母媽祖傳》拍片的時間。民國四十四年四月六日《自立晚報》說：「南洋影業公司主持人表示：該公司董事長林章於半年前即赴香港與港地自由影人開始合作製片，『聖母媽祖』一片之資料，亦早已攜港，而因其他兩片先行開拍，此片遂延至三月中旬，始在華達片廠開拍。當時即準備俟本月十一日媽祖誕辰在臺拍攝外景後，寄港剪接。」並宣稱資料得到文獻委員會及北港媽祖宮管委會協助，並經由朝天宮管委會通過，准予搬上銀幕，此項合作並訂有協議[11]。可見，南洋影業是在民國四十三年十月左右才決定開拍媽祖傳，非事後宣稱等拍一年。最後是媽祖劇本抄襲問題。陳文泉媽祖劇本的祖本早在當年初的《臺灣風物》刊登，其初稿也在四十四年初油印，請人指正。由於其劇本大意，主要取材媽祖顯聖錄，並非全新創作，會出現山寨版，不令人意外。當時，甚至有人以陳

6 黃仁、王唯編著《臺灣電影百年史話》頁 152-153，臺北中華影評人協會，2004 年 12 月。
7 《臺灣風物》5 卷 1 期，頁 46，1955 年 1 月 20 日。
8 同前註。
9 《中華日報》1955 年 4 月 8 日。
10 《自立晚報》1955 年 4 月 6 日。
11 《自立晚報》1955 年 4 月 6 日

文泉劇本為底本，出版發行現代版媽祖傳，希冀趁機大撈一筆[12]。

關於媽祖電影的訊息，早在民國四十四年四月三日《自立晚報》即有所披露：

談「媽祖娘娘」：從報紙上得到的消息，陳文良先生將要拍攝「媽祖娘娘」，並請周曼華小姐再來臺擔任女主角云……民營電影雖應以爭取大量觀眾為第一，但「媽祖娘娘」這一題材在目前恐怕還是「不急之務」。縱然文泉先生執筆此刻也許係「破除迷信」為原則，採取民間故事手法，但這故事又能給觀眾一些什麼呢？此時此地拍「媽祖娘娘」，等於拍「觀音得道」，也等於拍「哪吒出世」，恐怕是沒有什麼意義，也沒有什麼必要吧……[13]

由此可見，《自立晚報》是持反對意見，認為不值得拍「媽祖娘娘」此片。該報四月九日更說：「應禁拍《媽祖》……此地拍這部影片，除了生意眼之外……這樣一個荒謬的題材，居然還有佐多的人視為熱門，你爭我奪，大鬧雙包……我們情願看《火燒紅蓮寺》。我希望臺港兩地都放棄拍媽祖……」[14]。可是過了不久，《自立晚報》即改變態度，支持拍攝此片。除大多頻繁宣傳女主角周曼華外，也不斷宣傳此片拍片情況[15]：國光勞軍團即將飛澎湖並拍聖片外景[16]。

從《自立晚報》的報導可知，陳文泉拍的「聖女媽祖」，在四月之後，即定下新策略：不理南洋影業，採配合國策的宣傳主調，大肆強調周曼華的自由影人身份，並進行勞軍等活動[17]！到影片拍攝完成，上映之初，經由安排黨國要人觀賞影片。

---

[12] 《自立晚報》1955 年 4 月 14 日
[13] 《自立晚報》1955 年 4 月 3 日「沙龍人語」〈談媽祖娘娘〉。
[14] 《自立晚報》1955 年 4 月 9 日，「沙龍人語」〈應禁拍媽祖〉。
[15] 《自立晚報》1955 年 4 月 23、24、28 日。
[16] 《自立晚報》1955 年 5 月 4 日。
[17] 《自立晚報》1955 年 4 月 23 日、5 月 12 日。

三、媽祖電影、戲劇與小說

當時的《自立晚報》這樣說：

> 總統夫婦昨晚觀賞「聖女媽祖傳」影片，並招待殷格索與僑團[18]。

文中的「殷格索」是指即將繼任美國第七艦隊司令的殷格索將軍[19]。而「僑團」並非參加十月十日「國慶」之海外華僑，而是指香港自由電影工會成員。他們支持臺灣政府，此次返臺，是為慶祝蔣介石六十九壽辰並巡迴勞軍的[20]。成員中有白光、林黛、葛蘭、江帆等著名影星[21]。蔣中正、宋美齡夫婦在「官邸」招待他們共賞「聖女媽祖傳」是極具象徵意義的，不僅可以拉攏海外僑民，更將媽祖保佑臺灣與美軍協防臺灣聯結在一起，其爭取民心、穩定臺灣的手法，可謂高明。

資料記載，「聖女媽祖傳」是由香港「國光」電影公司出品，該片由文泉導演，周曼華、古軍、李行、葛香亭、張小燕等人主演，新成立不久的中央電影公司在臺攝製[22]。劇中由香港「自由影星」周曼華擔任主角，飾演成年後的媽祖，而新崛起、善舞蹈的童星張小燕演小時候的媽祖。全劇演出媽祖「隻身尋盜、深入虎穴、奮勇投井、海中救父、白日昇天、觀音親迎」等傳奇故事[23]。從廣告來看，「聖女媽祖傳」於十一月初三，在臺北等地上演，僅臺北市就有「明星」、「第一」、「新世界」、「中央」、「寶宮」等戲院聯映，並在報紙上陸續登七天大幅廣告，聲勢可謂浩大[24]。

當時「聖女媽祖傳」的賣點，擺在三個方面：

1.它是「自由中國」第一部歷史古裝巨片，由自由中國大導演所導、自由影星主演。

---

[18] 《自立晚報》1955 年 11 月 2 日〈總統夫婦昨晚觀賞「聖女媽祖傳」影片〉。
[19] 同前註。
[20] 《自立晚報》1955 年 11 月 2 日〈港自由影星群，今拜會彭總長〉。
[21] 《自立晚報》1955 年 10 月 29 日 4 版。
[22] 《自立晚報》1955 年 11 月 3 日「聖女媽祖傳」廣告。
[23] 同前註。關於「聖女媽祖傳」影片內容大要，見本文附錄〈《聖女媽祖傳》本事〉。
[24] 《自立晚報》1955 年 11 月 3 日－9 日廣告。

2. 畫面優美如夢、場面盛大、驚險。

3. 八歲小媽祖、能歌善舞[25]。

　　與此大約同時，必達影業亦攝製另一部媽祖電影，名叫「聖母媽祖傳」[26]。該片是由本省士紳林章出資開拍，女主角是著名的閩南語影后江帆擔任[27]。雖然林章標榜本土，亦用大多數臺人所熟悉的臺語配音，但因影片搶時髦，倉促開拍，且未搞宣傳，以致票房不甚理想[28]。

　　文泉原名叫陳文泉，為何他會選擇媽祖，作為拍片題材呢？在其著作的《聖女媽祖傳》電影劇本的〈自序〉，提供一點線索：

> 　　三十八年共匪竊據上海後，我便放棄了我的電影事業，逃出封鎖，投入當時活躍於蘇浙沿海一帶的海上游擊際。給共匪以反封鎖。在這作戰期間，我發現海上無論機帆或沙飛，上面都供奉著媽祖神像。據云如遇風險，求之必能獲救。當時我深為懷疑，我們每次接獲情報，馳赴南匯或吳淞口外，截擊共匪出海船隻時，每次均近肉搏，但誰也沒有看見支隊長（亦即該船船主）於戰鬥緊急時去禱告媽祖，三十九年五月，我們奉國防部命令調回臺灣整訓，夜遇風雨，首先是發動機損壞，繼後，中檣被風吹折，無線電天線設備全毀；船如發瘋的野馬，在海中亂顛亂闖！這時風急如電，雨似傾盆，海吼風號，天旋地轉；眼看四週如城牆般的巨浪捲壓過來，我們的船就是不碎，也將被壓入海底，永遠不再和世人見面。就在這時，突然看見支隊長拿出媽祖像，雙手高舉著仰天禱告。於是我們也不自覺望著媽祖像，心神沉靜而虔誠起來。再看舵手兩三人，共撐著船舵，努力地忽左忽右，充滿了一種求生的力的表現，這時大家才又重新振奮起來，同心協心，駕駛這艘瘋船。不久，終於聽見有人高呼：「看見基隆了」！大家轉首前望，果見前方有的燈光閃閃；再望，天邊已微露魚肚色，那閃光處亦已變成一顆不移動的黑點。經過這次驚險，我覺得媽

25　同前註。

26　《自立晚報》1955 年 11 月 2 日〈總統夫婦昨晚觀賞「聖女媽祖傳」影片〉所附本報訊。

27　《自立晚報》1955 年 10 月 29 日〈本省影迷歡迎閩語影后江帆〉。

28　《自立晚報》1955 年 11 月 5 日〈談媽祖官司〉。另據《自立晚報》載，「聖母媽祖傳」僅在臺北市中央、華宮二院上演。

祖的信仰，對在海上遇到風險的人們心理上的價值，有了一個極深的印象和評價！而來臺以後，更發現臺灣媽祖廟多至三百餘所，信奉媽祖的善男信女，幾遍佈全臺灣。一個人能受到這麼多人的崇敬，必有他可為人敬的原因。於是我開始搜集歷史資料，並向鄉民不斷訪問。獲得她為人敬的原因是「孝親」和「助人」。同時另一富於政治性的原因，便是明朝遺民，為了反清復明，藉敬神（拜拜）集商復明大計。及後日據臺灣，此項復興民旅之集會，便愈推愈廣。而無人不知，且相習成俗了…

吾人從事文化工作，值茲共匪全力破壞我國固有道德，澈底出賣國家民族之際，宣揚「孝親」與「助人」的美德，實為當前之急務。論語載：「樊遲問仁，子曰：愛人。」「仁」就是愛人，愛莫大於「愛親」。孔子曰：「君子篤于親，則民興於仁。」有子曰：「孝弟也者，其為人之本歟！」仁是愛親，就是倫理；仁為愛人，就是助人。因此，要反共復國，必先倡仁。張其昀先生曾說：「國家受敵人的侵略而當危急存亡之秋，愛國志士不以成敗利鈍動其心，願犧牲個人的生命，以保障民族的生命，抱著不成功便成仁的決心，是謂大仁。」為此，我始決心編寫聖女媽祖傳，以供後人借鏡[29]。

　　陳文泉的劇本《聖女媽祖傳》完成於一九五四年十月初[30]，七個月後由新人出版社出版。電影「聖女媽祖傳」即據此拍攝而成。《聖女媽祖傳》的內容主要參考郁永河《裨海紀遊》、張燮《東西洋考》、北港地區流傳的民間媽祖傳說和〈北港朝天宮由來記〉等相關資料而成[31]。關於劇本中展現的媽祖一生事蹟，四〇年代中臺灣教育部的官員是這樣詮釋：

　　關於聖女媽祖的一生事跡，在今日反共抗俄的全面鬥爭中，是值得表揚的。以一個幼小的女孩子，有那麼樣的孝心，那麼樣的不

---

[29] 文泉《聖女媽祖傳》〈自序〉頁8-9，新人出版社，1955年5月10日。引文中有一些錯字，如遊擊「際」，應改為「隊」。另文中用語如「共匪」是當時詞語，現已不合適，請注意！
[30] 文泉《聖女媽祖傳》頁10。此書蒙李世偉教授惠賜借閱，感激不盡！
[31] 同前註，頁46-48。

顧一切的勇於救世助人，真是難能可貴極了。在浙江福建沿海一帶的居民，以及臺灣全省的同胞，那麼樣的崇敬媽祖，如文泉先生所說：「信奉媽祖的善男信女，幾遍佈全臺灣，一個人能受到這麼多的崇敬，必有他可為人敬的原因」，其原因為何？即是「孝親」和「助人」。這兩種偉大的德性，僅有其一，亦即以影響當時，風範後世。何況二者兼有？孝親是「仁」的內涵，助人是「仁」的外演，不顧生死的去行孝救人，一方面是「仁」的至高表現，一方面也是勇的至高表現。像她那樣的不顧風雨恐怖，往南山求藥救母；冒極大的危險下井去掏掘毒水；漁婦們入海捕魚時，代漁婦們照顧嬰兒；颱風襲擊，海上漁舟迷失方向時，燒掉自己的房屋，以指引漁舟歸港；以及在強烈颱風肆虐時，奮不顧身的獨駕小舟，赴湄州島救父等等的仁慈勇敢的壯烈事跡，真是驚天地動鬼神，正所謂「仁者必有勇，勇者不懼」了。不顧生死的去行「仁」，方夠得上「勇」。若顧及生死便無「勇」可言了。「仁」和「勇」，是儒家所說的天下三達德中之二達德，是我中華民族固有道德本性中，最重要的兩部份。今日共產匪徒，正在大陸上瘋狂的毀滅我民族固有道德文化之時，面對現實，提倡維護我民族道德文化，是文化工作者所主要的任務。所以表揚媽祖，應該是文化工作者們最重要的課題。媽祖是一個女孩子，她祇不過活到二十九歲，既沒有做過大官，更沒有發過大財，她的短短一生的事跡，祇是「孝親」與「助人」兩事，竟能博得後世如此的崇敬，在歷史上多少政治上風雲人物，後世無人為其主祠崇敬，原因是政治上的表現往往與人民沒有直接的關係。媽祖的表現，是普遍性的，是群眾性的，是與人民，尤其是以海為生的人，有直接密切的關係的，就社會教育觀點來說，媽祖的事蹟，實在是一種很好的有效的倫理教材，是更應當格外的重視的了[32]。

除了拍成電影外，當年《聖女媽祖傳》亦被演為「話劇」[33]，一九六三年陳文泉的《聖女媽祖傳》又搬上舞臺，同年勝利出版社重新出版

---

[32] 文泉《聖女媽祖傳》〈周序〉頁 4-5。
[33] 焦桐《臺灣戰後初期的戲劇》頁 226，臺北臺原出版社，1990 年 6 月。

該書[34]。而新生報社也在一九六三年八月印行知名歷史小說家南宮搏創作的現代小說《媽祖》[35]。二十年後，媽祖事蹟也以歌仔戲面貌被搬上舞臺，公開在「國父紀念館」上演[36]。

四、結語

以往，兩岸的媽祖信仰研究，較著重於媽祖信仰與社區、聚落互動、媽祖廟的歷史變遷、媽祖信仰的傳佈、儀式、進香、遶境等方面，本文著重於媽祖電影、戲劇的討論。

我們從陳文泉的例子，看到信仰者藉由現代娛樂、藝術（電影、小說、戲曲）展現媽祖信仰的內涵與新詮釋。原來媽祖不只有神通，還有孝親、助人的精神。當然，最有趣的是，這個例子透露戒嚴時期臺灣微妙的政教關係、時代環境，以及蔣介石本土化的情況。

根據邵銘煌的研究，蔣介石曾與其侄伯熊、仲虎一起觀賞《聖女媽祖傳》，認為這是國片中技術最好的影片。[37]

附錄

「聖女媽祖傳」本事

宋太祖建隆元年三月廿三日，福建興化府莆田縣都巡檢林惟慤之妻生其六女時，屋外彩霞萬道，環罩林家。相傳林妻王氏於懷孕時，曾夢見觀音贈啖靈丹，遂獲身孕。分娩時霞光，亦傳為觀音親送聖女下凡云。

聖女出世後，不啼不笑，乃命名默娘。八歲就讀，過目十行。性孝且慈，見人危難，必起相助。一日，遇一老丐負母乞食，默娘憫之，傾其私蓄相助。老丐德之，遂還贈一小木人，並囑遇危急時，以煙熏其背，

---

[34] 同前註。
[35] 南宮搏《媽祖》，臺灣新生報社，1963 年 8 月。此書蒙李世偉教授惠賜借閱，感激不盡。
[36] 黃仁《臺灣話劇的黃金時代》頁 116，臺北亞太圖書出版社，2000 年 4 月。
[37] 羅敏主編《蔣介石的日常生活》，頁 19，北京社會科文獻出版社，2015 年。

即可獲解救之術。未幾，母染病，默娘如法熏之，見木像背顯出「尋南山玄通道士」數字，默娘救母心切，即夜獨奔南山，沿途雖驚恐萬狀，仍堅不退縮。終於山間石洞中，獲見一老道，貌似老丐，呼之不應，撫之業已石化。默娘悲痛欲絕，再三祈禱，道士感其至誠，遂復活與語，並授仙丹，母服後果癒。從此，默娘每夜就道於玄通老道，漸漸識得天文、星象，相法與醫術，普濟鄰里，名聲大噪，求聘之人不絕於門。默娘本不欲婚嫁，但以母命難違，遂決定垂簾親相求聘者，不合則不納聘。因此美名外溢，為海盜所覬覦，設計騙囚盜窟。此時莆田縣忽因井水中毒，疫癘猖獗，默娘聞訊，急越獄返鄉，不幸母已染疾病故。默娘救眾心切，驅走跳神巫婆，冒險降入毒井，清除井泥，掘出死鼠無算。並於井底獲銅鏡一面，從此井水無毒，鄉民稱慶不已。正值萬眾騰歡時，忽聞漁汛，漁民急張帆出海，並請縣府令派都巡檢林惟慤護航，默娘觀天候，告以颱風將至，漁民以利之所趨，置之不理，默娘父則以護民為彼職責，決不能藉詞退縮，遂出。至夜，颱風果至，默娘為救眾舟歸港，舉火將自家房屋焚去，眾舟遙見火光（即俗稱媽祖火），始得脫險歸來，唯惟慤之船，不幸擱淺湄洲島，默娘聞悉，奮不顧身，隻身划船渡海，救父於危，但自身反被巨浪捲去，從此永別人間。相傳此時天色將曙，霞光萬道，仙樂起處，觀音立於雲端，旋見默娘穿絳色衣，自海上升起，趨向觀音。臨別將木人留贈其父，囑遇危急時禱之，彼必來助，漁民感其盛德，咸伏地禱謝，並願供奉，敬為海神！

　　———文良《聖女媽祖傳》頁 48-49。

　　附記：本文初刊於王見川、李世偉、洪瑩發編《研究新視界：媽祖與華人民間信仰國際研討會論文集》頁 23-35，臺北博揚文化公司，2014年。收入本書，略有修改！

顏思齊傳說與新港奉天宮「開臺媽祖」
信仰的由來

　　眾所周知，顏思齊是臺灣早期歷史上著名的人物[1]，不僅出現於康熙《臺灣府志》[2]，更在類似演義小說的《臺灣外記》中扮演關鍵開場角色：鄭芝龍的大哥，據臺海盜團夥領袖[3]。1920 年代連雅堂在《臺灣通史》即歸其為開闢臺灣的第一人，與鄭芝龍合傳叫〈顏鄭列傳〉。[4]以往，研究者懷疑顏思齊其是否真有其人，也有學者視其明末東亞著名海商李旦。[5]近來更有人說他是明末東亞著名海商李旦手下，是二把手。[6]究竟顏思齊的歷史與傳說為何？這是本文為首先要探討的。其次，循著顏思齊傳說流傳脈絡，追索新港奉天宮「開臺媽祖」信仰的由來。

一、早期文獻中的顏思齊敘述

　　目前所見，最早提到顏思齊的文獻是康熙年間寫成的，計有地方志，私人遊記，官員奏稿等。以下按敘述內容分類：

　　（一）第一類型的顏思齊敘述：將顏思齊視為開闢臺灣先驅，如康熙 24 年蔣毓英編的《臺灣府志》提到臺灣〈沿革〉時，首先談到宣德時王三保下西洋，其次是嘉靖四十二年海盜林道乾被俞大猷追擊流竄臺灣事。接者書中說：「天啟元年又有漢人顏思齊為東洋日本甲螺引倭彝屯聚於臺，鄭芝龍附之。」之後荷蘭人來臺以牛皮借地。對此，康熙 35 年成書的高拱乾《臺灣府志》在繼承蔣毓英《臺灣府志》敘述的基礎上，有進一步補充：「得自故老傳聞…天啟元年又有漢人顏思齊為東

---

[1] 本文引用的臺灣文獻，如未加註說明或未標出版地與年代，都引自中研院漢籍電子資料「臺灣文獻叢刊」。

[2] 蔣毓英《臺灣府志》卷一，頁 5，收入《臺灣府志三種》，北京中華書局，1985 年 5 月。

[3] 江日昇《臺灣外記》卷一，頁 4-13，濟南齊魯書社，2004 年 5 月。

[4] 連雅堂《臺灣通史》卷二十九〈列傳〉頁 863-864，臺北黎明文化公司，2001 年重新排版。

[5] 岩生成一文，收入許賢瑤譯《荷蘭時代臺灣史論文集》，宜蘭佛光人文社會學院，2001 年。

[6] 翁佳音《荷蘭時代：臺灣史的連續性問題》頁 168，臺北稻香出版社，2010 年二刷。

洋日本甲螺引倭彝屯聚於臺，鄭芝龍附之，始有居民。」很明顯清朝官方統治臺灣初期完成的臺灣方志，關於顏思齊的事蹟是得自故老相傳。當時顏思齊被看做鄭芝龍的領導，群居臺灣漢人的首領。

（二）第二類型的顏思齊敘述：主要出現在私人來臺遊記，像《臺海使槎錄・卷一、赤崁筆談・原始》提到：「明萬曆間，海寇顏思齊踞有其地，始稱臺灣。思齊剽掠海上，倚為巢窟；臺灣有中國民自思齊始。思齊死，紅夷乘其敝而取之」。稍後的《海東札記・卷一・記方隅》也說：「萬曆間，內地人顏思齊為日本甲螺。甲螺者，彼國中頭目也；引倭屯於臺灣，鄭芝龍附之」。[7]這些記載部分與第一類型相近似，但視顏思齊萬曆間佔有臺灣，「臺灣」一名因此而來，則是新出現的傳說與解釋。

（三）第三類型的顏思齊敘述：以康熙二十四年來臺的季麒光奏稿為代表。《蓉洲文稿》〈條陳臺灣事宜文〉中說：「臺灣…明隆、萬間，廣東巨盜顏思齊掠而據之，葺茆以居。臺灣之有中國民，自思齊始。思齊死，歸於紅彝」[8]。〈修建臺灣府堂碑文〉，「臺灣…故明萬曆間海寇顏思齊剽掠海上，倚為巢窟，今之所為府治，而臺灣之有中國民自思齊始也」。[9]季麒光的奏稿提供二個新說法：顏思齊是明隆慶-萬曆間海盜，是廣東人。

（四）第四類型的顏思齊敘述：見於黃宗羲（太沖，1610 年－1695年）撰《賜姓始末・鄭成功傳》。這類型敘述的特點，是其文提到顏思齊是漳州海澄人：「芝龍與弟芝虎亡之顏思齊黨中為盜。思齊，海澄人，居臺灣；一時群盜陳衷紀、楊六、楊七、劉香等皆出其門。衷紀，亦澄

---

[7] 類似的敘述見《重修臺灣縣志・卷十三 藝文志（一）・書序（跋附）・瀛壖百序》張湄云：「萬曆間，海寇顏思齊踞有其地，停掠海濱；臺灣之有中土民，自茲始。思齊死，紅夷乘其敝取之。」《東瀛識略・卷一、建疆域・建置》「嘉靖末，海寇林道乾被都督俞大猷所逐，遁入其地；旋棄而之占城。萬曆間，姦民顏思齊自日本竄往屯踞，始有臺灣名。明季，莆田周嬰所著《遠遊集》以臺灣為臺員，殆閩音訛耳。臺地有中土民，自道乾、思齊始。」。

[8] 季麒光著、李祖基點校《蓉洲詩文稿選輯、東寧政事集》頁176，香港人民出版社，2006年1月。

[9] 季麒光著、李祖基點校《蓉洲詩文稿選輯、東寧政事集》頁87。

人，最桀驁；芝龍委身事焉。臺有居人，自芝龍等始。思齊死，眾無所立。乃奉盤鍉割牲而盟，以劍插米，各當劍拜，拜而劍躍動者，天所授也。次至芝龍，再拜，果躍出地；眾乃俱伏，推為魁」。

（五）第五類型的顏思齊敘述：主要反映在江日昇《臺灣外記》。該書卷一云：「福建漳州府海澄縣人，姓顏，名思齊，字振泉，年三十六歲。身體雄健，武藝精熟。因宦家欺凌，揮拳斃其僕，逃日本，裁縫維生。居有年，積蓄頗裕。疏財仗義，遠邇知名。是歲天啟四年甲子夏，唐船販日本者甚多，思齊與…楊天生交稱最好」…天生…「提起拜顏振泉為盟主知事，眾嫌喜焉」後謀奪日本，事洩夥眾率船逃往海外。[10]「計八晝夜到臺灣，即安設寮寨撫卹土番，然後整船出掠，悉得勝」。「閩粵人皆知思齊等據臺橫行」，「天啟五年乙丑秋九月，顏思齊因往豬崎山（即今諸羅縣）打圍回來，歡飲過度，隨感風寒，自知不起。與天生諸人訣曰：共識二載」，後去世。十月初二眾擲杯，舉一官為主…。[11]江日昇《臺灣外記》著作時間與黃宗羲賜姓始末接近，也提到顏思齊是漳州海澄縣人，值得注意。該書紀錄一些顏思齊的新傳說：

1.有一新字號顏振泉。

2.天啟四年入臺開闢設寨定居。

3.天啟五年九月去諸羅山打獵，染風寒去世。

（六）第六類型的顏思齊敘述：出現於吳桭臣〈閩遊偶記〉。該文說：「臺灣…故老相傳：明天啟間，有日本國顏思齊為甲螺（甲螺者，頭目也）帶領倭人屯聚於此」。荷人來臺借地，後用礮「攻倭之居臺者，顏思齊為礮所傷，死焉。」[12]這一說法很特殊，值得注意！

以上六種類型的顏思齊記載，反映清初康熙朝關於顏思齊的多元傳說。這些傳說的共同之處有二：

1.承認顏思齊開臺地位，是帶領漢人開闢臺灣的第一人。

[10] 江日昇《臺灣外記》卷一，頁4-12。

[11] 江日昇《臺灣外記》卷一，頁12-13。豬崎山一作諸羅山。

[12] 吳桭臣〈閩遊偶記〉頁15，臺灣銀行經研室編《臺灣輿地彙鈔》，臺灣省文獻會，1996年重刊。

2.視鄭芝龍為顏思齊部下，顏思齊死後鄭芝龍領其眾。

至於顏思齊的活動時間是在隆慶萬曆年間，還是天啟元年、或是天啟四－五年？他是天啟五年因病去世？或是被荷蘭礮傷而死？他是海澄人，還是廣東人？顏思齊入臺地點在哪裏？種種問題反映顏思齊記載具有的不同來源的性質。那麼，顏思齊與明末清初文獻記載中與鄭芝龍有關的顏姓海盜有無關聯？我們先來看看這些資料。

二、明末清初筆記中的顏振泉與顏思齊

第一種資料是《崇禎長編》。該書卷十提到：崇禎元年六月壬子「初，海寇鄭芝龍先從海賊顏樞泉，樞泉死遂有其眾。天啓末，乘閩飢，益招致多人攻廣東」。[13] 第二種資料是林時對《荷牐叢談》：「海寇鄭芝龍…父死，遂與弟芝虎，流入海寇顏振泉黨中為盜。振泉死，眾無所統，推龍為魁…」。[14] 第三種資料是《烈皇小識》：「芝龍…初同弟芝虎，流入海島顏振泉黨中為盜。振泉死，代領其眾，剽掠海上…」。[15] 以上這三種資料都說鄭芝龍跟隨的是顏姓海盜！可是同一時期的《棗林雜俎》卻說：「鄭芝龍少無賴，走日本，小名鳳姐，年二十一，從李旦還閩，航海行劫，嘯聚頗眾」。[16] 與此說法接近的有《廣陽雜記》：「逃往海盜李旦舟中，有寵於旦」。[17] 有的說是李習，如黃宗羲撰《賜姓始末》：朱成功者，鄭芝龍之子也。初，芝龍之為盜也，所居為泉州芝東石。其地濱海，有李習者往來日本以商舶為是；芝龍以父事之。習授芝龍萬金寄其妻子；會習死，芝龍乾沒之；遂招募無賴為盜於海中。

如果我們不健忘，前引黃宗羲（太沖）撰《賜姓始末》出現二種不同鄭芝龍跟從對象的記載：顏思齊，李旦，那顏思齊就是李旦嗎？日本

13 《崇禎長編》卷10，松浦章、卞鳳奎編《明代東亞海域海盜史料彙編》，頁59，臺北樂學書局，1996年。

14 《荷牐叢談》頁155〈鄭芝龍父子祖孫三世據海島〉。

15 《烈皇小識》（外一種）卷五，頁147，北京古籍出版社，2002年。

16 《棗林雜俎》和集〈鄭芝龍〉頁622，北京中華書局，2006年。

17 《廣陽雜記選》頁35〈鄭飛虹兄弟〉。

荷蘭史權威學者岩生成一即認為二者事蹟與去世時間相近，但是不同二人。[18]最近，有的學者根據死亡時間與事蹟相似，認為西文中的 Pedro China 就是顏思齊，他是李旦的手下，是二把手。[19]

不管是叫李旦或是李習，這種說法都未成為主流的顏思齊敘述，反而是《荷牐叢談》的顏振泉說法，得到江日昇《臺灣外記》的繼承，成為顏思齊傳說的主流敘述。

三、連雅堂《臺灣通史》中的顏思齊敘述與傳說

如果說江日昇《臺灣外記》是清朝顏思齊傳說的主流敘述，那連雅堂《臺灣通史》則是自覺接收《臺灣外記》的記載，並增加新的民間傳說。該書卷二十九云：

> 連橫曰：臺灣…自開闢以來，我族我宗之衣食於茲者…，余…嘗過諸羅之野，游三界之埔，田夫故老，往往道顏思齊之事。而墓門已圮…是豈非手拓臺灣之壯士…故余敘列傳，以思齊為首，而鄭芝龍附焉。
>
> 思齊，福建海澄人，字振泉，雄健，精武藝。遭宦家之辱，憤殺其僕，逃日本為縫工。數年，家漸富，仗義疏財，眾信倚之。天啟四年夏，華船多至長崎貿易，有船主楊天生亦福建晉江人，桀黠多智，與思齊相友善。當是時，德川幕府秉政，文恬武嬉，思齊謀起事。…思齊既謀起事，事洩，幕吏將捕之，各駕船逃。及出海，惶惶無所之，衷紀進曰：「吾聞臺灣為海上荒島，勢控東南，地肥饒可霸，今當先取其地，然後侵略四方，則扶餘之業可成也。」從之。航行八日夜，至臺灣。入北港，築寨以居，鎮撫土番，分汛所部耕獵。…芝龍昆仲多入臺，漳、泉無業之民亦先後至，凡三千餘人。

---

[18] 岩生成一文，收入許賢瑤譯《荷蘭時代臺灣史論文集》，宜蘭佛光人文社會學院，2001 年。

[19] 翁佳音《荷蘭時代：臺灣史的連續性問題》頁 168。

五年秋九月，思齊率健兒入諸羅山打獵；歡飲大醉，傷寒病，數日篤，召芝龍諸人而告曰：「不佞與公等共事二載，本期建功立業，揚中國聲名。今壯志未遂，中道夭折，公等其繼起。」言罷而泣，眾亦泣。思齊死，葬於諸羅東南三界埔山，其墓猶存。[20]

連雅堂的敘述相當重要，較之前的清代顏思齊傳說，新增二處描述：一是天啓四年他入臺灣北港築寨定居，開闢土地。二是他病死後葬在諸羅東南三界埔山，其墓尚存。關於顏思齊入臺地點是在北港，連雅堂在其書卷一〈開闢紀〉說「按北港，一名魍港，即今之笨港，地在雲林縣西」。[21]也就是現今的北港鎮。昭和五年連雅堂在《三六九小報》說的更清楚：「笨港即北港，或作魍港，在嘉義西北…顏思齊入臺亦由此處。」[22]至於顏思齊墓，連雅堂在《雅堂文集》中說：「顏思齊墓在嘉義東南三界埔。」[23]為什麼連雅堂知道顏思齊墓在三界埔？他的《雅言》提供答案：「嘉義顏思齊墓：嘉義許紫鏡謂余：顏思齊之墓在嘉義東南三界埔，俗稱番王墓。余欲往視，忽忽不果…當是時，何斌亦從思齊於臺。」[24]可知顏思齊墓訊息是嘉義地方士紳許紫鏡告訴連雅堂的。

四、光復前後至七○年代的顏思齊傳說

這樣的顏思齊墓傳說，在嘉義士紳文人間頗為流行。大約在光復初，嘉義名人賴惠川在《悶紅小草》即收錄〈顏墓懷古〉一詩：

一獵匆匆竟不還，斜陽埋骨古尖山（顏思齊出獵病略死，墓在三界埔尖山）朱家久已無殘土，未及荒秋墓姓顏。[25]

光復初期（1948 年）嘉義民眾發現顏思齊墓，當時的嘉義市長宓

---

[20] 連雅堂《臺灣通史》頁 863-864。
[21] 連雅堂《臺灣通史》頁 66。
[22] 《三六九小報》30 號（昭和 5 年 12 月）頁 2 連雅堂〈臺灣考古錄〉。
[23] 連橫《雅堂文集》頁 202，臺北眾文圖書公司，1979 年影印版。
[24] 連雅堂《雅言》頁 115，臺北實學社，2002 年。
[25] 賴惠川《悶紅小草》頁 120，嘉義大東齒科兒科悶紅老人印行，1961 年。

汝卓鑑於嘉義市位於交通要地，觀光客日多，但市內古蹟未加規劃，於是召集地方有關機構及仕紳多人，組織「嘉義新八景評定委員會」[26]：

> 從事研討古蹟之保存與名勝之表彰。其所定八景中，有顏齊墓一景，並選墓考一文，立石於墓右，誌其生平事略。[27]

對照賴子清纂修《嘉義縣志稿》卷首所載宓汝卓撰「有墓考，立石其旁」[28]，可知顏齊墓是顏思齊墓之誤，而選墓考是撰墓考之訛。

此一墓考文云：

> 顏思齊字振泉，福建海澄人，雄健任俠。避仇赴日本，為縫工數年，家漸富，仗義疏財，得眾心，天啟四年六月既望，窺德川幕府失民心，約鄭芝龍等議倒幕，事洩，幕吏捕之急，與芝龍等浮海至北港，築寨撫番，事墾殖，將以台灣為根據地，謀再舉，漳泉之民聞風歸附者三千餘人。天啟五年（西曆一六二五年）秋九月，盤弟面訣之曰：朝政不綱，余與諸君亡命海外，原期建立功業，揚中國聲威，今壯志未遂，而中道殂謝，願諸君繼承余志，則余在泉下亦瞑目矣，言罷泣。思齊死，眾推芝龍為首，而葬思齊於諸羅三界埔之尖山，即今立石處也。芝龍既代領思齊，眾違思齊遺志，假思齊名，縱橫海上為盜，旋又受明招撫率眾返國，于是荷人乃得併有全島矣，乃延平蒞台，向荷人索先人之故土，此故土固思齊所手拓也，然則開三百年來漢人在台灣之基業者，非思齊耶？季麒光蓉洲文稿稱：思齊據北港始稱台灣，然則台灣之今名，固思齊所手定也。思齊有經略台灣與日本之理想，與初步籌劃，惜天不假年，而延平則完成其經略台灣之遺志者也，是思齊非海盜，實一熱心慷慨冒險進取之士，蓋班定遠之流亞也，數百年來，史籍所載：均指思齊為海盜：誣思齊實甚，用立石於其墓。」（見民國卅七年四月十九日新生報）

嘉義市長宓汝卓這樣的作為帶動風潮。不久，顏思齊墓被選為嘉義

26　《自立晚報》1948 年 4 月 19 日〈嘉義宓市長表彰古蹟〉。

27　《自立晚報》1948 年 4 月 19 日〈嘉義宓市長表彰古蹟〉。

28　賴子清纂修《嘉義縣志稿》卷首，頁 13，嘉義縣文獻委員會，1963 年 2 月。

縣「新六勝」景[29]，當時的《嘉南要誌》（1949 年 10 月）書中是這樣介紹〈顏墓懷古〉：

> 顏公思齊字振東；福建海澄人，賦性任俠，雄偉過人，因避仇，遠渡日本，天啓四年六月，窺德川幕府失政，約畏友鄭芝龍等，密謀倒幕，事洩，與芝龍泛海至臺之北港，築寨撫番，墾荒練兵，伺機再舉，斯時聞風歸附者三千餘人，插血同盟者二十六士，乃天不假年，天啓五年秋九月，積勞成病，賚志已歿，葬於三界埔尖山。嗚呼，騎鯨東去，浪淘盡千古英雄，化鵜鶴南來，剩淒涼三界荒塚。斜陽蔓草，憑弔英靈，斬棘披榛，追懷偉業。尖山一角，埋恨千秋，然幸漢土重光，民權復振，令尹賢明，表精忠於青史，英靈颯爽，應含笑於黃泉。詩曰：
> 俠骨埋墳草獨青，尖山何幸葬英靈，倭奴未滅身先死，飲恨長留墓誌明。[30]

這樣的造勢活動，逐漸引起官方重視，民國四十二年臺灣省文獻會簽發臺灣省政府核定公布的全省性史蹟十三處，其中即包含顏思齊墓。[31]這一股追尋顏思齊墓風潮導致二個重要發展：

一是顏思齊墓古蹟化。據說該墓曾被列入三級古蹟[32]，民國五〇年代嘉義縣政府編纂縣志已將顏思齊墓列為古蹟。[33]民國六十年嘉義縣政府首次承辦臺灣省運動會，對該縣來說是莫大榮譽。縣府當局除準備各項相關工作外，特地舉辦嘉義文化展，推介嘉義境內的重要歷史文物古蹟與風俗民情。其中重點是顏思齊、吳鳳、王得祿、新港奉天宮。當時的承辦單位嘉義縣文獻委員會規畫的內容是這樣：

軸-顏思齊拓臺簡介
圖-顏思齊拓臺十寨圖。

---

[29] 賴燕聲主編《嘉南要誌》頁 112，掃蕩報臺灣社嘉義分社，1949 年 10 月。
[30] 賴燕聲主編《嘉南要誌》頁 112。
[31] 賴子清等纂修《嘉義縣志》卷一〈土地志〉第二章「古蹟」頁 161，嘉義縣政府，1976 年。
[32] 臺灣省文獻委員會採集組編校《嘉義縣鄉土史料》〈水上鄉分組座談紀錄〉頁 322，臺灣省文獻委員會，2000 年。
[33] 賴子清等纂修《嘉義縣志》卷一〈土地志〉第二章「古蹟」頁 161-162。

照片-顏思齊墓園、顏思齊紀念碑、顏思齊聖經紀念碑。（嘉義縣
文獻會）

思齊樓（新港媽祖廟）

石劍-顏思齊墓前出土。（1 支，嘉義縣文獻會）

書-顏思齊文獻。（1 冊，嘉義縣文獻會）[34]

　　很可惜，這麼豐富的資料文物，除顏思齊墓外，幾乎蕩然無存。不
過，當時造成很大風動，顏思齊墓儼然成嘉義縣重要代表性古蹟，吸引
不少采風的學者專家。熟知典故的著名的古蹟專家林衡道即非常熱中調
查顏思齊墓。嘉義民政課課長林乾輝說：「林衡道教授帶領學生四五次，
做考察鑑定工作」[35]，可說是此方向的代表人物。他在六〇年代說：

> 顏思齊墓…水上鄉的尖山之巔。此地有個正方形的墨黑大石，即
> 為顏思齊墓之墓碑。碑上並無刻文，僅於其中央刻有一道直線。
> 民間傳說：往昔，鄭國姓收復臺灣後，立即往拜顏墓。見其碑上
> 並無文字，為日後辨認起見，便用其寶劍在碑上刻劃一道直線，
> 此即為今日所見墓碑上的刻痕。[36]

　　後來在《鯤島探源》（1982）中林衡道有更詳細的描述：

> 顏墓就在尖山的山頂，墓的本身背負著山尖，是一塊墨黑色近乎
> 正方形的石頭。站在墓前展望，南方是鹿寮水庫，水庫之後的一
> 片青山綠水，就是關子嶺的枕頭山和白河水庫。那塊近乎正方形
> 的墨黑墓碑，體積相當寬大，是標準的明代末年造型。目前所見
> 的顏思齊墓碑，碑尚未刻一字，僅正當中有一道相當直的刻痕，
> 因此，多多少少增加其神秘感。對於碑上無字，歷來的傳說很多，
> 有人說，這是由於顏思齊生前得罪了很多人，害怕死後被挖墳，
> 所以不敢在墓上刻字；也有人說，這根本就是大自然的風化作用
> 使然，碑上原本有字，只是歷經三百年的時間，已經被完全磨滅

[34] 林家駒主編《嘉義文史專輯》頁 194，《嘉義文獻》第 7 期，1976 年 10 月。按「思齊樓」
應是「思齊閣」之誤。

[35] 臺灣省文獻委員會採集組編校《嘉義縣鄉土史料》〈水上鄉分組座談紀錄〉頁 322。

[36] 林衡道《臺灣史蹟名勝之導遊》頁 65，臺北青文出版社，1978 年 3 月修訂第五版。

了。

關於碑上的那道刻痕，民間的傳說更是充滿了戲劇性，據說，當
鄭國姓收復臺灣後，很快就親自來到尖山，拜謁這位臺灣開山祖
之墓，他本來打算將此墓好好整修一番，但收臺伊始該做的事千
頭萬緒，實在抽不出空來，只好許以他日，可是又耽心將來在漫
漫荒草中辨識不出，就拔出腰邊寶劍，在碑上輕輕一揮，留下一
道劍痕以為標記，而鄭國姓沒有多久便去世了，整修此墓的心願
始終未了，碑上的劍痕也一直留存至今。[37]

雖然顏思齊墓在大家樂流行時因遭破壞，遭取消古蹟資格[38]，但顏
思齊在此地活動，已成耳熟能詳的傳說。

二是顏思齊的北港在地化。這表現在臺灣省政府在民國四十八年於
雲林縣北港鎮立〈顏思齊先生開拓臺灣登陸紀念碑〉。[39]此碑是顏思齊傳
說進一步地方化與在地化地顯現，有二段內容值得注意：一是北港鎮民
代表寫的「開臺先驅」，[40]一是〈顏鄭兩公開拓北港碑記〉：

北港昔為臺灣之重要門戶矣。惟其繁華之初，實由顏鄭拓奠之。
顏思齊漳州人，鄭即芝龍泉州人，而芝龍者延平郡王鄭成功之父
也。遠在明天啟元年，思齊率其黨來臺，登陸北港，築寨以居。
鎮撫土蕃，闢土地，建部落，於是漳泉住民先後至者，凡三千餘
人。益以北港為互市之口，地方日趨發達。惜其壯志未酬，於五
年秋九月辭世。其黨秉承遺業，舉芝龍為首。崇禎間，芝龍由閩
南移居民數萬入臺。…遂使荒島漸成上國。故臺灣縣志引蓉洲文
稿云：中土人之入臺灣，自思齊始，信不誤也。茲為表彰開臺先
驅之偉績，並紀念我北港為漢民族移居臺灣之發祥地，特立此
碑，以垂不朽。
雲林縣北港鎮公所置
鎮長陳向陽撰并書

[37] 林衡道口述、楊鴻博紀錄《鯤島探源》頁654-655，臺北青年日報，1988年再版。
[38] 臺灣省文獻委員會採集組編校《嘉義縣鄉土史料》〈水上鄉分組座談紀錄〉頁322。
[39] 一稱「北港上陸地」。
[40] 老公雞看臺灣〈找尋蔣經國新影：北港朝天宮（中）〉，無名小站，http：
//www.wretch.cc/blog/weihsin1957/962219，2013.6.3擷取。

中華民國四十八年月日[41]

由此可知，最晚在民國四十八年雲林北港鎮民，已認為連雅堂所謂的顏思齊登陸地北港，指的是北港鎮。

五、新港奉天宮「開臺媽祖」信仰的形成

由於北港鎮所在就是古代的笨港。新港奉天宮廟方主事者在如此潮流影響下，最晚在民國五十二年（1963）推陳出新，提出「開臺媽祖」的說法：

> 笨港天妃宮（天后宮）開基主神笨港媽祖祖媽是臺灣最早的湄洲媽祖，稱湄五媽或船仔媽，世稱「開臺媽祖」，原是笨港與外九庄生民輪流奉祀的神明。當時居民劉定國為護新船，親自到湄洲祖廟恭請聖像，祀在新船。途經笨港，神示「永駐笨港，保護臺疆」，於是十寨（笨港與外九庄）生民如獲至寶，輪流奉祀。時明天啟二年（公元 1622），乃民族開臺初期僅存地文化遺寶⋯不但保佑顏思齊，鄭芝龍等屯墾笨港，更保佑無數先民⋯故在本宮兩翼興建五層樓閣左稱「思齊閣」，意在紀念先賢開臺功勳。二樓陳設思齊入臺文獻，尖山顏墓等史料⋯思齊圖書館⋯之設立目的在紀念開臺先賢顏公的豐功偉績⋯

這是當時的內部文件上的說法，民國五十四年左右的《新港奉天宮媽祖簡介》也有近似內容。[42]照《新港奉天宮志》記載，該宮於民國五十五年建成「思齊閣」。[43]不過在此之前，奉天宮廟方已在興建該閣及宣揚顏思齊事蹟，引起在臺顏姓族人地注意。民國五十四年的碑文即云：

> ⋯⋯五十有四年五月七日，澤滋、欽賢、互昌由臺北聯袂，經嘉義同仁赴尖山，參加族人拜祭開臺先賢顏公思齊墓時，轉來新港

---

[41] 老公雞看臺灣〈找尋蔣經國新影：北港朝天宮（中）〉。

[42] 蔡相煇等編《笨港史真相：笨港毀滅論天妃廟正統三十年公案之廓清》頁 60，笨港文教基金會，1990 年。

[43] 林德政編纂《新港奉天宮志》頁 77，新港奉天宮董事會，1993 年。

奉天宮觀光思齊閣，因獲瞻仰由大陸最早奉迎在臺之湄洲媽祖聖像…[44]

新港奉天宮人員在思齊閣完工啟用時，舉辦非常盛大宣傳活動。當時新港著名官紳林蘭芽任思齊閣、懷笨樓落成籌備主委。他發出如下邀請函：

本宮為紀念開臺民族英雄顏公思齊，在本鄉西邊之「笨港故址」紫寨墾荒練兵撫番豐功偉績，經由全省信眾捐獻興建五層「思齊閣」與「懷笨樓」各壹座，現以竣工。謹詹於國曆五月十三日，農曆閏三月廿三日，上午九時在本宮舉行「思齊閣」與「懷笨樓」落成典禮。恭請內政部連部長蒞宮剪綵，敬請屆時光臨觀禮。嘉義縣新港思齊閣、懷笨樓落成典禮籌備委員會主任委員林蘭芽。

廟方管理委員會除主辦徵文等活動，也寫下啟事表達看法：

一、本宮主神開臺媽祖聖像（笨港媽祖祖媽），乃天啟年間，開臺先賢顏思齊先生及其三千餘眾于笨港及外久庄紫寨墾拓時，為保佑平安，迎自湄洲廟，據諸羅縣志記載，廟建於笨港，號稱天妃廟，為康熙三十九年建，至嘉慶年間，因笨港街被水沖毀，由王得祿伯爵修建媽祖廟於笨港街之新港現址，稱「奉天宮」，顯靈事蹟遍及全臺，香火鼎盛，「笨港媽祖應外鄉」之神譽，古今不易，實我民族開臺初期僅存之文化遺寶。

二、為紀念顏公在笨港等之開臺事蹟，及與本宮媽祖關係密切，數年來，在本宮兩翼興建五層樓閣，稱「思齊閣」…[45]

以往新港奉天宮一直強調該廟媽祖來自笨港天后宮。可是從未提到笨港天后宮媽祖來自何處？只有北港朝天宮說他們廟就是笨港天后宮，其媽祖是康熙 33 年僧侶樹壁從湄洲帶來的。至此新港奉天宮提到笨港天后宮是天啟二年劉定國到湄州請來的，這是奉天宮認同的新變

---

[44] 《新港奉天宮志》頁 197〈百善孝為先碑〉。

[45] 《新港奉天宮志》頁 289。

化。[46]從此，奉天宮大力宣揚「開臺媽祖」。民國六十九年（1980）《臺灣寺廟》〈新港奉天宮〉即說：

> 本宮奉祀之「開臺媽祖」係開臺先賢顏思齊先生及三千餘部眾，在臺墾拓時于天啟二年（一六二二年）其船戶劉定國為航海安全，往湄洲祖廟恭請湄洲五媽（或稱船仔媽）至笨港，由十寨（笨港及外九庄）居民奉祀⋯康熙三十九年乃鳩資合建天妃廟（後稱天后宮）于原笨港街⋯[47]

奉天宮如此持續宣揚「開臺媽祖」，不僅歷久不衰，近年且聲勢愈來愈盛大，形成獨具特色的「開臺媽祖」信仰。

附記：此文原刊於《媽祖學刊》3 期，頁 1-6，2013 年 11 月。後修改，略改篇名，刊於王見川等編《歷史、藝術與台灣人文論叢》（6），頁 227-243，臺北博揚文化公司，2015 年 1 月。此次收入本書，主要是訂正錯字！

---

46 新港奉天宮早年強調「大媽二媽三媽」中的大媽，詳見王見川〈新港地區大媽二媽三媽傳說的由來〉，張珣策畫、王見川等主編《嘉義縣新港奉天宮無形文化資產研究與調查》，臺北博揚文化公司，2013 年 7 月。
47 中華史記編譯出版社編輯《臺灣寺廟》第 5 集頁 55，板橋歷史文化出版社，1980 年。

光復（1945）前的南鯤鯓王爺廟

一、前言

眾所周知，王爺信仰是臺灣民間的重要信仰[1]。該信仰代表性的活動是燒王船、行王醮，全臺信仰王爺的人口不僅繁多，相關廟宇更是可觀，根據內政部統計，到一九九七年左右，全臺約有 1800 間王爺廟[2]。

在這些王爺廟中，以 1.南鯤鯓王爺廟；2.馬鳴山五年王爺廟；3.東港王爺廟；4.鹿港蘇府王爺廟；5.澎湖海靈殿較為知名[3]。其中，南鯤鯓王爺廟，被學者譽為臺灣王爺廟的總廟[4]。民國六十六年，觀光局統計，每年到南鯤鯓王爺廟觀光、拜拜的民眾，近四百七十萬人[5]。由此可見其重要性。本文主要藉著《臺灣日日新報》、《臺南新報》等新史料，探索光復（1945）前南鯤鯓王爺廟的歷史[6]。

---

[1] 關於臺灣「王爺信仰」，康豹（Paul R.Katz）〈臺灣王爺信仰研究的回顧與展望〉，有很好的介紹。該文收錄於張珣、江燦騰《臺灣本土宗教研究的新視野與新思維》頁 143-174，臺北南天書局，2003 年 6 月。

[2] 《中國時報》1998 年 2 月 15 日。

[3] 關於雲林褒忠馬鳴山五年王爺信仰，以日本學者三尾裕子的研究較為出色，鹿港蘇府王爺信仰則以顏芳姿的探索，值得注意，而東港王爺廟東隆宮，有康豹、李豐楙的成果，可以參考，詳見康豹〈臺灣王爺信仰研究的回顧與展望〉一文。

[4] 劉枝萬〈臺灣之瘟神廟〉頁 269，收入氏著《臺灣民間信仰論集》，臺北聯經出版公司，1990 年 12 月 3 印。

[5] 邱坤良〈敢教天地驚鬼神：南鯤鯓的乩童大會串〉頁 115，收入氏著《民間戲曲散記》，臺北時報文化出版公司，1979 年。

[6] 關於南鯤鯓王爺廟，較早的研究有前島信次〈臺灣の瘟疫神、王爺と送瘟の風習に就いて〉，《民族學研究》4 卷 4 號：25-66，1938 年，郭水潭〈南鯤鯓廟誌〉，《民俗臺灣》3 卷 3 號，1943 年，朱鋒〈「鯤鯓王」與「水守爺」〉，《南瀛文獻》創刊號，頁 32-35，1953 年，吳永楣〈南鯤鯓代天府沿革誌〉，收入氏著《南鯤鯓代天府戊申建醮紀念特刊》頁 79-93，臺南縣南鯤鯓代天府管理委員會，1971 年再版，蔡相煇《臺灣的王爺與媽祖》頁 65-81，臺原出版社，1989 年。最近的研究是黃文博、涂順從《南鯤鯓代天府》，臺南縣立文化中心，1995 年。本文前島信次文，用的版本是宋軍中譯本，未刊。

二、南鯤鯓王爺廟的建立及其在清代的發展

南鯤鯓王爺廟位於臺南縣北門鄉濱海地區蚵寮附近，關於此廟的由來，民間流傳幾種說法。目前所見最早的說法，反映在大正初期的調查報告。文中說：

> 南鯤鯓廟…本尊是五府王爺及觀音媽。所謂的五府王爺即是大王爺、池王爺、范王爺、朱王爺、三王爺，奉祀在前殿，而觀音媽安置在後殿。相傳，至今一百五十餘年前，從中國長山漂來二艘王船，在蚵寮庄西南海岸停著，居民以為這是由天公派來的，於是在現今武德會鹽田地建廟奉祀。之後，因洪水沖擊，廟宇破壞，信眾將神明遷到現在地點南鯤鯓，建廟奉祀，故名南鯤鯓廟，一直沿用至今。[7]

這份由地方公學校老師調查的報告，完成於西來庵事件後初期，約在大正四年（1915）九月。由此往前推一百五十餘年，約在清乾隆三十餘年。也就是說，大正四年間，南鯤鯓廟執事人員，認為該廟初建於乾隆三十餘年。之後，因洪水破壞才遷到現址。

不過，在前島信次昭和十三年（1938）採錄的南鯤鯓廟由來，卻有不同說法：

> 據傳說，距今二百數十年前即清朝康熙年間，臺灣尚處草創時代，那時在現在的麻豆（距該廟所在地東南約四里的內陸市鎮）以西的濱海之地，到處沙丘起伏，只有漁舟往來其間。某天夜晚，月色空濛，波瀾不興。忽然，有三艘巨船駛入港內（後此港被稱為王爺港），船中鐘鼓之聲，管弦之音不絕，所奏音樂美妙無雙，甚至無法用語言形容。就在廟宇所在地（土名叫蚵寮）以西約十八町（譯者按：一町約合 109m）的海面上，臨時停泊著麻豆街新店的漁夫楊世卿等人，他們聽了這音樂後恍惚飄然如入仙境。次日清晨，他們尋源溯本，見昨夜停泊巨船的地方實際只有一葉五色斑爛的小舟，且船上空無一人。驚奇的漁夫們登舟查看，發

---

[7] 大正 4 年《臺南廳寺廟取調書》「北門、南鯤鯓廟」。此部份由北門嶼公學校老師調查。

現了六座綢制神像（一說為紙制，是李府、池府等五府千歲及其
從屬的將軍府），於是終於明白這艘王船是借神力來的。他們放
下心來，並於十四五天以後在附近的砂丘上祭祀了神像，此後每
逢捕漁來到這裡，都去禮拜，或祈求病癒，或禱告一家平安，果
然靈驗顯著，航海愈興，家運益榮，遠近聞而參拜日增月盛。於
是，經麻豆的有志者倡導，報清王朝駐臺南的道臺批准，各地湊
銀，在砂丘（名南鯤鯓山）上建廟祭祀，廟從地名稱為南鯤鯓廟。
後來，砂丘毀於潮汐，廟宇也漸次荒廢。嘉慶年間，該廟遷移到
現在的所在地，經數度重修，同治年間又增築後殿，合祀觀音大
士、十八羅漢。[8]

　　這份資料取材於大正九年（1920）南鯤鯓廟重修時刊印的「緣由書」[9]。
文中提到：南鯤鯓廟源於清初康熙年間漂來的王船。對照清初的局勢（遷
界、戰爭），這一說法，是不大可能成立的。

　　值得注意的是「緣由書」中提及南鯤鯓廟的建成與麻豆人士有關。
有的資料說，這位麻豆的「有力者」叫郭鳳（官），而昭和初期的採訪
報告，則說南鯤鯓廟五王來自麻豆新店：

　　……麻豆北端名叫新店的村落（筆者注：即發現神船的漁夫們的
　　住所，是代表著廟宇所在地有關傳說的地方）現在也屬麻豆街荒
　　僻之區，直到一百五、六十年前，麻豆街的中心地區還商店櫛比，
　　該村落建有深受當地居民尊信的五府王爺等神祇的廟宇。有一
　　年，由於遭到暴風豪雨的侵襲，該地左近化為泥海，人畜傷亡甚
　　多。就連五府王爺也未能倖免，被捲入泥海之中。數十天後，在
　　北門溪流匯入大海之地（筆者注：即南鯤鯓廟所在地）、靠近海
　　邊之處，早晚忽然不知從何處傳來陣陣音樂，住在附近村落的漁
　　夫們深感奇怪，便去探個究竟，結果左近人影皆無，唯有一尊被
　　海浪拍打的木制神像。一個漁夫忽被靈附，說道：「余即新店之
　　五府王爺，新店已然衰微，不堪居住。今至近郊查找靈地，此處
　　前臨大洋，後控清流，誠天賜之靈地，余即鎮座此處。」此後，

[8] 前島信次著、宋軍譯〈論臺灣的瘟神、王爺與送瘟風習〉頁 2-3。
[9] 同前註，頁 3。

靈驗日增益顯，附近村民爭相信仰。正當人們商議修建廟宇之時，人籟之調不覺止息，突然吶喊、衝鋒之聲大作，該處頓時化作戰場。

原來，一直占有此靈地的名叫有應公的邪鬼正在進行頑強的抵抗，霎時腥風血雨大作。後來，王爺提出共存共榮的議和條件，雙方達成共識，該地重為樂土，人們開始著手建廟。現在所見王爺木像額頭上的傷痕，據傳就是那場爭戰造成的…[10]

這個傳說與公學校調查報告記載相近，都指出南鯤鯓廟首次建廟是在乾隆年間。而日據初期的官方調查，則明確記載，南鯤鯓廟建於乾隆十三年[11]，可見從局勢、文獻來看，南鯤鯓廟建於乾隆初期，較具說服力。

既然如此，那之後南鯤鯓廟的發展呢？廟中所存文物，提供一點線索。目前南鯤鯓王爺廟中保存二塊牌匾：

1.靈佑東瀛　　　道光三年浙江提督王得祿獻
2.光被四表　　　道光乙巳年福建鎮守臺灣總兵官昌伊蘇獻[12]

乙巳年為道光二十五年。大正年間的公學校調查則記載，南鯤鯓廟有「道光二年臺灣水陸掛印總兵官昌伊蘇獻納的「光被四表」，及三年欽命總督浙江全省水陸軍門世襲子爵王得祿獻納的匾「靈佑東瀛」及「神光之廣大官」，得到官民相當的信仰」[13]。

從清實錄的資料來看，昌伊蘇於道光二十三年五月初十日，由河南、河北鎮總兵官調為福建臺灣鎮總兵官，至道光二十五年春正月初四日因病解任。也就是說，大正年間公學校調查道光二年昌伊蘇的贈匾時間有誤，應該是道光二十五年才對。

至於道光三年的王得祿匾，從形制、官職來看，確實是真的。一般

---

[10] 同註9。

[11] 溫國良編譯《臺灣總督府公文類纂宗教史料彙編：明治二十八年十月至明治三十五年四月》頁381，南投臺灣省文獻委員會，1999年6月。

[12] 吳永梱〈南鯤鯓代天府沿革誌〉頁89。

[13] 大正4年《臺南廳寺廟取調書》「北門、南鯤鯓廟」。

傳言，王得祿的贈匾是：「道光三年（1823）欽命提督太子太保王得祿素聞五王神威，特蒞臨代天府瞻拜，入廟門以靴尖踢試五王根基，時人咸信高官乃星宿轉世，鬼邪不侵，故其靴尖一踢，邪魔歪神必定翻滾在地，即使功力較淺之正神，亦因受當不起而跳動偏向，然試踢過後，相傳五王神像端坐如常，僅三王爺頭額冒汗少許，王得祿見狀大表敬意，遂獻『靈佑東瀛』木匾一方，並令其子王朝經監造增繕廟宇，以示虔敬。」[14]

　　道光三年，其時王得祿因病剛回家休養，且年近五十四歲[15]，不太可能做此舉。由匾文「靈佑東瀛」來看，王得祿應不會因此小靈蹟，就贈匾，恐怕是聽信故鄉人傳言五王靈驗護衛臺南府事蹟才做出的決定。這一點或許可以從道光十五年府城益泉號贈送的木聯推知：

　　　　保赤全臺永鎮鯤鯓施福澤，垂青奕世曾從鹿耳顯威名。[16]

　　很顯然，至少在此之前，南鯤鯓王爺曾在鹿耳門一帶顯示神威，庇佑地方，所以被信眾視為「保赤全臺」之神。

　　其實，除了鹿耳門外，南鯤鯓王爺可能在此一時期，已被信眾迎請至臺南府城巡歷。道光二十七年的《瀛洲校士錄》上〈鯤鯓王〉云：

　　　　落花如塵香不歇，紫簫吹急夕陽沒。靈旗似復小徘徊，解纜風微訖不發。碧波涵鏡逗人清，照見輕粧水底月。龍宮百寶縱光怪，洛水明璫漢梟珮。淫佚民心有識傷，昇平餘事無人續。神來漠漠雲無心，神去滔滔江水深。士女雜沓舉國狂，年年迎送鯤鯓王。[17]

　　〈鯤鯓王〉詩的作者叫許廷崙，時為府城海東書院學生[18]。根據他的觀察，鯤鯓王每年都來府城，歡迎的士女非常多，擁擠不堪。當時鯤鯓王是走海路來臺南，回去亦是如此。這些行徑隊伍，都手持小旗，整個活動令民心淫佚，實在令人擔憂。

---

[14] 黃文博、涂順從《南鯤鯓代天府》頁 152。
[15] 蔡相煇、王文裕《王得祿傳》頁 115-116，南投臺灣省文獻委員會，1997 年 6 月。
[16] 黃文博、涂順從《南鯤鯓代天府》頁 158。
[17] 轉引自連橫編《臺灣詩乘》卷三，頁 136，這裏使用的是《連雅堂先生全集》版，南投臺灣省文獻委員，1992 年 3 月。
[18] 同前註。

　　究竟，南鯤鯓王爺每年何時蒞臨府城呢？咸豐初年劉家謀《海音詩》
提供一點線索：

　　1.…鯤身王以四五月來郡。祈禱於行宮，無虛日，皆攜所乞以歸，
　　明年必倍數酬之…[19]
　　2.競送王爺上海坡，烏油小轎水邊多。短幨三尺風吹起，斜日分
　　明露翠蛾。鯤身王俗謂之「王爺」以五月來，六七月歸。歸時郡
　　中婦女皆送至海波上。輕薄之徒藉言出遊以覘佳麗。[20]

　　劉家謀其時任職臺灣府學教諭，對於鯤鯓王來府城巡歷的情況，有
所了解。不過，他並非專門調查此一風俗，僅能約略南鯤鯓王來府城是
在四、五月或五月來、六、七月歸。

　　相對於士人們的觀察，來自北門公學校的調查反映南鯤鯓王到府城
不同的時間：

　　臺南市住民　　　舊曆四月廿八日　　　迎神
　　　　　　　　　　舊曆六月廿八日　　　送神[21]

　　不管是一個月或二個月，南鯤鯓王在臺南府城停留、巡歷的時間都
相當長。根據《大清律例》，非祀典所祀神明的迎神賽會都是非法，依
法要取締、禁止，可是非祀典神明的鯤鯓王卻能在臺南府城停留活動如
此之久（北港媽祖只在府城停三天），顯示當時南鯤鯓王除在民眾得到
廣大的支持外，在官府方面亦擁有相當的信徒。為什麼南鯤鯓王有這樣
的魅力呢？或許與其靈驗有關。《海音詩》即說：

　　解從經史覓傳薪，自有文章動鬼神，夢裏幾曾分五色，年年乞筆
　　向鯤身。
　　枕經菲史者，何地無才，而率爾操觚，便求速化，此學人之通病
　　也…
　　鯤鯓王…祈禱於行宮…皆攜所乞以歸…如求利者乞錢，求名者乞

---

[19] 劉家謀著、吳守禮校《校注海音詩全卷》頁10，臺北臺灣省文獻會，1953年7月。
[20] 同前註，頁15。
[21] 大正4年《臺南廳寺廟取調書》「北門、南鯤鯓廟」。

筆、乞紙之類。[22]

　　從劉家謀的批評來看，有不少士人向南鯤鯓王乞求科舉成功，而每年都出現乞筆的行為，反映府城士子、文人有人因此功成名就。南鯤鯓王靈驗的訊息，因此襲捲全臺，來自各地的民眾，絡繹不絕奔向府城向南鯤鯓王乞求。咸豐年間彰化的陳肇興在其《陶村詩稿》中的二首赤嵌竹枝詞反映其情形：

> 荷蘭城外一聲雷，鑼鼓喧闐幾處摧；
> 儂向南鯤賽神去，郎從北港進香來。
> 銀絲鸞旗正頭烏，二八佳人捧玉壺；
> 但乞郎如魚有信，一年一度到東都。[23]

　　由於參拜人員太多，進香民眾拋擲的「壽金」、香灰，灑滿沿途，甚至引起官員的示禁[24]。

　　值得注意的是，隨著南鯤鯓王名氣愈來愈大，廟方也得到相當的回報。同治三年（1864），南鯤鯓廟破敗，蚵寮庄民吳港、洪虎攀、涂嵌發起重修，全臺官民共捐款壹萬元[25]。根據大正九年的〈緣由書〉，同治年間南鯤鯓廟又增築後殿供奉觀音，以及十八羅漢。有的資料認為這些神像是光緒六年嘉義井仔腳庄民吳承恩所獻[26]。其實，不論觀音及十八羅漢的來歷如何，南鯤鯓廟會供奉這些佛像，恐怕與當時廟中的住持有關。南鯤鯓廟中現存的「祖師牌位」即寫著：

完俗寔悟公　　　　嘉慶十六年八月十五日酉時
南院賜麟弘公　　　同治己巳年三月十三日午時[27]

---

[22] 劉家謀著、吳守禮校《校注海音詩全卷》頁 10。

[23] 朱鋒〈「鯤鯓王」與「水手爺」〉頁 33-34，另見吳永梱〈南鯤鯓代天府沿革誌〉頁 91。惟吳永梱文中所引文字，頗多錯字。

[24] 吳密察等編《淡新檔案》（四）第一編行政、民政類：厚俗、義倉、救恤，頁 23，臺北臺灣大學，1995 年 11 月。

[25] 大正 4 年《臺南廳寺廟取調書》「北門、南鯤鯓廟」。

[26] 同前註。

[27] 蔡相輝《臺灣的王爺與媽祖》頁 68、黃文博、涂順從《南鯤鯓代天府》頁 159。同治己巳年是同治八年（1869）。當然，這些年代日期也有可能是其生日。

　　通常來說，寺廟設有住持法師的牌位，是為紀念、祭祀對該寺廟有貢獻的僧侶，一般的形式是採蓮位式，正面刻法師出家字號、師承，背面記著法師生、卒年。特別是卒年，會清楚標示至何日死亡，有的甚至寫到何時去世。如此仔細標記，無非是為忌日「做忌」（祭祀）參考。從南鯤鯓廟所藏牌位，明顯可見南鯤鯓廟至晚在清代嘉慶年間已由僧侶住持。其中南院賜麟弘公就在同治年間南鯤鯓重建的負責法師。所謂的「南院」意指漳洲南山寺[28]，也就是說賜麟弘公來自漳州南山寺派與大甲鎮瀾宮住持系出同寺[29]。賜麟法師增建的觀音廟，又叫「青山寺」[30]，從名稱、奉祀神佛，都可窺知南鯤鯓廟住持法師的佛教堅持。

　　既然如此，那重建、增建完的南鯤鯓廟究竟有多大呢？明治三十五年的調查，提供一點線索：

南鯤鯓宮　　廟宇建地　　　一百八十九坪七合五夕
　　　　　　廟宇所屬地　　　七千八百一十五坪[31]

　　南鯤鯓廟這個規模，相當壯觀，當時可說是全臺大寺之一。

三、日據時期的南鯤鯓王爺廟

　　光緒二十年（1894），甲午戰爭，清朝因戰敗割讓臺灣、澎湖等島嶼給日本，臺灣從此淪為日本的殖民地。由於事出突然，在日本領臺初期，各地秩序不穩、抗日活動頻繁，不少「土匪」亦趁機出沒。總督府當局為求恢復秩序，派兵進行敉平行動。全臺各大寺廟，大都被佔用，或作軍營、公務機關，或作補給站、病院、學校⋯根據事後的調查報告，南鯤鯓廟歸隸於「學甲堡王爺港」區，被日本政府佔用作「王爺港租稅

[28] 釋明靄《慧印上人行傳：慧印大和尚圓寂週年紀念》頁 10，臺北三寶弟子，2005 年 4 月。
[29] 同前註。
[30] 黃文博、涂順從《南鯤鯓代天府》頁 34。
[31] 溫國良編譯《臺灣總督府公文類纂宗教史料彙編：明治二十八年十月至三十五年四月》頁 381。

檢查所」[32]。

　　大正初期，北門士紳鑒於風雨侵襲、屋宇日漸破敗，準備重修南鯤鯓廟。當時的《臺灣日日新報》云：

> 北門嶼庄南鯤鯓廟…其靈英之顯赫，久已著於臺澎…然閱今…而廟宇則半歸傾頹，有心人不禁觸目心傷，爰是王謀等發起申請督府，欲向全島募捐，以新廟貌，而妥神靈。幸大正八年末蒙督府許可。惟時因財界反動，故遷延至今，乃著手先向附近地方試捐。幸登高一呼，如萬山響應，不數月間，慷慨樂捐者甚多，神之靈亦人之踴躍，將見此日集袞，共成美舉…[33]

　　當時民間廟宇要重修，通常的程序是：由廟方準備沿革、重修事由、募款範圍、期限等相關文件，向總督府文教局社寺課申請，經核準後即可開始向民眾募款，但一到核準期限，便要動工。從報上資料可知，王謀等人提出的重修南鯤鯓廟重修計畫，在大正八年末蒙總督府同意，於是他們開始向外募款。一開始，王謀等鎖定商界人士，希望一舉獲取鉅資，結果毫無所獲。在如此情勢下，廟方人員轉向附近地方人士及全島民眾募款，逐漸得到回響。這次重修的倡首者王謀是北門嶼庄人，父親叫王某，家裡經營藥舖兼作漢醫，王謀生於咸豐八年（1858），少修漢學，後繼父業，明治三十六（1903）年四月當保正，四十二年當北門嶼庄長，後為區長，資產約二萬元，熱心公益慈善，大正三年（1914）九月佩授紳章[34]。從以上事蹟可知王謀是北門嶼的領袖人物。

　　目前所見的資料顯示，南鯤鯓廟重修主事者採取幾種方式募款。其中最重要的方式是恢復「出巡」傳統，吸取信眾捐款。相傳清代時期，南鯤鯓王曾出巡各地，斬妖除魔，其時到臺灣東西岸以及澎湖是乘王船，「其他中、南、北部則用神輿、旗幟執事，行列堂皇，四方巡狩」，

---

[32] 溫國良編譯《臺灣總督府公文類纂宗教史料彙編：明治二十八年十月至明治三十五年四月》，頁 233。

[33] 《臺灣日日新報》大正 11 年 5 月 31 日〈鯤鯓廟重修〉。

[34] 這是綜合鷹取田一郎編《臺灣列紳傳》頁 301-302，臺灣總督府，1916 年，遠藤克己《人文薈萃》頁 337，臺北遠藤寫真館，1921 年 7 月，而作的描述。

所到之處，備受歡迎。不過南鯤鯓廟這樣的傳統，到日本佔據臺灣後中斷[35]。大正十年左右，「臺澎各處傳說五王欲如例出巡，諸善信希望歡迎者不甚少，而邇來神亦履有提及」，「爰是北門庄長王經綸與諸董事等」，在大正十一年六月商議，「謂茲以後，凡四方信仰者，不拘遠邇，及元時有關係，或無關係之處，有希望到廟迎王往該地方出巡遶境者，請即前臨直接交涉，或將書信相量」。[36]

　　不久，南鯤鯓王就到澎湖出巡，《臺灣日日新報》大正十一年八月三十日報導其情形：

> 臺南轄內南鯤鯓及青鯤鯓兩廟王爺，自月前駕船到澎，由北管港鄉上陸，遂由該鄉及附近之鐵線尾、時裡等鄉請入巡遊，嗣而馬公、文澳、案山、宅腳嶼、烏崁、隘門、太武等，亦皆請到，巡迎一週…[37]

　　由此可知，南鯤鯓王在大正十一年八月初巡遊至澎湖。根據相關報導，當時南鯤鯓王等神明、人員是由鎖管鄉港帆船迎請而來，登陸後先由「鄰近鄉及馬公市信眾迎請，繼則由烏崁、隘門兩鄉及白沙庄、望安庄全島暨南寮、鼎灣兩澳，終則文良港、菓葉及林投澳等，而以西嶼庄為止點，幾於無村不有，舉郡若狂」[38]。據估計，南鯤鯓王在此停留好幾個月[39]。可以說，這是其時澎湖最大的宗教盛事。

　　面對南鯤鯓王的蒞臨，澎湖人除了熱烈歡迎外，亦捐贈不少金錢、材料贊助南鯤鯓廟重修。目前南鯤鯓王爺廟中，仍保留不少澎湖民眾、廟宇的捐贈題記：

大殿
大正十二年癸亥　　　…澎湖島隘門鄉眾弟子
大正癸亥孟夏　　　　…澎湖北辰宮眾弟子全獻

---

[35]《臺灣日日新報》大正 11 年 6 月 27 日〈南鯤鯓王爺〉。
[36]《臺灣日日新報》大正 11 年 6 月 27 日〈南鯤鯓王爺〉。
[37]《臺灣日日新報》大正 11 年 8 月 30 日〈迎王狀況〉。
[38]《臺灣日日新報》大正 11 年 11 月 6 日〈迎王狀況〉。
[39] 同前註。從報紙報導來看，南鯤鯓王至少停留在澎湖三個月。

大正癸亥仲夏　　　　…澎湖馬公海靈殿眾弟子全敬獻

大正丙寅年春月　　　…澎湖島馬公北極殿眾弟子

後殿（觀音殿）

大正十二年癸亥　　　…澎湖郡西嶼外垵、大、小池角、二崁全謝

大正丙寅年　　　　　…澎湖隘門

大正丙寅年　　　　　…澎湖郡西嶼庄內塹宮敬獻…[40]

其中「澎湖臺廈郊眾舖戶」在大正十五年捐獻一對樑柱，題辭「南狩化九州，永古長懷東土。鯓遊週四海，祇今尚眷西瀛。」[41]

當時，澎湖人甚至用船運送建築材料，給南鯤鯓廟作為賀禮。大正十五年六月的《臺灣日日新報》即報導云：

> 臺南州北門郡北門庄南鯤鯓廟，依例於六、七兩日，舉行大祭。第一日參詣者有三萬人，寄附金三千七百餘圓。澎湖島有以帆船五隻，載銀砂石，一隻載建築石料，到廟寄附者云。[42]

根據大正四年公學校的調查，南鯤鯓廟的年度祭典，有大祭日與小祭日。所謂的大祭日是在農曆四月二十六日，而小祭日則在五月十九日、七月廿四日。在祭典時，通常要「燒金」、準備供品，還有請戲班演戲[43]。不過，這是指小祭日而言，在南鯤鯓廟大祭時，活動繁多，非常熱鬧。當時的報紙即云：

> ……南鯤鯓廟曾自五月二十八日起，三日間執行大祭。該廟為人所信仰，次於北港，故高雄、臺中、新竹諸方面，多有團體參詣，約二十甲之廟宇地，頗呈混雜。又臨濟宗大本山之布教所及臺南開元寺之住職等，為視察布教狀況，亦往參列…[44]

---

[40] 這些捐題文字，感謝臺南大學臺灣文化研究所洪瑩發、周政賢幫忙拍照。我在二○○五年十月去現場核對。遺憾的是，這些南鯤鯓王爺廟與澎湖地區民眾、寺廟交流的情況，僅蔡相輝前引書頁73、黃文博、涂順從《南鯤鯓代天府》頁126、155，稍微提及。

[41] 此樑柱現存於南鯤鯓王爺廟大殿。

[42] 《臺灣日日新報》大正15年6月11日〈北門郡南鯤鯓廟大祭〉。

[43] 大正四年《臺南州寺廟取調書》「北門、南鯤鯓廟」。

[44] 《臺南新報》大正13年6月7日〈南鯤鯓廟祭典〉。

　　日本政府在臺灣使用新曆，故報紙中的日期是指新曆時間。這個報導顯示幾個訊息：一、南鯤鯓廟當時活動，頗為盛大，故大祭為三日。二、南鯤鯓廟可能與日本佛教臨濟宗妙心寺派有所往來。三、不少外地團體到南鯤鯓進香。

　　這些團體，主要是乘坐火車來的。根據報導，進香客先乘縱貫線火車轉到佳里驛，再轉搭「明治製糖株式會社」的小火車：由番子田驛，至二重港驛或中洲驛線到北門嶼站下車，步行到南鯤鯓廟。廟會期間，南鯤鯓廟都函請鐵路當局減價二成，優待香客[45]。

　　從上引大正十五年的報導可知，南鯤鯓廟大祭期間，來自各地的香客，高達數萬人，捐贈的香油錢數千圓，這筆錢是該廟的重要收入，換句話說，舉辦大祭也是南鯤鯓廟的重要募款方式。

　　相對於出巡、大祭，南鯤鯓王爺廟尚有遶境的活動。《臺灣日日新報》大正12年3月17日即云：

> 北門庄南鯤鯓五王，去十一日遶境，首經北門，堂堂整整，行列有序，旗幟蔽空，金鼓震地，首則飛機當先，繼則宋江陣、弄龍隊、北管詩意藝棚，及使犁歌、安樂歌、並模型汽船，七鶴八仙諸閣，爭奇鬥巧，五花十色，令人目不暇及。後則彩織神輿，及隨香之紅男綠女，車輿相接，蜿蜒數里。濱海之北門庄，一時幻出空前絕後之盛況。是日天氣晴明，春風和煦，四方往觀者多，且庄之東南北三道，各高建歡迎門，旭旗交叉，隨風飄颺。永隆宮前，衣香傘影，香露炮聲之中，但見萬頭攢動，擁擠不開，極是人山人海之大觀云。[46]

　　大約在南鯤鯓廟募款，準備重建之時，廟方人員也在思考是否要遷廟。當時，南鯤鯓廟處於河流之中的沙洲上，既要面臨洪水的沖擊，又怕海潮侵襲，對外聯絡，主要靠鯤鯓橋[47]。大正十年，南鯤鯓出現大洪水，不少橋樑被沖毀，鯤鯓橋亦受到波及。為免除後患，一勞永逸，南

---

[45]《臺灣日日新報》大正12年6月9日〈南鯤鯓廟祭典〉、大正14年5月16日〈五王祭典〉。
[46]《臺灣日日新報》大正12年3月17日〈北門庄迎神盛況〉。
[47]《臺灣日日新報》大正11年6月27日〈南鯤鯓王爺〉。

鯤鯓廟方號召信眾築堤防護。當時的《臺南新報》報導說：

> ……因該廟建自海濱，四環流水。參拜者殊深不便，故該庄民自
> 覺難安，同聲築堤之舉，以應行人利便。何幸登高一呼，萬山響
> 應。先由蚵寮庄民及七股庄林登祿氏，率四百人役，出為建築，
> 其後四方聞風而至者，絡繹不絕。現今每日出役人夫，多至二三
> 千人之數。雖曰興工未幾，今建築之堤防，已如山積矣。近聞新
> 化、新營、曾文、東石四郡下之民，不日便欲前來援築云云。[48]

　　大正十二年，南鯤鯓廟開工重修，四月二十二日的《臺灣日日新報》
說：

> ……南鯤鯓廟……曩年經蒙總督府許可在案，今臺澎諸善信喜出
> 捐金者，日見漸多，且許可之期限，迫在目前，乃憑神請笅，聘
> 於閩省泉州有名之名匠王媽全，於舊曆二月初二日，著手興工，
> 現各主事者及活潑有為之庄長王經綸君，一面選買材料，一面收
> 集捐金，抱滿腔熱忱十分活動，想異日落成，金碧輝煌…廟貌煥
> 然一新，定足以保存府誌上有名之勝蹟矣。[49]

　　這次的重修，由北門庄長王經綸等人主導，收集捐款及採買石材，
主修工匠則是來自泉州的名匠王媽全。

　　南鯤鯓廟這次的重修，耗費時間，頗為漫長，迄昭和三年（1928）
才完工一半[50]。雖然如此，廟方還是迫不及待於六月十三日（舊曆四月
二十六日）恭迎五王等神明入廟安座[51]。為了確保施工品質、進度，王
媽全不僅進駐廟中，更把團體投入南鯤鯓廟。不過，整個重修工作，還
是拖至昭和十二年才告完工，共費二十餘萬元[52]。

　　南鯤鯓廟重修之所以花了十餘年之久，其中的原因可能與施工者不
專心工程有關。從大崗山超峰寺舊資料，我們看到原籍中國廈門太平

---

[48] 《臺南新報》大正 11 年 6 月 25 日〈南鯤鯓廟築堤盛況〉。

[49] 《臺灣日日新報》大正 12 年 4 月 22 日〈南鯤鯓廟著手興工〉。

[50] 《臺灣日日新報》昭和 3 年 3 月 3 日〈南鯤鯓廟改築，準備舊曆四月下旬入廟安座〉。

[51] 同前註。

[52] 郭水潭〈南鯤鯓廟誌〉頁 41。

橋,負責南鯤鯓廟重修事務的王維思,在昭和三年、四年還承包超峰寺三寶殿修建業務,提供相關建築材料及雕刻成品[53]。

大致來說,南鯤鯓廟的活動,並未受到工程延誤的影響,每年舊曆四月二十六日照樣舉行慶典,如昭和四年,廟方請來戲團,演唱官音慶祝神明千秋,而北門庄則出動子弟戲鬥熱鬧,外地進香者則帶來宋江獅、南北管等表演[54]。照報紙報導,當時來自高雄、臺中等地的香客約三萬五千人[55],他們有的搭火車前來,有的則是乘「自動車」(即汽車)到。當時鹽水森豐商會經營鹽水至南鯤鯓廟的自動車,賽會期間不止加開班次,更優惠票價[56]。此次香客共捐獻三千五百圓。值得注意的是,南鯤鯓廟方此時採取「廢止燒金,改為賽金」的作法[57],可說是領先風潮,大膽改革。

昭和十二年七月,中、日戰爭,臺灣進入皇民化時期,各地的廟宇,不是被迫停止活動,就是遭到廢除,尤其是寺廟整理運動時期,更加激烈。南鯤鯓王爺廟,很幸運地逃過一劫,未受到波及。著名商人洪掛回憶說:「在昭和十六年(1941)二月去臺東之前,曾到臺南州南鯤鯓廟附近朋友家玩,順到南鯤鯓廟中參觀,並抽籤問此去前程事」[58]。南鯤鯓廟之所以能免除厄難,除了是著名大廟外,或許也與日本佛教的保護有關,當時南鯤鯓廟在管理人王經綸、王皂等的支持下,加入真言宗[59]。

四、結語

以往關於南鯤鯓王爺廟的著作,大多偏重傳說的敘述,甚少利用當時的記載,舖陳、分析其歷史。本文與此不同,透過原始史料,我們至

---

[53] 昭和 3-4 年《三寶殿建築用石材契約》,抄本,感謝能學法師、印謙法師提供此資料。

[54] 《臺灣日日新報》昭和 4 年 5 月 25 日〈祭典先聲〉。

[55] 《臺灣日日新報》昭和 4 年 6 月 8 日〈南鯤鯓王爺廢燒金易賽錢〉

[56] 《臺灣日日新報》昭和 4 年 5 月 25 日〈車資減折〉。

[57] 《臺灣日日新報》昭和 4 年 6 月 8 日〈南鯤鯓王爺廢燒金易賽錢〉。

[58] 洪掛口述、黃玉峰整理《看臺灣成長》,頁 144,臺北允晨出版社,1995 年。

[59] 藤生祐俊編《真言宗開教資料》(暫擬名),頁 18,臺北古義真言宗開教教務所,昭和 16 年 2 月。

少得到下列結論：

1、至晚在道光中期，南鯤鯓王已名震府城。

2、清代南鯤鯓廟最重要的活動是出巡府城，各地信眾亦到此參拜鯤鯓王。

3、南鯤鯓王在清代得到不少士人、婦女的信仰，在官方也擁有不少支持者。

4、大正年間南鯤鯓廟的重建，獲得澎湖人極大的支持。

5、日據中期南鯤鯓廟最重要的活動是舊曆四月二十六日的祭典。

6、南鯤鯓廟至晚至清代中期已有僧侶住持，這一傳統一直延續到日據時期。日據中期南鯤鯓廟與臨濟宗妙心寺派有關，在皇民化時其則加入真言宗派下。

最後值得一提的是，南鯤鯓王爺到台南，駐紮在西門的良皇宮（主祀保生大帝），除了交通的考慮外[60]，更重要的恐怕是廟方按照民間的進香巡歷傳統：低位階神明向高位階神明參拜[61]，採取的決定。

附記：此文原刊於《北台通識學報》第 2 期，頁 94-105，2006 年 3 月。

---

[60] 蔡相煇《臺灣的王爺與媽祖》頁 72。良皇宮大殿現仍放著一石爐，上刻「嘉慶甲子年置，南鯤鯓千歲爺，徐楫宗叩謝」。據詢問廟中八十餘歲看守人表示，此石爐是由南鯤鯓王爺廟方帶來放置的。由此可知，據此推知嘉慶甲子年（9 年）它即到臺南，駐在良皇宮的說法，似顯大膽。

[61] 大正 10 年片岡巖《台灣風俗誌》頁 1048-1049 記載白龍庵王爺到天公廟（玉皇大帝廟）的例子，臺北南天書局 1994 年 10 月複印。

余清芳事件前的白龍庵與西來庵
——兼談「正心社」

　　大正四年（1915）中發生的余清芳糾眾反日事件，是臺灣史上的大事，有人稱西來庵事件或噍吧哖事件。雖已歷經百年，至今仍引人注目。歷來對此事件有所研究的學者頗不乏人，累積不少成果！[1]不過，一些基本事實，如有多少人被日本政府殺掉？余清芳所賴以吸收資金，動員群眾的基地：西來庵的歷史與性質？等等雖有些答案，但仍有補白的空間。過去，我曾寫過二篇文章對西來庵的歷史、源流與性質有所討論，釐清與西來庵事件有關的是鸞堂而非齋教，以及西來庵源頭：白龍庵的儀式與其所屬陣頭八家將的流傳狀況等事實。[2]本文循此脈絡，探討白龍庵的歷史、活動與西來庵引入扶乩的情況。特別是對西來庵與正心社的關係，有所考查。

---

[1] 請參考 Paul R.Katz（康豹）When Valleys Turned Blood Red：The TA-pa-ni Incident in Colonial Taiwan（University of Hawaii Press，2005）pp.282-306 所列相關書目。與邱正略《百年回首噍吧哖事件》（臺南市政府文化局，2015 年）頁 21-26，惟此書對西來庵事件的宗教信仰因素關注不夠，也忽略這方面的相關研究。又康豹的通俗著作《染血的山谷：日治時期的噍吧哖事件》（臺北三民書局，2006 年）頁 147-148「參考書目」亦可參看，惟書中頁 56 提及「白龍庵也發展出自己的扶乩儀式」，目前尚無資料證實，可能是該作者筆誤！感謝范純武教授提供相關修改意見！

[2] 最近十餘年以來，我寫過二篇文章〈西來庵事件與道教、鸞堂之關係：兼論其周邊問題〉（王見川・李世偉《臺灣的宗教與文化》，臺北博揚文化公司，1999 年）頁 309-335，Wang Chien-Ch'uan.Transl.Philip Clart，The White Dragon Hermitage and The Spread of the Eight Generals Procession Troupe in Taiwan，Philip Clart・Paul Crowe edited，The People and the Dao：New Studies in Chinese Religions in Honour of DanielL.Overmye(Sankt Augustin-Nettetal，2009) pp.283-302 探討西來庵事件的宗教因素與西來庵的宗教性質。其成果是這些：
1.釐清西來庵事件與齋堂、齋教無關。
2.西來庵是間鸞堂，兼具原五福大帝信仰。
3.西來庵及其祖廟白龍庵的八家將、什家將陣頭是臺灣家將的起源地！
另有一小文〈漫談臺灣寺廟：「香油箱」的由來〉（《南臺通識電子報》第 7 期，2009.6）談到臺灣「香油箱」（賽錢箱）起源於白龍庵、西來庵賽會時，接受日本政府建議，採用日本神社賽錢箱形式，接受民眾自由樂捐所設的「樂善堂」。

一、西來庵的宗教性質（上）：白龍庵與五福大帝信仰內涵

　　以往的研究與資料已表明西來庵源自白龍庵。[3]既然如此，那白龍庵建於何時呢？是否如石萬壽所言是道光以後福州籍兵民所立呢？石萬壽的判斷，沒說明根據，應是猜測。[4]日據初期官方的調查，臺南的白龍庵位於「鎮臺街」，同治元年創立，[5]顯示白龍庵最晚在同治元年創立。根據其他資料記載，「白龍庵」崇奉的神明是「五靈公」即張、劉、鍾、趙、史五人，民眾稱「五福大帝」。[6]這間五福大帝廟為什麼叫「白龍庵」呢？

　　清末光緒初王凱泰《續詠十二首》中提供一點線索：

　　　　命名何取白龍庵（俗傳觀音亭街井內獲一香爐，鑴有「福省白龍庵」五字，因此建廟。後遂為戍兵禱神求福之所）…。[7]

　　這則資料告知三個訊息，一、「白龍庵」的命名、建廟，與民眾拾獲「福省白龍庵」香爐顯靈有關；二、在白龍庵成立之前，府城一帶已有人供奉福州白龍庵的香火；三、臺南白龍庵的信奉者為班兵。

　　結合白龍庵的所在位置「鎮署之右」、「鎮臺衙邊」[8]來看，白龍庵的信仰者不只有班兵，可能還包括將領、官員。這一點，可從光緒二十一年（1895）易順鼎來臺南被招待住於白龍庵看出。其《魂南記》即云：

---

[3]　王見川〈西來庵事件與道教、鸞堂之關係：兼論其周邊問題〉頁 310-311。

[4]　Wang Chien-Ch'uan.Transl.Philip Clart，The White Dragon Hermitage and The Spread of the Eight Generals Procession Troupe in Taiwan PP.283-286。

[5]　溫國良編譯《臺灣總督府公文類纂宗教史料彙編》（明治二十八年十月至明治三十五年四月）（臺灣省文獻委員會，1990 年）頁 403。

[6]　這是結合《臺灣日日新報》漢文版明治 31 年 9 月 13 日〈迎神瑣說〉、大正 10 年 4 月 5 日〈神亦附神〉記載而成的。王見川〈西來庵事件與道教、鸞堂之關係：兼論其周邊問題〉頁 330 註 11 誤為大正 2 年 4 月 5 日〈神亦附神〉，特此致歉！

[7]　清光緒王凱泰《續詠十二首》，收入於《臺灣雜詠合刻》（臺灣省文獻委員會複印本，1994 年），頁 50。此書與《赤崁集》《使署閒情》合刊。

[8]　前者見連橫《臺灣通史》卷 23〈風俗志〉、後者見《臺灣日日新報》漢文版大正 10 年 4 月 5 日〈神亦附神〉。

閏五月辛丑朔，劉遺幕府吳季騫（名彭年…）來拜，言劉已洒掃署
旁之白龍庵，請余暫居。午間，移寓庵中。老樹荒園，地頗幽潔。
劉饋土物，設供張甚備，且屬官吏、紳士、將領次第來見…[9]

當時，去見易順鼎討論臺灣前途者，頗不乏人。其中就有進士許南
英。他還賦一首詩唱和，收在《窺園留草》中。顯見，當時總督臺南的
劉永福，視白龍庵為合法寺廟。為什麼劉永福會認可屬於淫祀的白龍
庵？除了班兵信仰的群眾基礎外，有無其他原因？〈劉永福援臺始末〉
提供一點線索：

…公回臺南，聞說有白蓮庵者，其所祀之神最為威靈顯赫，有求
必應。其神乃明末進士五人，聞明滅轉清，盡節此處。出聖後建
庵，名曰「白蓮」。土人所祀，已二百有餘年矣。公聞得這點靈
驗時，日本水兵上陸四處駐紮，重重圍困…似此網羅四布…亦難
飛也。公回城左思右想，知不是頭路。次日傍晚，自到白蓮庵求
簽。焚香跪求，搖簽一二點鐘之久，其簽不出。公祝曰：我劉某
為國為民，今日受困已達極點。如有何項生路，望神指示。或去
或匿住臺灣？…[10]

文中的「公」與「劉某」，是指乙未（1895）留守臺南的劉永福。
從地點臺南府城、神明數目五位來看，〈劉永福援臺始末〉所提的「白
蓮庵」是白龍庵之誤。雖然這篇文章有一些錯誤，但反映民間流傳白龍
庵的靈驗事蹟與神明出身，卻是值得注意。或許就是因其頗為靈驗，白
龍庵不只未被視為淫祠拆掉，反倒是香火鼎盛。現存光緒六年的信徒叩
謝香爐，[11]就是明証。另一證據就是白龍庵的活動，不只未受到官府禁
止，[12]還成為清末臺南府城重要的民俗。《安平縣雜記》〈風俗〉即云：

…六月，白龍庵送船。每年由五瘟王爺擇日開堂，為萬民進香。

---

[9]　易順鼎《魂南記》頁 7，臺灣文獻委員會複印本，1993 年。此書與《哀臺灣箋釋》合刊。

[10]　易順鼎《魂南記》頁 75。

[11]　此香爐放在元和宮供奉白龍庵香火的偏殿供桌上。

[12]　清何澂（竟山）《臺陽雜詠》（原刻於光緒辛巳年（1881），臺灣省文獻委員會複印本，1994
　　年）頁 67 對此出海大儺有所描寫。此書收入《臺灣雜詠合刻》。

　　三天後，王船出海（紙製王船）。先一日殺生，收殺五毒諸血於
木桶內，名曰「千斤擔」。當擇一好氣運之人擔出城外，與王船
同時燒化。民人贈送品物米包，名曰「添載」。是日出海，鑼鼓
喧天，甚鬧。一年一次⋯[13]

　　這是白龍庵最重要的年度活動，俗稱「迎老爺」。[14]而所謂的「開堂」，
係指在廟中「設立衙署、署胥吏、收投詞狀、批駁文書，一如官府」[15]。
在「開堂」之前，廟方要先發告示，諭知百姓。其形式是這樣：

　　敕封靈公，駐鎮全臺，白龍庵瘟部主宰，糾察爵部堂張，出示曉
諭事。照得，本爵部堂，恭奉簡命駐鎮臺疆，糾察陰陽，分別善
惡，年例代天巡狩，設醮造舟，驅瘟逐疫出海，以保閣郡黎民安
泰。時居夏令，應行舉辦事宜。茲擇五月十八日發令採蓮造龍舟，
於六月二日開堂視事，初六七八日放設三晝夜，良愿保安清醮普
度超生。十七日親詣天公埕進表⋯⋯緣樂損（捐之誤？）人等，
一體知悉。爾等務於開堂之日起至二十四日止，到廟掛號報名，
以期姓名建醮榜，宜凜遵，毋得違延。切速特示，
　給　年　月　日　告示[16]

　　這個告示，提及白龍庵神明「糾察陰陽、分別善惡，年例代天巡狩」
的情形，反映出白龍庵五福大帝是兼具城隍與王爺職權。更重要是，它
透顯白龍庵在「開堂」前後所做的一些相關儀式活動，即在「開堂」前
要先採蓮造舟，在「開堂」後，需要建醮、普度以及至天公埕（天壇）
進表。

---

[13] 日據初期《安平縣雜記》〈風俗現狀〉（臺灣省文獻委員會複印本，1993 年）頁 15。此書
　　與《嘉義管內采訪冊》合刊。

[14] 《臺灣日日新報》漢文版明治 31 年 9 月 13 日〈迎神瑣說〉。

[15] 這裏是用明末清初海外散人的《榕城紀聞》壬午年（崇禎十五年）二月關於福州五帝信仰描
　　述的用語。另見《臺灣日日新報》漢文版明治 40 年 7 月 25 日〈品級何多〉云：「近日臺
　　南市例會西來庵五福大帝，將屆繞境之時，凡有將爺會，先開堂，若官吏然。」明治 31 年
　　9 月 13 日〈迎神瑣說〉：「⋯將爺仍返故處，於是聲炮封堂，掛公出免參牌一類。衙署須
　　迨七月間，始復回鑾云」。

[16] 轉引自片岡巖《臺灣風俗誌》（1921 年初版，1994 年臺北南天書局複刻）頁 1048-1049。片
　　岡巖錄下此文多有訛誤，如「放設」應是放赦之誤，「樂損」應是樂捐之誤。

　　參照相關資料來看，白龍庵一年中最重要的驅瘟逐疫活動，整個流程是這樣：

1、採蓮造龍舟：即用紙紮成船型。

2、開堂。

3、放赦繞境、收五毒血（千斤檐）。

4、建醮、普渡。

5、進表。

6、添載、出海。

　　其中遶境部份，約二、三天，是整個驅瘟逐疫活動的高潮期。一九〇六年《臺灣日日新報》上有則報導提到其在清末的盛況：

舊曆十四、五日為臺南西來庵迎神驅瘟之會。十九、廿日為白龍庵迎神逐疫之會。每年以六月間兩庵各開堂結社，動糜鉅金，島人之下等社會，個個信之。在十餘年前，肩挑背負之夫，各自伏其罪，蛇行匍匐於神前，冀以禳除災瘟。甚至自桎梏其手足，赭衣枷鎖，相望於道。辮香頂祝，行至三步，則轉身泥首。黑巾符號，尾行巨萬，汗雨香風，裙衫衣帶，飄揚十里，熱鬧三天，喊聲如雷，叩頭如蟲。輿前大漢金身丈六，頭大如斗，戴戟郎冠，瀟瀟洒洒，闊步高行。大燈紅寫大神兩字，杖聲威屬。…以俟明神採乩人穿服者，乩人釐舌濡血，書符於黃紙上，佩之能弭災厄。島人以此神為靈，統稱曰瘟部主宰，又曰部堂，分為五部…其部下諸神尤極凶猛，觸之則病，禱之則應，獰獰之貌，非筆墨所能形容也，較之牛鬼蛇神，尤有雄風。有頭大三圍者，有身大數圍者，有吐眼吐舌，虬鬚虎眉環其耳，縹綖其手作攫人狀，飛躍夜行，鉦聲屬甚。面黑如漆，兩口掀騰，掉眼如生人，能止兒啼，能辟易人。各有姓氏，屆期各迎請扶去。禮祀敬天，榜公館條於外，如官吏開堂提訊之式。巡邏街道，執虎頭牌，大書賞善罰惡四字…[17]

---

[17] 《臺灣日日新報》漢文版明治 39 年 8 月 15 日〈臺南大賽神會〉。以下有關《臺灣日日新報》的資料感謝同事王惠琛的核對。

　　這些凶猛的神將，稱之「將爺」，分為兩類，一類軟身木塑，一類由人身裝扮。後者「俱係散髮塗面，粉黛綠十色五花，狀極獰惡」、「服飾皆用五采綾羅，炫奇鬥靡，每八人為一隊，則稱駕前八家將，十人則稱十家將，分列神轎前執殳，前驅跳躑傾側，自成步驟，膽怯小兒，望而卻走。」[18]

　　資料記載，在明治三十九年（1906）白龍庵五福大帝遶境時，共有「八家將五陣」參與[19]。由此可知，至遲在一九〇六年前，白龍庵已有五陣八家將。這些八家將團名各為何呢？石萬壽田野調查說叫「如意堂」，[20]而日據初期日本政府的調查記錄則稱為「敬神堂」。[21]

　　日本領臺初期，白龍庵曾遭日本軍方佔用，充作「陸軍工兵廠」[22]和「守備工兵第三中隊軍官集會所及軍官宿舍」，[23]白龍庵及其廟中神像遷至大銃街元和宮中殿奉祀。[24]因局勢未定，白龍庵在「改隸」之後，數

---

[18] 《臺灣日日新報》漢文版明治 31 年 9 月 13 日〈迎神瑣說〉。另見王見川〈西來庵事件與道教、鸞堂之關係—兼論其周邊問題〉頁 12。

[19] 《臺灣日日新報》漢文版明治 39 年 8 月 15 日〈臺南大賽神會〉。

[20] 石萬壽〈八家將團：天人合一的巡捕組織〉（《臺南文化》22 期，1986）頁 50。所謂的白龍庵「如意堂」，對照全臺白龍庵祭祀委員會編〈全臺白龍庵沿革〉記載是這樣：

部　　堂	張	鍾	劉	史	趙
尊　　稱	顯靈公	應靈公	宣靈公	揚靈公	振靈公
諱	元伯	士秀	元達	文業	光明
農曆生日	七月初十日	四月初十日	三月初三日	九月初一日	三月十五日
執　　掌	主宰	檢察	進表	糧草	刑事
龍　　袍	金黃	綠色	紅色	藍色	白色
堂　　號	福壽堂	福善堂	福良堂	福眾堂	福安堂
家將堂號	如意增壽堂	如善范司堂	如良應興堂	如順協興堂	如性慈祥堂
成　　員	十將	四將	八將	六將	八將
陣容說明	頭排甘柳爺，二排大二爺，四季，文武判。	頭排二人，二排大二爺。	頭排及二排都二對。	頭排二人，二排大二爺，前加執「串」二人。	頭排二人，二排大二爺、四季。

　　可知，全名應叫「如意增壽堂」，是「什家將」，隸屬於顯靈公張元伯。由此亦可知，五福大帝，每一位轄下都有一「家將團」。

[21] 《臺灣總督府公文類纂元臺南縣》明治 34 年，永久保存第 46 卷、降筆會卷：東港辨務署明治 34 年 9 月 24 日「東弁秘發第 43 號」。

[22] 溫國良編譯前引書，頁 225。

[23] 溫國良編譯前引書，頁 228。

[24] 《臺灣日日新報》漢文版大正 4 年 5 月 19 日〈落成建醮〉。

年未曾舉行驅瘟逐疫活動。[25]

　　從現有資料來看，白龍庵大約在明治三十二年（1899）恢復驅瘟逐疫活動，後因當局禁止，迄明治三十九年（1906），才又恢復在臺南市驅瘟逐疫的賽會，[26]此一活動至大正年間仍有舉行。[27]需要說明的是，在白龍庵未舉行驅瘟逐疫活動期間，該庵的宗教活動並未停止。明治三十四年，白龍庵五福大帝及將爺團即接受民眾邀請，至鳳山、東港遶境，

---

[25] 《臺灣日日新報》漢文版明治 32 年 4 月 19 日〈驅瘟循例〉云：「城內白龍庵向有驅瘟出海之例，相傳闔郡人民賴以安寧。自該廟荒廢後，曠典已閱五年矣。而所祀之五靈公為大統街迎去奉祀。年來疫氣流行，幾無虛稔，遂競說為未嘗逐疫之由。因於本月三日恭迎五靈公遶境仍舊。前導一軟身中軍府騎馬開道，其餘八家將及所有故事，亦悉如前例，但比往時十分冷淡耳。惟多用香鼎淨路，遂覺滿道異香。香者天地之正氣亦取避邪去穢之意云。重迎白龍庵自此日始。」

[26] 前者見《臺灣日日新報》漢文版明治 32 年 4 月 19 日〈驅瘟循例〉：「城內白龍庵向有驅瘟出海之例，相傳闔郡人民，賴以安寧……所祀之五靈公為大統街迎去奉祀。年來疫氣流行，幾無虛年，遂競說為未嘗逐疫之由。因於本月三日恭迎五靈公遶境仍舊。前導一軟身中軍府騎馬開道，其餘八家將及所有故事，亦悉如前例，但比往時十分冷淡耳。惟多用香鼎淨路，遂覺滿道異香…重迎白龍庵自此日始。」，而後者見明治 39 年 8 月 15 日〈臺南大賽神會〉云：「自改隸來，官長不許勒捐民錢，恐傾民產。又設衛生檢疫部，島人無奈，改號樂善堂於廟中，如內地神社式。有來祈禱者，各隨意施捨錢銀於其筒內，實取民願之意也。西來庵亦然。本年六月為賽神大會之期，即新曆八月也。年以為例，多由商工農人中，鳩資出為結社。而人山人海猶是也。所有祈禱心願之犯人，大減數十倍。然自本年分賽神會費計之，白龍庵會頗為盛況，西來庵仍如往年。茲將是日賽神會之裝束故事，計之於下：

西來庵	白龍庵
詩意二十四閣	詩意三十四閣
北管十陣	八家將五陣
馬隊四十餘匹	北管十五陣
八家將四陣	馬隊六十二匹
…紙龍舟一艘	蝦蚣棚二十六人
將爺八員	…紙龍舟一艘
	將爺六員

是日，鳳山、打狗、嘉義、麻豆、阿猴、鹽水港、灣裏、大目降、關帝廟、安平、並內居及神會中人，擁擠新大路者，有四、五萬人。」文中的蝦蚣棚可能是蜈蚣棚（閣）之誤。

[27] 《臺灣日日新報》大正 10 年 4 月 5 日〈神亦附神〉。另在該報大正 2 年 8 月 4 日〈迎神盛況〉云：「臺南市向有白龍庵、西來庵兩廟，崇祀五福大帝，例年於舊曆六月間出迎市上，謂將驅瘟逐疫，市民迷信者多。本年西來庵因重新建築，尚未建醮，停止出迎。白龍庵則於舊曆六月廿八、九兩日（即新曆七月三十一日及八月一日）遶境，踵事增華，備極盛況。舊時出迎之日，僅旗幟鑼鼓及將爺隊等，及人民披枷帶鎖往送者。者番兼有藝棚、馬隊，其盛況駕鯤身王而上，於此可風俗之奢侈日甚也。」

驅瘟逐疫[28]。

二、西來庵的宗教性質（下）：八家將與扶乩

（一）西來庵的八家將[29]

相對於白龍庵的境遇，其分堂西來庵[30]可說是幸運多了。寺廟不只沒有被佔用，且在日本領臺的第三年即舉行盛大的驅瘟賽會[31]。以後，西來庵人氣愈來愈旺，每年所辦的驅瘟逐疫活動，都引起社會的矚目，而當時的報紙，亦屢加報導[32]。如《漢文臺灣日日新報》明治三十八年（1905）七月二十五日〈鄉儺賽會〉即云：「每年至六月間，臺南市亭仔腳街，有神祠額曰西來庵，其神號曰五福大帝，部下皆猙獰怪狀…綽號曰大神，島人祀之最虔，謂有驅瘟逐疫之主宰也…月之十九廿日迎神，頗為熱鬧，呵殿之聲，達於里巷」。

根據當時報紙描述，西來庵在明治三十九年（1906）舉辦的驅瘟逐疫賽會，共有八家將四陣參與[33]。資料記載，這些八家將團體，有的叫

---

[28] 同註 21。

[29] 關於八家將、什家將的起源與流傳，詳見 Wang Chien-Ch'uan.Transl.Philip Clart，The White Dragon Hermitage and The Spread of the Eight Generals Procession Troupe in Taiwan，PP. 283-302。

[30] 《臺灣日日新報》漢文版明治 40 年 7 月 25 日報導云：「南俗每年六月間，必迎五福大帝神，一曰白龍庵，一曰西來庵。西來庵乃白龍庵之支部也…人民靜肅，祇裝飾馬隆、香擔、鑼鼓。或打花臉，名曰八家將、十家將，取鄉儺逐疫之意，儼然神嚴民敬而畏之，不謂適來玩之殊甚。本年白龍庵不知緣何故停迎，而西來庵愈窮極奢侈。定本廿三、廿四兩日，詩意花棚四十餘檯，皆雇北妓，裝得五花十色，鬥艷出新，以爭勝一時。所到之處，紅男綠女，白叟黃童，環觀如堵。他如騷人逸士，亦三五成群，藉以娛目騁懷，故各市街路幾為之塞，聞前一日南北而來之三、四幫列車坐位，亦各填滿云」。關於西來庵，詳見王見川〈西來庵事件與道教、鸞堂之關係：兼論其周邊問題〉，頁 310-315。

[31] 《臺灣日日新報》漢文版明治 31 年 9 月 13 日〈迎神瑣說〉。

[32] 《臺灣日日新報》漢文版明治 41 年 7 月 30 日〈迎王雜觀〉、明治 43 年 7 月 14 日〈開堂建醮〉。Wang Chien-Ch'uan.Transl.Philip Clart，The White Dragon Hermitage and The Spread of the Eight Generals Procession Troupe in Taiwan，P294 註 31 譯者將明治 41 年 7 月 30 日〈迎王雜觀〉誤為明治 41 年 9 月 13 日。

[33] 《臺灣日日新報》漢文版明治 39 年 8 月 15 日〈臺南大賽神會〉。

「百和堂」，有的叫「百善堂」。[34]對於這個驅瘟逐疫活動，大正初年西來庵扶乩著作的鸞書《警心篇》稱作「鄉儺」：

> 西來庵者派分白龍，原號乩堂⋯迨至荔夏之時，典行鄉儺，子婦丁男，絡繹不絕。黃堂白叟，觀玩極多。兩日間巡視城廂內外，香煙藹藹，直透九重天焉。至於著書立說，濟世利人，其神靈更赫濯也。雖然善男信女禱其者眾，而庵中則愈形狹隘。總董人等縱欲擴而充之，以大其規模。奈一木難支大廈，於焉中止。今幸有蘇蔣鄭等生，目擊傾頹，情殷修葺，出為倡首⋯重開勝概，亭開八卦⋯門開三川⋯西廡一椽數間，學士文人可吟詩而作賦，總理董事可握箕而持籌⋯。[35]

這段記載大約作於大正元年（1912）。第一段講西來庵六月「鄉儺」（驅瘟逐疫）兩日活動之盛況，而第二段則是說扶乩著書、開藥方之事。第三段則說總董倡首擴建西來庵及該廟格局情形。所謂的著書是指西來庵扶乩著造鸞書。目前所知，西來庵在《警心篇》之前，著有《洗心集》、《報應錄》等書。[36]

（二）西來庵的鸞堂

可是，似乎只有《警心篇》傳世。該書由廈門會文堂出版，出版時間約在大正三、四年（1914、1915），是「意誠啟善堂諸同人敬刊」。[37]這

---

[34] 《臺灣日日新報》漢文版明治40年7月25日〈品級何多〉云：「近日，臺南市例會西來庵五福大帝，將屆繞境之時。凡有將爺會，先開堂，若官吏然。至於將爺會名，紛紛不一，有曰百和堂，有曰百善堂。獨於某街，有一將爺會，其公館條，大書雷部駕前六家將百品堂，殊甚可笑。蓋六家將，乃人而儺者，而畫五色花面，皆上有稜，努（怒之誤？）目相視，作抗行狀，殆如易所謂大人虎變乎。各肖其貌，著古衣冠，有袒臂持杖者，有手執干盾飛舞者，有捧鐵鎚雜髮散而行者。其狀貌猙獰無比，直如專制時代之獄吏，刑具纍纍，令人毛髮皆豎⋯」。

[35] 《警心篇》卷二〈記〉，王見川‧李世偉等編《民間私藏臺灣宗教資料彙編：民間信仰、民間文化》（臺北博揚文化公司，2009年）第一輯第16冊，頁293-295。

[36] 關於西來庵著造鸞書情形，詳見林漢章〈余清芳在西來庵事件中所使用的善書〉，《臺灣史料研究》第2號，頁116-122，1993年8月。

[37] 《警心篇》封面，王見川‧李世偉等《民間私藏臺灣宗教資料彙編：民間信仰、民間文化》第一輯第16冊，頁233。

個「意誠啟善堂」即是西來庵中附設鸞堂的名稱。根據《警心篇》記載，當時西來庵鸞堂的執事人員是這樣：

> 總管鸞務生蘇春明、鄭春亨、余春清
> 總理蔣福五
> 董事楊春旋、林春垣
> 正鸞生盧福杰、陳福喂
> 副鸞生陳福吉、鄭春亨
> 錄鸞生許春濤
> 編纂生王春壁
> 校正生黃福麟
> 唱鸞生王春壁
> 醫務正鸞生陳福喂
> 宣講生王春壁
> 惜字生黃福發[38]

西來庵鸞生分春福二派[39]，上數諸執事的名字是法名，不是本名。對照相關記載，可知蘇春明是時任大目降參事的蘇有志、鄭春亨是任大潭區長的鄭利記、余春清是余清芳、盧福杰是著名出版社松雲軒的主人盧乙，而王春壁是具舉人頭銜的王藍石。[40]《警心篇》所說幫忙西來庵擴建的「**蘇蔣鄭等生**」，就是蘇有志、蔣福五、鄭利記等人。[41]從西來庵鸞堂的執事名單來看，我們可得知二項訊息：一、是當時臺南地區著名士紳、富豪，已成為西來庵鸞堂「意誠啟善堂」的核心份子。二、是「意誠啟善堂」的日常活動有著文、開方與宣講。根據《警心篇》記載，「意誠啟善堂」中供奉「三聖帝君恩主牌位」、「霞天洞府二位師祖牌位」、「八

---

[38]　《警心篇》卷一，王見川‧李世偉等編《民間私藏臺灣宗教資料彙編：民間信仰、民間文化》第一輯第 16 冊，頁 260-262。關於副鸞生陳福吉的情況，最近戴文鋒新著《山谷長歌：噍吧哖事件在地繪影與歷史圖像》（臺南市政府文化局，2015 年）頁 99-133 有很好的敘述與分析。

[39]　王見川〈西來庵事件與道教、鸞堂之關係：兼論其周邊問題〉頁 315。

[40]　王見川〈西來庵事件與道教、鸞堂之關係：兼論其周邊問題〉頁 315。

[41]　王見川〈西來庵事件與道教、鸞堂之關係：兼論其周邊問題〉頁 313-314。

部大天尊恩主公牌位」、「龍虎山真人牌位」，[42]以及「瘟部主宰敕封宣靈公加封活世天尊劉」、「玉敕瘟部主宰敕封揚靈公加封壽世天尊史」、「玉敕瘟部主宰敕封振靈公加封濟世天尊趙」等神明。[43]其中還包括「兼管驅瘟事務」、「逐疫事務」、「收毒事務」、「押毒事務」、「八部事務中軍」、「瘟部五營兵馬司」、「疫部五營兵馬司」、「醫方濟世……救苦真人孫」思邈等小神。[44]需要說明的有三點：一、是「意誠啟善堂」的「三聖帝君恩主」是指關帝、呂洞賓（呂祖）、文昌帝君張（亞），與清中葉中國流行鸞堂救劫論一樣，[45]而不是日據初臺灣出現、流行的「三恩主」（關帝、呂祖與灶君張單）。[46]二、是西來庵中神明宣靈公等，文書上只稱公（五靈公），尚未稱帝（五福大帝） 而坊間報紙與白龍庵已稱「五福大帝」。三是西來庵驅瘟逐疫活動分工很細，有驅瘟、逐疫、收毒、押毒等，每項下轄諸小神。從五「瘟部主宰」神在降鸞前已經敕封為五靈公，可知此時五「瘟部主宰」神神格早已轉化升格。《警心篇》扶鸞時又被加封為天尊，顯示「意誠啟善堂」人員在道教化五靈公。這一點，也可從「意誠啟善堂」供奉「龍虎山真人牌位」窺知。這位龍虎山真人，就是擁有封神權力的龍虎山張天師，[47]可能就是他加封五靈公為天尊的。在此方面，西來庵是異於白龍庵。

[42] 《警心篇》卷一，王見川‧李世偉等編《民間私藏臺灣宗教資料彙編：民間信仰、民間文化》第一輯第 16 冊，頁 234-241。

[43] 《警心篇》卷一，王見川‧李世偉等編《民間私藏臺灣宗教資料彙編：民間信仰、民間文化》第一輯第 16 冊，頁 255-256。

[44] 《警心篇》卷一，王見川李世偉等編《民間私藏臺灣宗教資料彙編：民間信仰、民間文化》第一輯第 16 冊，頁 255-259。

[45] 清中葉流行的鸞堂救劫論是指以關帝領銜，與呂祖、文昌等神明，透過扶乩著書救渡世人。關於此，詳見 Wang Chien-ch'uan，（Translated by Vincent Goossaert.） Spirit writing groups in Modern China （1840-1937）： textual production, public teachings, and charity，Edited by **Vincent Goossaert, Jan Kiely and John Lagerwey**, Modern Chinese Religion II，**volume I**，PP.651-684，Brill.Leiden，2015。

[46] 日據初臺灣出現、流行的「三恩主」（關帝、呂祖與灶君張單）是由宜蘭喚醒堂首先發明，後傳到桃竹苗客家地區鸞堂，並由竹苗客家鸞堂進一步發揚，形成獨特的救劫論。關於此，詳見王見川主持、李世偉、范純武協同、劉文星等助理《桃竹苗地區鸞堂收藏文獻調查暨數位典藏計畫期末成果報告書》，客家委員會客家文化發展中心，2016 年。

[47] 龍虎山張天師封神的情形，詳見王見川《張天師之研究：以龍虎山一系為考察中心》，博揚博碩論文選輯「道教‧信仰‧民俗專輯」第一冊，臺北博揚文化公司，2015 年。

　　至於「八部」神明，則非西來庵原有神明，是西來庵增設的鸞堂帶進廟中的。那麼，西來庵何時開始扶乩？《警心篇》云：

> 壬子年三月二十夜子刻…准擬佳篇著警心，諸生畏縮尚沉吟。鸞堂事務宜重整，勿使因循直到今。話，洗心三集雖云告成，尚未付梓頒行…四月初四…南天主宰關諭：前《報應錄》著造諸生固屬誠心，今《警心篇》著造諸生何不著意，鸞生袖手旁觀，執事裹足不前…。[48]

　　壬子年是大正元年（1912），可見西來庵在此之前即已扶乩，也就是說西來庵最晚在明治末期即已扶乩。西來庵之所以會引入扶鸞，主要與其新加入成員蘇有志、鄭利記有關。資料記載，最晚在明治三十四年（1901）蘇有志、鄭利記即已參與扶鸞活動。[49]大正初期報紙更說明治末期，鄭利記把紅瓦厝「啟善堂」所祀的八部大天尊移祀西來庵的情形。[50]從名稱來看，西來庵「意誠啟善堂」應與鄭利記紅瓦厝「啟善堂」有關。恰好現存有乙巳年（1905）刊刻的善書《無極聖帝大洞真經》上署名「啟善堂重刊……臺南林春宇、徐春馨、鄭春亨監刻敬板」。[51]可見這是鄭春亨（鄭利記）參加的鸞堂，在乙巳年明治三十八年（1905）刊刻的善書。當時此堂叫「啟善堂」，顯見鄭春亨（鄭利記）尚未到西來庵，由此可推知西來庵鸞堂是明治三十八年（1905）之後到明治四十五年間設立的。對照《余清芳抗日革命案全檔》所載：「被告鄭利記：曾為大潭區區長，因私事去職。明治四十三年間，轉至臺南市，嗣後為西來庵主要信徒。」[52]，可知鄭利記可能是在明治四十三年（1910）去西來庵扶鸞的，而鄭春亨（鄭利記）等人也將「啟善堂」扶鸞所派字號「春」

---

[48] 《警心篇》卷一，王見川・李世偉等編《民間私藏臺灣宗教資料彙編：民間信仰、民間文化》第一輯第 16 冊，頁 263、270。

[49] 王見川〈西來庵事件與道教、鸞堂之關係：兼論其周邊問題〉頁 314。

[50] 王見川〈西來庵事件與道教、鸞堂之關係：兼論其周邊問題〉頁 314。

[51] 林漢章〈余清芳在西來庵事件中所使用的善書〉頁 119 中所附書影圖 7。王見川・李世偉等編《民間私藏臺灣宗教資料彙編：民間信仰、民間文化》第一輯第 2 冊，頁 587。

[52] 程大學等編譯《余清芳抗日革命案全檔》（臺灣省文獻委員會，1975 年）第二輯第一冊，頁 383。

字帶到西來庵。

除了紅瓦厝「啟善堂」的影響外，西來庵「意誠啟善堂」似乎也與正心社有所關連。《警心篇》即云：

> （壬子年六月）正心社旌義真君謝，詩：舊堂寥寂二十餘秋，回首而思實可愁。幸有西來庵裏客，書編散帙再重修……《醒悟良箴》此書雖積成卷帙而為時事間阻，終焉廢止。致使人事變遷……存者寥寥無幾。向也，影從聲響何其盛也。今也雲散風流何其微。甚至鸞堂鸞手歸於烏有！……茲者聞劉君欲令貴庵鸞手續完此書……爾等諸生其共勉之……[53]

這個正心社，昭和九年（1934）的《臺南州祠廟名鑑》稱其：「祭神關帝爺，會員二十人」，光緒十八年（1892）為勸善懲惡教化人心創立。每年約花費祭事費二百四十五圓，擁有一些房屋田產。[54]不過，大正中期的《臺南廳寺廟取調書》則說正心社光緒十年（1884）創立，旨在宣講聖諭，教化信徒像聖帝（關帝）品行端正與行善。[55]究竟何者正確？從《警心篇》上引壬子年降鸞文「**正心社旌義真君謝詩：舊堂寥寂二十餘秋**」，可推知正心社最晚在光緒十七年（1891）已成立。顯見《臺南廳寺廟取調書》所說：正心社光緒十年創立，較為可信。這一點，亦可從其宗旨得到印證。德化堂所藏正心社早期資料云：

> 丁酉之年暮春之日，蒙旌義真君、威靈侯劉，懇請南天文衡聖君覃敷鴻德，主宰鸞章，擇郡西外鎮北境普濟殿前蕭帝廟後，社號正心，堂名共善，諭設宣講，以化愚癡。恩賜藥方，以救時疫。會講神著善冊，力挽澆風。集仙佛作良箴，宏開覺路。篇篇金玉，字字朱璣……猶其取名曰：醒世新篇……炳等在社二十有八人，朝夕效勞，殷勤奉命。前遵濟世，不惜萬貫之錢。茲欲刊書，恐缺百金之費。計唯為山藉簣，集腋成裘。其庶幾

---

[53] 《警心篇》卷二，王見川‧李世偉等編《民間私藏臺灣宗教資料彙編：民間信仰、民間文化》第一輯第 16 冊，頁 303-304。

[54] 《臺南州祠廟名鑑》，王見川‧李世偉等編《民間私藏臺灣宗教資料彙編：民間信仰、民間文化》第一輯第 27 冊，頁 512。

[55] 《臺南廳寺廟取調書》「正心社」部份。

　　相與有成焉？願望諸君有欲為善，隨意捐題，量力而行……天
　　運丁酉年菊月日，社生洪滄波、莊清溪、張品五、莊洪鍾、陳
　　昭炳、陳登瀛、林金龍、郭捷魁、黃修文、許三喜、吳青梯、
　　王少高、林敏三……。[56]

　　這是丁酉年明治三十年（1897），正心社要刊印鸞書《醒世新篇》，
向各界募款的題緣文。文中顯示正心社在普濟殿後，社中有一鸞堂叫「共
善堂」，供奉主神是關帝。正心社確實舉行宣講教化民眾[57]，而共善堂則
是開方救人與著書。這是目前所知臺南最早的鸞堂，可惜早已被遺忘！

三、結語

　　在西來庵事件後，臺南地區流行一句俗語：「王爺公沒保佑，害死
蘇有志」。這句話意指西來庵奉祀的王爺沒靈驗，[58]造成信奉者受難致
死。但這也反映民眾視西來庵神明五靈公為王爺。之所會如此稱呼，恐
怕與西來庵五靈公舉行的驅瘟、逐疫活動有關，可見臺灣部份民眾確實
用王爺來稱呼具瘟神性格的神明。所以，在白龍庵、西來庵的驅瘟、逐
疫活動中，都出現「代天巡狩」的稱號，也就不足為奇了。有意思的是
白龍庵、西來庵的驅瘟、逐疫活動還發展出「開堂」辦事儀式活動，實
踐「代天巡狩」的職權，這在王爺信仰中還不多見。遺憾的是研究王爺
信仰者很少把白龍庵、西來庵的驅瘟、逐疫活動納入視野，做進一步的
分析比較。[59]

　　另一方面，我們也應注意西來庵在明治末期出現的轉變：廟中引進

---

[56] 王見川・李世偉，《臺灣的寺廟與齋堂》（臺北博揚文化公司，2004 年）頁 10 所附書影。

[57] 《臺灣日日新報》大正 7 年 9 月 16 日〈大言不慚〉：「臺南市永樂町正心社崇祀關西夫子，
去陰曆六月二十四日，為夫子飛昇之日，舉行祭典並開飲福酒筵。座中三十餘名社員，簽
議修理該社……石謨記倡捐十金……有林傳泰者……竟分文不給……」，可見正心社社員
一直在成長，當時知名臺南聞人石謨記亦是其社員。

[58] 程大學等編譯《余清芳抗日革命案全檔》（臺灣省文獻委員會，1974 年）第一輯第一冊，頁
350：「臺南市亭仔腳街西來庵（祭祀王爺公）」。

[59] 關於臺灣王爺信仰最新的研究，是洪瑩發《臺灣王爺信仰與傳說研究》，博揚博碩論文選輯
「道教・信仰・民俗專輯」第三冊，臺北博揚文化公司，2015 年。

扶乩，設立鸞堂「意誠啟善堂」進行開方濟人、著書宣講勸化民眾的「代天宣化」活動。這不僅替西來庵帶來人潮，也擴大西來庵的影響力，跨出地域性廟宇，邁向全臺知名寺廟。《警心篇》即說：「全臺西來庵者施方濟世恩會遍四方」。[60]這就是余清芳動員群眾，尋求全臺民眾支持的憑藉。

最後，我想說的是，早在大正九年（1920）出版的連橫《臺灣通史》即說：「白龍庵…祀五福大帝，則瘟神也。後於亭仔腳街別立扶鸞之所，曰西來庵。」如果我們撇開偏見，認真閱讀連雅堂之作，就不用繞了一圈才認識西來庵的性質。當然《余清芳抗日革命案全檔》的錯誤：如文中寫著「余清芳者曾至各地為靈廟臺南市亭仔腳街棋堂，以大修廟宇為由募捐。」[61]這裏的「棋堂」應是枝堂（乩堂的臺語唸法）之誤，也是要負責的！

附記：此文原刊於《台南文獻》第 8 輯，頁 146-158，2015 年 12月。

---

60 《警心篇》卷三，王見川‧李世偉等編《民間私藏臺灣宗教資料彙編：民間信仰、民間文化》第一輯第 16 冊，頁 338。

61 程大學等編譯《余清芳抗日革命案全檔》第一輯第一冊，頁 45。又同冊頁 299：「去年舊曆八月……臺南陳金發告以臺南之余清芳招募黨員於祺堂」。這「祺堂」也是枝堂之誤。此檔案全書並未有嚴格校對與注釋，出現一些錯誤，第一輯第一冊，頁 42：「據劉伯溫、呂純良兩神知告諭」，對照西來庵奉祀神明有呂洞賓（呂純陽），此呂純良應是呂純陽之誤！又第一輯第一冊，頁 135：「問劉伯溫與呂洞賓係何許人？」可證實我們的推斷。又第一輯第一冊，頁 345 提到：「自臺南攜來《警心篇》《宜靈真經》《大洞真經》……」此《宜靈真經》，對照西來庵奉祀神明有宣靈公來看，應是《宣靈真經》之誤，而《大洞真經》則是明治 38 年（1905）啟善堂重刊之《無極聖帝大洞真經》。以上種種顯示，程大學等編譯之《余清芳抗日革命案全檔》應該重新校對、注釋，才能加惠後學！

新竹飛鳳山代勸堂、楊福來與臺灣客家地區鸞堂（1899-1936）

　　以往，學者談起臺灣傳統的宗教大都認為有佛教、道教與媽祖、關帝之類的民間信仰。經過近二十年學者的研究努力，大家逐漸認識到鸞堂與齋教也是臺灣傳統的宗教。[1]其中，鸞堂於清末臺灣興起，日據初期大盛，估計全臺不下百堂。[2]

　　這些鸞堂看似百花齊出，多元發展，其實有幾個鸞堂是關鍵，分香出不少鸞堂。宜蘭喚醒堂、淡水行忠堂、新竹宣化堂、明復堂（後稱復善堂）、飛鳳山代勸堂即是其中著例。眾所周知，鸞堂的靈魂人物是正鸞，但不知校正生也是重要角色，特別是著造出版鸞書的鸞堂，更需要校正生來修改潤飾鸞文，成為合格或理想的鸞書，達到「代天宣化」，教化百姓，使之趨善避惡，消除末劫的使命與目的。

　　目前學界所知的著名正鸞，有喚醒堂吳炳珠、代勸堂楊福來、楊明機等人。筆者在十八年前曾寫過文章，初步勾勒代勸堂與楊福來的重要性。[3]這篇論文引起迴響，十年來陸續有張有志、鄭寶珍、張二文等人跟進研究。[4]由於勤奮努力田野調查與他人幫助，張有志、鄭寶珍、張二文的相關研究取得一些新資料，值得注意。其中以鄭寶珍發掘的代勸堂嘗會與楊福來履歷、疏文集貢獻最大。本文在此基礎上，運用新發現

[1] 王見川《臺灣的齋教與鸞堂》，臺北南天書局，1996 年。

[2] 這是綜合以下二文得出的結論：王見川〈光復（1945）前臺灣鸞堂著作善書名錄〉頁 176，《民間宗教》第 1 期，1995 年。王見川主持、李世偉、范純武協同、劉文星等助理《桃竹苗地區鸞堂收藏文獻調查暨數位典藏計畫期末成果報告書》頁 81-90，111-115，客家委員會客家文化發展中心，2016 年 9 月。此報告書未出版。這裡所謂的鸞堂指的是具組織、理念與傳教情況的扶鸞團體。至於扶鸞活動在清代臺灣的情況，筆者最近會為文討論。

[3] 王見川〈光復前臺灣客家地區鸞堂初探〉，此文收入王見川、李世偉《臺灣的民間宗教與信仰》頁 293-319，臺北博揚文化公司，2007 年初版 2 刷。

[4] 張有志《日治時期高雄地區鸞堂之研究》，臺南大學臺灣文化所碩士論文，2007 年。後由臺北博揚文化公司於 2015 年出版。鄭寶珍《日治時期客家地區鸞堂發展：以新竹九芎林飛鳳山代勸堂為例》，中央大學客家社會文化研究所碩士論文，2008 年。張二文《六堆客家地區鸞堂與鸞書之調查研究》，東華大學中文所博士論文，2013 年。後由臺北博揚文化公司，於 2015 年出版。

的資料與新視角，嘗試描述分析代勸堂的歷史、海外影響，並對楊福來為何在日據中期頻繁到中南部客家鸞堂幫忙的原因與扮演的角色，有所討論。

一、關於飛鳳山代勸堂與楊福來

明治 34 年（1901）日警的取締，雖然導致大部份鸞堂關閉[5]。但有一些鸞堂仍暗中活動，飛鳳山代勸堂即是其中之一。昭和 5 年（1930）詹培勳的〈竹東飛鳳山代勸堂記〉，記載該堂創建於明治 32 年（1899）[6]。這個說法是正確的，代勸堂第一部鸞書《慈心醒世新篇》中的〈本堂小引〉即云：

> ……邇年瘟疫流行，末劫將至，重啟天門，諸真下降。適值來叩問設教，溫子德貴叩問被盜，鍾子琳水叩問爭界，扶鸞降乩，荷蒙本莊福神鍾轉請南宮孚佑帝君，奏奉玉旨開堂濟世，降造善文，曾於端月念二日在溫家設教兼為善堂，而贊襄其事者幸有幾人同志……降乩施方一時鄰里鄉黨叩問病症者接踵而來……邀集紳者人等，議建廟宇，乩示名之曰：飛鳳山……于本年二月二十二日糾工造架，不日而成。敬請列位聖神移登斯殿，復行將造善文……至本年菊月間，此書告竣，名之曰：《慈心醒世救劫文》……己亥年……本堂正鸞生楊福來敬撰[7]

這是代勸堂正鸞楊福來的自述，而另一關係人溫德貴是這樣說：

> ……自己亥春正月楊子福來到貴家中，說及初學扶鸞一事，適值鍾子琳水、范子大進亦繼焉。于是歲舉行扶鸞降乩，楊子叩問設

---

5 王世慶〈日據初期臺灣之降筆會與戒煙運動〉，頁 452-459，《清代臺灣社會經濟》，臺北聯經出版公司，2006 年初版 2 刷。張二文《六堆客家地區鸞堂與鸞書之調查研究》（臺北博揚文化公司，2015 年)頁 13-19 與張有志《日治時期高雄地區鸞堂之研究》（臺北博揚文化公司，2015 年)頁 10-14。

6 王見川《臺灣的齋教與鸞堂》，頁 299。

7 《慈心醒世新篇》卷一〈本堂小引〉，王見川、李世偉等編《民間私藏臺灣宗教資料彙編：民間信仰、民間文化》第一輯第 15 冊，頁 18-21，臺北博揚文化公司，2009 年。

教之事，貴則叩問被盜之事，水則叩問爭界之事。蒙得本境復興莊福神乩示，一一明白。貴後在家中留心請鸞降善，所以端月念二日敦請楊子在貴家設教兼以扶鸞。蒙南宮孚佑帝君主席示期開堂，派定職份。時則有詹子松茂、何子致和、曾子文維共入鸞堂而為同志，在堂效勞……又因花月間乩示：近在飛鳳山可建造救劫堂一所……爰邀同紳耆人等……鳩工架造，旋於蒲月念八日告竣，爰請恩主移登鸞殿。余生平以舌耕為業……後棄儒從商，營謀藥材生意兼及歧黃……幸去歲文林閣明復堂開戒洋煙，既蒙戒脫……己亥……鸞下抄錄生溫德貴盥手拜記[8]

　　這個溫德貴出身鄉儒塾師，後經營藥材生意兼作中醫，累積一些財產。在九芎林明復堂戒菸成功後，非常感恩恩主幫忙。於是在飛鳳山代勸堂創立後出租茶園，做為該堂經費並在堂中當抄錄鸞文的鸞生。而代勸堂正鸞生楊福來則是書房教師，明治三十一年（1898）末當時正煩惱在何處教徒事宜。由於地近九芎林，楊福來可能是受到明復堂扶鸞聲勢大漲的影響，開始學習扶鸞。明治三十二年（1899）正月初在溫德貴家中扶鸞，回答自身及諸友問題。由於效果不錯，不久即在溫德貴家中設堂開方濟世。雖有人質疑此舉活動，但附近民眾踴躍到堂叩問，造成相當的聲譽。人一多，設於溫德貴家中鸞堂空間明顯不足。於是在二月二十二日於飛鳳山興建廟宇稱「救劫堂」，作為鸞堂所在，並在九月扶鸞著造鸞書《慈心醒世救劫文》。此書，又稱《慈心醒世新篇》，分仁義禮智信五卷，從其卷一內容來看。該書重點有三：

　　1.宣揚三恩主（關聖帝君、孚佑帝君、司命真君）救劫論。

　　2.記錄鸞生與亡故親人會談。

　　3.正鸞生楊福來遊冥情形。

　　第一點與喚醒堂-宣化堂系統救劫理念，大體相同。可是，鸞生與亡故親人會談的例子就與當時眾鸞堂不同。最特殊的是正鸞生楊福來遊冥，是夢遊地獄，醒後筆錄。顯示楊福來鸞法，異於喚醒堂-宣化堂系

---

[8]　《慈心醒世新篇》卷一〈本堂自記〉，王見川、李世偉等編《民間私藏臺灣宗教資料彙編：民間信仰、民間文化》第一輯第 15 冊，頁 22-25。

統與明復堂系統。

造好《慈心醒世新篇》後，楊福來於明治 32 年（1899）7 月攜往中國大陸泉州刊刻。[9]此行除了刻印鸞書，購買善書[10]外，似乎也將鸞法戒煙傳到泉州。當地一間關帝廟崇義廟碑文寫著：

> 新建崇義廟碑…溯自飛鳳山之鍾靈，在臺眾生受其拯救之恩，實繁有年。王衍香火而來唐，其時英靈已溥，由沙堤金熏於西資。當此南都沐佑，遐邇均沾，即金廈兩島及漳石二鎮，亦攜男帶女接踵來岩。或求治病，或求解煙。符水丹砂歲服立效，足證聖恩之浩大，誠無遠而弗屆爾。茲建聖廟於西資……廟號崇義……湖厝許經邦敬筆…光緒辛丑年重建崇義廟荔月吉日。[11]

大陸學者不明瞭日據初期臺灣鸞堂歷史，誤以為飛鳳山關聖帝君為鳳山關廟，大談鳳山關廟如何影響閩南一帶民眾[12]，真是鬧了笑話。但也凸顯飛鳳山代勸堂在大陸閩南一帶發生影響，這是目前所見第一間影響到大陸的鸞堂，可能也是第一間反饋中國的寺廟。

大約同時，飛鳳山代勸堂造好第二本鸞書《渡世回生》，則由溫德貴帶到大陸刊印。整個行程，溫德貴有所記錄：

> 余自四十八歲時在飛鳳山代勸堂經理効勞。因廟宇造就，奉三恩主箕派回唐督刊《渡世回生》善書，並往江西引見天師求符及玩各處勝景名山。辛丑年六月十三日由鍾添進繼滿叔家中齊集。丑刻起程往鳳山崎頂坐車，至稻埕街高四伯榮春棧內，宿四晚。此際臺北艋舺四處時行瘟疫……十七日由臺北乘火車出滬尾街江夢居住店……二十一日乘日人大火輪，船號大義丸，午後四點鐘啟行，至二十二日午前八時到廈門街港口鼓浪嶼前，請小船，乘至水仙宮前上岸，至三十六崎頂嘉應州人葉發伯悅來館客棧，住

9　王見川〈光復前臺灣客家地區鸞堂初探〉頁 306。
10　王見川〈光復前臺灣客家地區鸞堂初探〉頁 306。
11　轉引自李玉昆〈海峽兩岸的關帝信仰〉頁 379，泉州市區民間信仰研究會編《關岳文化與民間信仰研究》，廈門大學出版社，2008 年。文中「重建」從文脈及碑名來看，應是「新建」之誤。
12　李玉昆〈海峽兩岸的關帝信仰〉頁 378-379。

宿九天。二十三日往南普陀山觀音廟進香。二十四日往白鹿洞朱夫子廟及書房又虎溪岩佛祖廟進香，七月初一日由廈門港乘小輪船號飛龍。午前八時啟行，午後三時至安海街洪復春號客棧，宿一晚。申中刻，往龍山寺佛祖進香……愚至十二日乘病起程，由泉州府出東門外，有一東岳大帝廟，石牌樓甚多，至十里亭（十里），由十里亭至土差（十里），…捌月二十八日，由天師府衙內起程回家……至九月十九日到南臺鎮小船內（宿一晚），貳拾日仍到福省陛館，住宿十一天。因邱永河染病並候船期，所以延遲。遊各處賞玩，往省城隍看戲……九月二十九日與劉奇清、余慎齋三人乘小船至鼓山湧泉寺進香玩各景。十月初二日由陛館出南臺街港口，乘小船至馬尾港街（宿一晚），初三日，乘小船出港至日人大火輪船，號平安丸。午前八時啟行，至初四日，與林水弟復往泉州。二十五日，仍在城內敬送善書。二十六日邀林會川三人，全至南安縣城內又往至松仔嶺下（宿一晚）申中刻，全辦牲儀，往鳳崎郭聖王公廟酧宅舊願，隨路發送善書。二十八日回轉下蘇村，二十九日至泉州府城內廣平倉古地謝老爺之子阿再書坊（宿三晚），此時李協臺……有年請到衙內扶鸞。因三義河鸞友何旭辰目疾，叩求施方。十二月初三日，由泉州至安海街（宿一晚）。由安街港乘小船輪至廈門閒各街道溫福安堂藥舖，係嘉應州家侯五爺店，敬送善書，十三日乘小船上水道至漳州府衙前左片宜文堂坊內，住宿五天，城內各處發送善書，十八日乘小船回轉石馬街家侯五店內，酉刻諸友邀往獅頭山下鄭家村建醮觀結彩樓三柏巍峩輝煌勝景……十九日乘小輪船回至廈門。三十六崎頂悅來館。……二十二日午後四時坐火車入大稻埕榮春棧。二十五日乘小船復出滬尾請日官試驗書籠。二十六日經驗後回臺北。二十七日由榮春棧起程乘火車。戌刻至紅毛田劉海家。二十八日時始別家中。余自光緒二十七年辛丑歲季夏月回唐，付梓刊。[13]

　　林會川當時是感化堂鸞生，可能也是送鸞書去大陸刊印的。從其與溫德貴一同在大陸南安一帶送善書，可知溫德貴與苗栗鸞堂有所往來。

---

[13] 此份資料是鄭寶珍首先使用，見其《日治時期客家地區鸞堂發展：以新竹九芎林飛鳳山代勸堂為例》頁62-64。感謝鄭寶珍惠賜此資料影本。

這一點，也可以從飛鳳山代勸堂鸞書看到。[14]當時，溫德貴送的善書，應該是飛鳳山代勸堂鸞書《渡世回生》。此書至少有四卷，目前僅存卷四。書中非常重視剛發生或不久前發生的「現報」[15]，常引九芎林或芎林附近的「現報」作案例，提醒世人應重因果報應，注意自身行為，潔身自愛，免除禍害。

此外，《渡世回生》中也頗重普施幽冥之事。[16]整個儀式要先派定天君等神明在外案鑒壇，上放一烏令，中案列三恩主，旁列天君。鸞生立在臺上，誦往生咒。五人跪送《明聖經》，九人嚴肅領凜遵。又在《渡世回生》中我們看到范文進、曾文維諸生已不太守規矩。所幸，這些人都非飛鳳山代勸堂核心人物。由於現存《慈心醒世新篇》殘缺，代勸堂創建初期鸞務與執事人員大致如下：

　　施主兼副鸞生鍾琳水　　副鸞生兼誦經文詹松茂
　　執事生兼掃砂何致和、范文進　執事生兼司香曾文維
　　經理廟宇人　邱庚龍、何禮賢、姜榮禎、劉朝品
　　　　溫德貴、劉仕裕、詹松茂、賴清文、鍾逢源
　　校正生　　　　彭裕謙藍炳燃

對照其他相關資料，堂主應是溫德貴。他也兼抄錄生，而正鸞生則是楊福來。

代勸堂廟前己亥年（1899）碑文記錄當初發起興建者：

廟地施主兼經理人	鍾逢源	總經理人	邱庚龍
經理總代人	劉朝品	經理人	溫德貴
正經理人	劉錦輝、楊福來、詹松茂		
副經理	姜榮禎、林學源		
協理外務	魏盛唐、劉逢源、范如鵬、韓新全		

---

[14] 《渡世回生》卷四，頁48，王見川、李世偉等編《民間私藏臺灣宗教資料彙編：民間信仰、民間文化》第一輯第9冊，頁398。

[15] 《渡世回生》卷四，頁30、32，王見川、李世偉等編《民間私藏臺灣宗教資料彙編：民間信仰、民間文化》第一輯第9冊，頁362、366。

[16] 《渡世回生》卷四，頁32，王見川、李世偉等編《民間私藏臺灣宗教資料彙編：民間信仰、民間文化》第一輯第9冊，頁366-367。

辛丑年（明治 34 年，1901）秋建造拜亭經理姓名則是這些人員：

總經理庫房人	邱庚龍	經理總代人	劉朝品
正經理人	劉錦輝、楊福來、劉如棟、劉仁超		
倡首拜亭經理人	賴松生	副經理人	鍾成生、楊褚振[17]

這些人，有的如彭裕謙來自北埔，是光緒乙亥秀才。[18]有的是來自竹北一堡鹿寮港，如魏盛唐，也是秀才且懂醫務。[19]其餘大都是當時芎林、竹東地區的士紳。之中的劉逢源、林學源、劉仁超等人，都參與彭殿華「明復堂」戒煙活動。由此可知，代勸堂的戒煙活動應與明復堂有關。不過，要說明的是，代勸堂鸞務實際負責人並非上述諸人，而是另有他人。在代勸堂鸞書《覺世金篇》（1901）上記著該堂主要鸞務執事：

正堂主總理鸞務生	黃順生	副堂主	黃福生
正鸞兼乩錄監訂生	潘啟祥	正鸞兼堂務生	楊福來
副鸞兼司茶謄錄生	江勝全	副鸞兼潔神案生	潘有桂
校對生	童炳元	抄錄兼乩錄生	徐坤生[20]

明顯可知，代勸堂的核心人物是正堂主總理鸞務生黃順生、正鸞楊福來、潘啟祥，日警調查報告所言的溫德貴[21]，並不在其中。當時《覺世金篇》著造完成，即由黃順生帶到泉州刊刻。《善誘金篇》即云：

喜爾黃子順生為堂主，看淡資財…潘子啟祥殷殷扶鸞…江子勝全處世誠實，不辭勞苦。爾三子又能回泉刊刷書篇，實有英豪之象…楊子福來……贊襄有志[22]

當時，黃順生等人刊刻的鸞書，除《覺世金篇》外，尚有《渡世歸真》。[23]他們三人是明治 35 年（1902）五月去泉州刊刻鸞書，其中黃順

[17] 王見川《臺灣的齋教與鸞堂》，頁 298。

[18] 鷹取田一郎《臺灣列紳傳》頁 132，桃園華夏書坊複印出版，2009 年。

[19] 鷹取田一郎《臺灣列紳傳》頁 136。

[20] 《覺世金篇》（代勸堂，1901 年冬）卷一，頁 1-2。

[21] 王世慶前揭文，頁 428。

[22] 《善誘金篇》卷六，頁 18。

[23] 《善誘金篇》卷六，頁 18。

生還順道去南安廣澤尊王祖殿鳳山寺請聖像。[24]八月初鸞書一出版，隨即回臺。代勸堂人員接受神明指示，準備盛大歡迎活動。《善誘金篇》即云：

> 壬寅年八月初三日……明天……呂恩主指示……本堂新書至初八日必回堂矣。爾等可預早傳齊。殷商及鸞下等兼備彩旗鼓樂到九芎林街恭接，切記……[25]

這時的代勸堂可說是黃順生、潘啟祥最為風光，楊福來雖居正鸞，但也只是「贊襄有志」。從現存資料來看，當時代勸堂至少有下列鸞堂來分香：[26]

號次	堂名	地區所在	活躍年代	備註
1	修省堂	苗栗西湖	1900-1901	
2	重華堂	苗栗西湖	1902	
3	樂善堂	苗栗西湖	1902	後稱德龍宮
4	獅頭山勸化堂	竹南	1901	
5	文德堂	苗栗頭屋	1913	後稱文德宮
6	警醒堂	苗栗頭屋		後稱五聖宮
7	大洞堂	苗栗頭屋	1901	後稱玉衡宮
8	濟世宮	苗栗頭屋	1928	
9	濟善堂	苗栗市	1900	後稱五文昌廟
10	西山昭明堂	苗栗市		後稱西山聖帝廟
11	勤善堂	苗栗銅鑼	1908	後稱勤善寺

這些鸞堂大都是聞名而來，有的是想戒煙，有的想學扶鸞。代勸堂之所以盛名在外，可能與其著書很多等因素有關，但其中著名的正鸞楊福來也扮演重要吸引信眾角色。

---

24 《善誘金篇》卷五，頁 17。類似情況，在明治 34 年（1901）已經出現。新埔善勸堂鸞書《挽本求真》記載一例。其卷六云：「吾神在堂暫候，與陶天君協護同往刊書。順回鳳山寺參謁尊王，仍候新書刊成，保護回堂可也。」，王見川、李世偉等編《民間私藏臺灣宗教資料彙編：民間信仰、民間文化》第一輯第 8 冊，頁 600。

25 《善誘金篇》卷三，頁 31。

26 王見川主持、李世偉、范純武協同、劉文星等助理《桃竹苗地區鸞堂收藏文獻調查暨數位典藏計畫期末成果報告書》頁 90-103。

　　以往，研究者大都相信不少苗栗與中部鸞堂到代勸堂是尋求戒菸的，而楊福來則是該舉行戒菸儀式的關鍵人物。資料記載，楊福來是鸞堂戒煙活動，往苗栗、臺中等地蔓延的主導者，因此頗受日本警方的注意[27]。其實，這是個錯覺。雖然代勸堂鸞書有記載戒菸方式與藥方，但其效果並不佳，新埔支署日警調查：「新埔又設有鸞堂。明治三十四年（1901）內立庄鴉片煙癮者二十五人曾請九芎林鸞生楊福來扶鸞祈禱戒菸但成效不佳」。[28]可見，楊福來其扶鸞專長不在戒菸。從代勸堂短短幾年著造四本鸞書來看，楊福來的專長特點在扶鸞著書，這與他的文化背景有關。

　　據日警調查，楊福來號修爵，生於同治 13 年（1874）。其原籍為廣東省潮州府城內人，祖父時代才來臺。照《公文類纂》記載，楊福來在十二、三歲至十七、八歲期間，曾從劉仁球、楊阿林、彭福國、劉錦標等四人學習漢文。之後在竹北二堡鹹菜棚下橫坑庄開過書房，也當過溢口庄教員，最後任教於燥坑庄。明治 32 年（1899）7 月，他攜帶代勸堂首部善書《慈心醒世新篇》稿本，至泉州付梓。其間，除購買《明聖經》、《灶君經》、《宣講集要》等書外，據云亦透過當地人買得「秀才」功名[29]。

　　從現存資料來看，在代勸堂期間，楊福來共著有下列諸書[30]：

號次	善書名稱	著作年代	出版地	卷數	備註
1	《慈心醒世新篇》	1899	泉州	五卷	存卷一
2	《渡世回生》	1901	泉州	不詳	存卷四
3	《覺世金篇》	1901~1902	泉州	四卷	存卷一，前有不少當地文人序文

[27] 王世慶前揭文，頁 458。
[28] 鄭寶珍《日治時期客家地區鸞堂發展：以新竹九芎林飛鳳山代勸堂為例》頁 125。
[29] 《元臺北縣公文類纂》明治 34 年，永久保存第四六卷，降筆會案卷。
[30] 王見川〈光復（1945）前臺灣鸞堂著作善書名錄〉頁 176-181，《覺世金篇》卷一序文部份。
　　王見川、李世偉等編《民間私藏臺灣宗教資料彙編：民間信仰、民間文化》第一輯第 9、12、15 冊。王見川主持、李世偉、范純武協同、劉文星等助理《桃竹苗地區鸞堂收藏文獻調查暨數位典藏計畫期末成果報告書》頁 417、426、437、450。

| 4 | 《渡世歸真》 | 1901~1902 | 泉州 | | 未見 |
| 5 | 《善誘金篇》 | 1902 | 臺灣新竹 | 八卷 | 存卷一、二、三、五、六，大正十五年（1926）印刷 |

　　其中《覺世金篇》是應頭份街黃順生等苗栗、竹東人士之請著造的[31]，此時正逢日警取締鸞堂戒煙之際。由此可見，（一）楊福來雖受監視，但仍能著作鸞書；（二）楊福來確與苗栗人士有所往來。《善誘金篇》還保留一篇「訓苗栗重華堂鸞下」詩句。[32]其實，楊福來的人際網絡，相當廣闊，在明治時代，不只苗栗，臺中東勢角一帶亦曾見到其足跡[33]。大正年間（1912-1925），其更遠赴高雄、屏東等地，幫忙著書。這裏需要說明的是，楊福來在大正年間已不當正鸞扶鸞，只指導各堂扶鸞禮儀規矩與幫忙校正鸞書。

二、日據中期（1913-1936）臺灣中南部客家地區的鸞堂與楊福來

　　日據中期，臺灣北部客家地區的鸞堂，大都停止扶鸞活動，連代勸堂亦不例外。這主要是受到二項因素影響：

　　1、西來庵事件的波及。[34]

　　2、正鸞生的離去或死亡。

　　與此相對，中、南部客家地區反而出現一些鸞堂，頗為活躍。據現行資料整理如下[35]：

---

[31] 《覺世金篇》卷一，頁 11-12。

[32] 《善誘金篇》卷五，頁 17。

[33] 王世慶前揭文，頁 458。

[34] 關於西來庵事件與鸞堂之關連，參見王見川〈西來庵事件與道教、鸞堂之關係－兼論其周邊問題〉，收入王見川、李世偉《臺灣的宗教與文化》，臺北博揚文化公司，1999 年。至於西來庵扶鸞情況，見王見川〈余清芳事件前的白龍庵與西來庵：兼談正心社〉，《臺南文獻》第八輯，頁 146-158，2015 年 12 月。

[35] 如王見川〈光復（1945）前臺灣鸞堂著作善書名錄〉、王志宇《臺灣的恩主公信仰》（臺北文津出版社，1997 年）、興善堂《興化新篇》（1930 年）、醒化堂《贊化新篇》（1928 年）、廣善堂《擇善金篇》（1921 年）、《玉冊金篇》（1936 年）、新化堂《善化新篇》（1931

號次	堂名	地區所在	活躍年代	備註
1	樂善堂	高雄杉林月眉	大正 3 年-昭和 5 年（1914-1930）	該堂堂主劉慶霑，正鸞黃錫勳，關係鸞堂為飛鳳山代勸堂，著有《覺夢真機》、《妙化金篇》等書。
2	廣善堂	高雄美濃	大正 8 年-昭和 11 年（1919-1936）	著有《擇善金篇》、《玉冊金篇》等書，楊福來校正。
3	廣化堂	高雄美濃	昭和 2 年-11 年（1927-1936）	《福神醒世金經》
4	醒化堂	彰化永靖	昭和 3 年-11 年（1928-1936）	著有《贊化新篇》，正鸞曾朝宗，修正生楊福來。
5	興善堂	員林坡心庄	昭和 5 年-11 年（1930-1936）	正鸞李木杞，修正生楊福來，著有《興化新篇》。
6	福泉堂	屏東內埔庄	昭和 3 年-11 年（1928-1936）	關係鸞堂是月眉樂善堂、美濃廣善堂，著有《復醒金箴》等書。
7	新化堂	屏東內埔新北勢	昭和 6 年-11 年（1931-1936）	堂主鍾阿鴻，正乩楊福來及女鸞生多人，著有《善化新篇》《濟世金丹》。
8	覺化堂	彰化永靖	昭和 7 年-11 年（1932-1936）	堂主為庠生陳儀亭，鸞生高光智，著有《延平郡王救苦經》、《因果錄》（1936），楊福來任修正生。
9	警化堂	員林	昭和 9 年（1934）	堂主是魏錫清，副堂主劉世標，著有《三山國王救劫真經》《雷音果報》。
10	錫壽堂	彰化永靖	昭和 11 年（1936）	著有《喚醒奇篇》。

年）、覺化堂《延平郡王救苦經》（1932 年）、宣化堂《天上聖母警世真經》（日據時期）等書以及鄭寶珍前揭碩論，頁 115-143。

號次	堂名	地區所在	活躍年代	備註
11	宣化堂	旗山福安庄	日本時代中期（約在1921年）	堂主鍾景興、鍾永昌，正鸞為楊福來，著有《城隍警世真經》《天上聖母警世真經》。
12	誘善堂	員林	昭和5年（1930）	
13	醒悟堂	臺中	昭和5年（1930）	
14	修信堂	員林二水	1924	楊福來教經懺
15	久靈堂	埔里	1925	楊福來協助
16	參贊堂	埔里	1925	楊福來協助
17	醒靈宮	北斗竹塘	1926	楊福來幫忙慶讚中元
18	三化堂	員林坡心庄	1930	楊福來主懺

　　有的學者說：這些鸞堂，大致有二個源頭[36]：一是由萬巒廣善堂分出，如美濃廣善堂，內埔福泉堂，新北勢新化堂等[37]。二是永靖廣善堂派下，如醒化堂、興善堂、覺化堂、警化堂等[38]。這個說法有點問題，實際上美濃廣善堂與萬巒廣善堂無關，是分香自杉林鄉月眉樂善堂[39]。永靖廣善堂，照《寺廟臺帳》記載，是陳儀亭等人，於明治33年（1900）聞臺中東勢角石岡庄講道堂戒煙，乃前往分香成立的[40]。而廣善堂人員所寫沿革，則說該堂是聞飛鳳山三恩主在講道堂戒煙，遂前往迎香火設立的[41]。由此可知，廣善堂系統的鸞堂應屬於飛鳳山代勸堂衍伸而來的，

---

[36] 王見川〈光復前臺灣客家地區鸞堂初探〉頁308。

[37] 鍾壬壽《六堆客家鄉土誌》，頁326，常青出版社，1973年。

[38] 王志宇將其歸為三興堂派下，見氏著《臺灣的恩主公信仰》頁36。因三興堂之源頭乃廣善堂且覺化堂亦是廣善堂創始人陳儀亭（又作停）所設立，故將這些堂歸為廣善堂系統。

[39] 張二文《六堆客家地區鸞堂與鸞書之調查研究》頁42-43與張有志《日治時期高雄地區鸞堂之研究》頁65-69。

[40] 《寺廟臺帳》「彰化」（1917年左右）廣善堂部份。

[41] 〈廣善堂由來史蹟〉，收於廣善堂《關聖帝君應驗明聖經·正關聖帝君百首籤解》（1993年重印本），另見王志宇前引書，頁34。

非如王志宇所言其傳承來自漳州[42]。

　　上表顯示的事實，是楊福來在日據中期常至中、南部客家地區鸞堂，幫忙著書。以往我認為：楊福來在大正 3 年（1914）首先參與月眉樂善堂的著書工作，協助校正《覺夢真機》。後來的研究究證明我的說法有誤[43]，應修正為楊福來在大正年間尚未與月眉樂善堂發生關係。

　　在大正 3 年（1914）到月眉樂善堂《覺夢真機》的正鸞是苗栗的劉石恩。這個劉石恩是第一個將北部鸞法傳到南部客家地區的鸞手，出身公善堂，而非苗栗玉清宮。[44]依時間順序來看，楊福來最晚在大正 10 年（1921）即來美濃，幫廣善堂著造《擇善金篇》。昭和 3 年（1928），他開始到永靖醒化堂協助校正《贊化新篇》。之後陸續往來於內埔、員林等客家區傳授鸞法與協助著書[45]。王志宇書中所言彰化、員林、永靖鸞堂與楊福來有關，是在戒煙運動時期，可能是有問題的。[46]

　　他之所以應邀到這些客家地區，幫忙著書，主要有三項因素：（一）他是當時客家人中最著名的正鸞；（二）也是頗具名度的經懺專家（三）這些堂中有一些曾與飛鳳山代勸堂建立關係。如美濃廣善堂即是其一。《擇善金篇》即記著鸞生林富廷、林恩貴二人「於己未年（1919）11月 13 日，在飛鳳山代勸堂叩請父子同堂會話」[47]一事。

　　以往，我們只看到楊福來鸞生（正鸞與校正）的身份，最近鄭寶珍、張二文的研究成果，顯現楊福來精通佛教經懺的面向[48]。這是他在日警關切鸞堂戒鴉片煙癮（1901 年）壓力下，尋求出路的結果：先學佛教金幢派，並拜新竹存齋堂主黃清海為師習道場科儀，後在 1904 年建雲

[42] 王志宇前引書，頁 34-35。

[43] 張有志《日治時期高雄地區鸞堂之研究》頁 59-60。

[44] 張有志《日治時期高雄地區鸞堂之研究》頁 59-60。

[45] 如王見川〈光復（1945）前臺灣鸞堂著作善書名錄〉、王志宇前引書、興善堂《興化新篇》（1930 年）、醒化堂《贊化新篇》（1928 年）、廣善堂《擇善金篇》（1921 年）、《玉冊金篇》（1936 年）、新化堂《善化新篇》（1931 年）、覺化堂《延平郡王救苦經》（1932 年）、宣化堂《天上聖母警世真經》（日據時期）等書。

[46] 王志宇《臺灣的恩主公信仰》頁 48。

[47] 《擇善金篇》卷六，頁 22。

[48] 鄭寶珍《日治時期客家地區鸞堂發展：以新竹九芎林飛鳳山代勸堂為例》頁 115-140、張二文《六堆客家地區鸞堂與鸞書之調查研究》頁 42-73。

谷寺。1914 年到五指山設教，1919 年拜新竹竹壽寺佈教師學習，隔年得度試驗及格，後組「佛教研究會」研究佛法與經懺。[49]之所以要做此說明，是要呈現楊福來在 1901 年後其實一直在進修佛教科儀，並成為佛教法事專家。他這樣做的目的，除宗教精進外，主要作為職業考量。也就是說，在 1901 年後幾年，楊福來可能是以幫人作法事為生。在 1920 年-1935 年間他之所以孜孜不倦，頻繁在中南部客家鸞堂奔波，除了鸞生的使命感外，最主要的員因恐怕是他需要錢供家人生活與改善家境。[50]《擇善金篇》卷二云：「楊生明天要回家，亦宜恭敬厚待奉酬，切切此示。楊生扶鸞可也，至其爾等酬勞之事，要大禮相助。」[51]這是楊福來 1920 年幫美濃廣善堂著作《擇善金篇》，廟方給酬勞的情況。幫助扶鸞著書已是大禮厚酬，主懺、慶讚中元當然酬勞更多，由此可見，經濟壓力一直是他楊福來到中南部客家鸞堂幫忙著書主懺的最大動力！

　　根據資料，昭和 11 年（1936），皇民化運動前夕，楊福來尚孜孜不倦於中、南部客家鸞堂著書[52]。這可說是日本時代他個人事蹟的最後蹤影，亦是當時臺灣客家地區鸞堂最後的活動紀錄。

三、結語

　　桃竹苗客家地區鸞堂來源多端，據筆者研究，至少有四大系統：（一）參化堂系統，（二）戒鴉片菸的明復堂（後稱復善堂）系統，（三）著書為主的宣化堂系統，（四）代勸堂系統。[53]其中，以代勸堂系統影響最大。

　　經過以上論述，我們得到幾個結論：

　　1.飛鳳山代勸堂是臺灣鸞堂中最早將鸞法、鸞務（如戒煙、開方、

---

[49] 鄭寶珍《日治時期客家地區鸞堂發展：以新竹九芎林飛鳳山代勸堂為例》頁 111-115。

[50] 鄭寶珍《日治時期客家地區鸞堂發展：以新竹九芎林飛鳳山代勸堂為例》頁 119-122 對楊福來當時家境困苦情況有詳細的描述。

[51] 《擇善金篇》卷二頁 8。又見張二文《六堆客家地區鸞堂與鸞書之調查研究》頁 48-49。

[52] 參見《玉冊金篇》及王志宇前引書，頁 48。

[53] 見川主持、李世偉、范純武協同、劉文星等助理《桃竹苗地區鸞堂收藏文獻調查暨數位典藏計畫期末成果報告書》頁 117。

著書）傳到中國大陸的鸞堂。其影響廣大，遍及閩南一帶，當地民眾還因此建立關帝廟「崇義廟」。飛鳳山代勸堂，可說是臺灣廟與反饋大陸最早的例子。

2.臺灣早期鸞堂著書完成，大都由鸞生帶往大陸漳泉一帶刊刻。可是其細節，從無人討論，幾乎沒人知曉。本文代勸堂著書刊印的例子，填補此方面的空白。透過此例可知這些鸞生攜帶鸞書到唐（大陸），除刊刻鸞書外，還在當地與其他地方贈送印好的鸞書，擴大影響力。並在刊印期間遊覽、進香。更積極者還教當地人扶鸞開方。這些都是清末（日本時代初期）兩岸交流被忽略的面向。

3.日本時代中期中、南部客家地區鸞堂來自新竹代勸堂與苗栗玉清宮鸞生的指導。其中的著書活動，得到楊福來很大的協助。當時竹苗客家地區鸞堂鸞法主要有二類型：神降與遊冥。[54]楊福來是採遊冥方式著造鸞文，所以他主持或協助鸞書中常出現十殿閻王審理罪犯「現報」的案例，來勸誡民眾。

附記：本文根據王見川主持、李世偉、范純武協同、劉文星等助理《桃竹苗地區鸞堂收藏文獻調查暨數位典藏計畫期末成果報告書》（客家委員會客家文化發展中心，2016 年 9 月）頁 81-90，111-120 修改而成。初刊於《臺北城市科技大學通識學報》第六期，頁 221-235，2017 年 3 月。此次收入本書，除了改正初刊的注釋錯誤等，文中也增添一些新內容。

---

54 王見川主持、李世偉、范純武協同、劉文星等助理《桃竹苗地區鸞堂收藏文獻調查暨數位典藏計畫期末成果報告書》頁 117。

光復（1945）前臺灣鸞堂著作善書名錄

一、

在臺灣，原本屬於冷門的「善書」研究，最近突然變為熱門課題，這當然與民間文化受到重視有關。另外，由於本土化潮流的影響，臺灣善書亦引起相當關注。有的學者認為百年來臺灣與中國的疏離，臺灣民間刊印的善書，已具獨特性行（主體性），不完全相同於中國善書[1]。果真如此嗎？

對於這樣的問題，並非一時之間就能回答，需要長期的研究，因為現有臺灣善書的研究，仍存在大段的空白。特別是臺灣民間究竟著作刊刻多少善書？這一問題，恐怕是值得探究的。

較早對臺灣流行的善書，作書誌學研究的是蔡懋棠和鄭喜夫。隨後，魏志仲、林永根亦根據所搜集到鸞堂著作的善書，作一目錄[2]，大大充實了此方面的資料。本善書名錄，即在這些先輩的研究業績上，添加自己在（1）田野調查（2）收藏家（3）中研院民族學所、世界宗教博物館、輔仁大學神學院圖書館等處所見，並參考《醒世全書》第二冊、《覺悟選新》[3]、張之傑《臺灣善書小說選》等文，繪製而成的。惟不同的是下表登錄的是按鸞書著作年代，非刊刻時間。

---

[1] 鄭志明〈臺灣善書研究的回顧〉頁 1，「東方宗教討論會 1995 年年會」論文頁 1-19，1995年 11 月。

[2] 參見王見川〈臺灣鸞堂研究的回顧與前瞻〉頁 7-9，22-24，《臺灣史料研究》6 號，1995 年8 月。魏志仲編的目錄是《臺疆儒宗神教法門著造善書經懺史鑑》，臺北清正堂，1977 年。林永根書是《鸞門暨臺灣聖堂著作之善書經懺考》，臺中聖德雜誌社，1982 年。鄭喜夫〈清代臺灣善書初探〉，《臺灣文獻》33 卷 3 期，頁 7-36。蔡懋棠〈臺灣現行的善書〉（正），《臺灣風物》24 卷 4 期，頁 86-117。其中林永根書中鸞堂著作善書目錄部份，多抄自魏志仲書，尤其是澎湖鸞堂著作善書部份。但因林永根書流傳較廣，文中還是以參考林書為主！

[3] 指的是《覺悟選新》1978 年重印本，卷八末所附澎湖鸞堂著書一覽表。

二、

　　從下表目錄，我們可以知道，臺灣鸞堂雖經明治三十四年（1901）和大正四年（1915）二次的嚴厲取締，但其著作善書的現象，一直沒有間斷。一般認為 1937 年，總督府當局取消公學校漢文課和廢止報紙漢文欄，臺灣漢文傳統已被阻斷。

　　其實，從善書層面，可以看到這樣的評斷，並不正確。皇民化運動時期，鸞堂仍在活動，大批的善書著作出版，甚至在太平洋戰爭（1941）後，尚有一些鸞堂著書出版。就目前所知，除了《迷津寶筏》是中、日文合刊外，其餘的善書都是用漢文書寫的。

　　這一時期，採用漢文著作的書籍，尚有《孔教報》（昭和十二年~十三年）、《文帝本願經》（民國三十年）、《崇聖道德經》（昭和十四年~十七年）、《皇民奉公經》（昭和十九年）。可見，臺灣人民在皇民化時期表面上雖不能使用漢文，但在民間中，仍有其流通，運用的空間。

三、

　　清末日據初期臺灣鸞堂著作的善書，大多拿到中國原籍地請序、刊刻，迄大正時期，才逐漸在臺灣出版。這一現象凸顯出清末日據初期臺灣扶鸞著作的善書仍與中國文化有密切關係。只要翻閱此一時期的鸞書，尚難找到以臺灣人民事蹟作為案證的例子，就可略窺一斑。即使是在皇民化時期著作的鸞書，其內容大多仍是前清背景。依此來看，所謂乙未割臺迄今百年間，臺灣民間刊印的善書，已有其主體性的論斷，是有其問題。

　　（本文撰寫得到李世偉、張之傑、林漢章、康豹、潘元石、世界宗教博物館等機構之幫助，特此致謝！）

善書名稱	著作年代	著作鸞堂	出版地點	卷數	備註
蘭書善錄	光緒庚寅年（16 年，1890）	宜蘭鑑民堂			又叫《化蘭全書》
善錄金篇	光緒辛卯年（17 年，1891）	宜蘭醒世堂	廈門文德堂	是集分為八卷。書中附纂輯眾問症判案集《驚夢奇新》	全書係醒世堂，施善堂合作降鸞，新民堂，鑑民堂幫忙。前有李望洋序，後有蕭贊廷，林以佃，李望洋等人捐錢助印
警世盤銘	光緒辛卯年（17 年，1891）	宜蘭新民堂		全書十二卷，內附問判症集《醒夢新編》	書前有蕭贊廷和李望洋的序文
奇夢新篇	光緒辛卯年（17 年，1891）	宜蘭鑑民堂		四卷	據《醒世全書》第二冊
喝醒文	光緒辛卯年（17 年，1891）	宜蘭未信齋書室	泉郡輔仁堂	一卷	正鸞林以時，陳希疇，朱訓年
覺悟選新	光緒壬辰年（18 年，1892）	澎湖樂善堂（一新社）		八卷	原書卷一至八，於光緒 19 年刊行，前附周嘉樹序言。此書於1978 年改版重刊。原書卷七、八亡佚，新加入卷七、八文章，係1901~1903 年所降。
治世金針	丙申年（明治29 年，1896）	宜蘭碧霞宮（坎興乩堂）	廈門文德堂	分宮商角徵四卷又名重視三才	正鸞李宗璜，陳登第，總董陳祖疇
渡世慈帆	光緒丙申年（明治 29 年，1896）	宜蘭頭圍喚醒堂	漳洲城內南臺廟街多藝齋刻坊	分正，心，修，身，克，己，復，禮八部。內附問症判驗集《悔悟奇書》。	前附楊士芳序文。正鸞吳炳珠，堂主莊國香。卷末列庠生陳掄元和楊士芳，李及西等捐錢助印。
醒世新篇	光緒丁酉年（明 30 年，1897）	臺南城西正心社共善堂		十卷	據《醒世全書》第二冊
慈心醒世新編	光緒己亥年（明治 32 年，1899）	新竹九芎林飛鳳山代勸堂		五卷	據《醒世全書》第二冊
識破新新	光緒己亥年（明治 32 年，1899）	新竹九芎文林閣復善堂		六卷	前有校正生魏盛唐序文
慈世新篇	己亥年（明治32 年，1899）	嘉義月津慈世堂		八卷	前有鸞生葉瑞西序文
渡人寶筏	光緒己亥年（明治 32 年，1899）	新竹喚夢堂		四卷	據《醒世全書》第二冊

濟世金丹	光緒己亥年（明治32年，1899）	澎湖馬公養善堂		分格，致，誠，正，修，齊，平，治八卷	據林永根書
濟世仙丹	光緒己亥年（明治32年，1899）	新竹宣化堂	泉州靈慈宮成文堂	分文，行，忠，恕四卷（部）	洪錦復彫刻，前附黃搏扶序文。正鸞黃錫祉，堂主鄭冠三
啟蒙寶訓	光緒己亥年（明治32年，1899）	新竹宣化堂		二卷	前有吳鍾麟題字
挽世太平	光緒己亥年（明治32年，1899）	新竹平林庄奉勸堂	泉州崇經堂	八卷	乙巳年重華堂重印
現報新新	光緒己亥年（明治32年，1899）	新竹樹杞林明復堂		上下二冊	彭殿華總理，關係鸞堂靈妙堂
繼世盤銘	光緒庚子年（明治33年，1900）	新竹贊化堂	泉州道口街郁文堂書坊	分子，丑，寅，卯，辰，巳，午，未八卷	前有李清琦，黃搏扶，黃謀烈，洪里仁等人的序文
關帝明聖真經	光緒庚子年（明治33年，1900）	新竹宣化堂			該堂刻印之善書
醒世歸真	光緒庚子年（明治33年，1900）	新竹波羅汶莊益善堂	泉州靈慈宮成文堂林坤司鋪	禹、聞、善、言、則、拜六部	堂主張陳貴，正鸞陳鏡清。該堂設在三元宮中。此書前有黃搏扶，吳鍾麟序文，後附渡世新新二卷。關係鸞堂頭城喚醒堂
挽世金編（篇）	光緒庚子年（明治33年，1900）	基隆正心堂	泉州靈慈宮林坤司鋪	八卷	關係鸞堂新竹宣化堂，文山堡集文堂和指南宮
訓世良箴	光緒庚子年（明治33年，1900）	臺北三重埔興直堡集福堂	泉郡成文堂	詩書易禮春秋六卷	關係鸞堂文山堡集文堂，新竹宣化堂、贊化堂、興善堂、復善堂
齊省寶鑑	光緒庚子年（明治33年，1900）	苗栗一堡南勢坑庄警世堂	泉州郁文堂	天地人三卷	世界宗教博物館藏
濟世清新	光緒庚子年（明治33年，1900）	新埔太平窩莊善勸堂	廈門多文齋	天地春夏秋冬六卷	世界宗教博物館藏
功過格	光緒庚子年（明治33年，1900）	嘉義月津同善社慈世堂			1939年黃來成重刊本是臺南昌仁堂發行

忠孝集	光緒庚子年（明治33年，1900）	淡水行忠堂		八卷	李宗範等闔族叔姪弟兄，建此鸞堂
醒世詩（初，二集）	光緒庚子年（明治33年，1900）	淡水行忠堂			光緒壬寅年（明治35年，1902）增刪，1949年重印
如心錄	光緒庚子年（明治33年，1900）	臺北金瓜石勸濟堂	廈門	元、亨、利、貞四部	前有黃搏扶序文。此書由行忠堂鸞生李宗範，李銅池等幫忙著作，昭和十二年重刊
渡世回生	光緒辛丑年（明治34年，1901）	新竹九芎林代勸堂		八卷	據《醒世全書》第二冊
復初編	光緒辛丑年（明治34年，1901）	宜蘭羅東勉民堂	漳州多藝齋	四卷	前有校正生張捷元序文
節義寶鑑	光緒辛丑年（明治34年，1901）	三芝智成堂	廈門多文齋書坊	正、心、修、身、克、己、復、禮八部	正鸞郭木生（秀山），堂主郭石定（清輝），此書1983年重印
豁落靈官王天君真經	光緒辛丑年（明治34年，1901）	新竹二堡大溪垾紅瓦屋勸善堂	廈門多文齋善書局	一卷	此書為鸞堂捐印，非著造
濟世仙舟二集	光緒辛丑年（明治34年，1901）	新竹宣化堂		八卷	前有黃炳南序文
真中果報	光緒辛丑年（明治34年，1901）	苗栗志善堂		甲、乙、丙、丁、戊、己、庚、辛、壬、癸十卷	據《醒世全書》第二冊
雷霆鑑	光緒辛丑年（明治34年，1901）	臺北稻普化堂		八卷	關係鸞堂淡水行忠堂
濟世回春	光緒辛丑年（明治34年，1901）	大嵙嵌（大溪）普濟堂		八卷	據《醒世全書》第二冊
梅開醒世	光緒辛丑年（明治34年，1901）	新竹樂善堂		分取、善、輔、仁四卷	據林永根書
化俗新編	光緒辛丑年（明治34年，1901）	澎湖湖西鄉向善堂		分乾、兌、離、震、巽、坎、艮、坤八卷	據林永根書
醒悟新書	光緒辛丑年（明治34年，1901）	澎湖湖西鄉養性堂		分元、亨、利、貞四卷	據林永根書

濟世慈航	光緒辛丑年（明治34年，1901）	澎湖龍門村友善堂		分諸、惡、莫、作、眾、善、奉、行八卷	據林永根書
盤銘又新	光緒辛丑年（明治34年，1901）	新竹贊化堂		六卷	據《醒世全書》第二冊
換骨金丹	光緒辛丑年（明治34年，1901）	新竹補容堂		四卷	據《醒世全書》第二冊
洗甲心波	光緒辛丑年（明治34年，1901）	苗栗四湖修省堂	大陸	甲、乙、丙、丁、戊、己、庚、辛、壬、癸十部	堂主劉龍驤，正鸞劉龍英。是書由乩錄生傳榮章，迎送生彭榮梅內渡大陸督板。其卷十後附孫真人經驗良方
一聲雷	光緒辛丑年（明治34年，1901）	竹南一堡南福村育化堂	板寄廈門廿四崎多文齋書局，泉州道口街郁文堂印	春、夏、秋、冬四卷	堂主張心麟，正鸞李崇孝，協理外務生江志波。關係鸞堂竹南梅村感化堂
喚醒新民	光緒辛丑年（明治34年，1901）	竹南感化堂	泉州東門廣平倉宮口盛興齋	乾、坎、艮、震、巽、離、兌、卦八部	前有黃搏扶，洪里仁序文和存性醫館序文。堂主江志波，正鸞麥榮青等人
警世木鐸	光緒辛丑年（明治34年，1901）	新竹中港警醒堂	福州王友三刻坊		現存卷四
醒世新篇	光緒辛丑年（明治34年，1901）	北港（石碇）福善堂		現存二卷	關係鸞堂基隆正心堂，侯山指南宮
牖民覺路	光緒辛丑年（明治34年，1901）	苗邑崇德堂			關係鸞堂苗邑四湖修省堂
三恩主寶訓	光緒辛丑年（明治34年，1901）	苗栗志善堂			該堂正鸞何適中，大正七年獅頭山勸化堂重印
一字譜	光緒壬寅年（明治35年，1902）	苗栗南庄崇聖堂		一冊	據林永根書
元宰必讀三聖經	光緒壬寅年（明治35年，1902）			一冊	此書非鸞堂著作，是其捐印
增刪忠孝集	光緒壬寅年（明治35年，1902）	淡水行忠堂		金、石、絲、竹、匏、土、革、木八卷	此書據《忠孝集》增刪，1949年改版重印，添加淡水孔學會等資料

醒世金鐘	光緒壬寅年（明治35年，1902）	澎湖菓葉村存養堂		分志、道、據、德、依、仁、游、藝八卷	據林永根書
懷心警世金篇	光緒壬寅年（明治35年，1902）	臺中埔里社懷善堂	泉城道口街綺文居書局	乾、坤、道、德四部	施啟東等人捐印，前有王景陽序文
化民新新	壬寅年（明治35年，1902）	九芎林文林閣復善堂	新竹存仁堂	仁、義、禮、智、信五卷	此書延至大正十四年（1925）才出版。正鸞邱永河
達化新篇（編）	光緒壬寅年（明治35年，1902）	苗邑二湖庄重華堂	泉州崇經堂	匏、土、革、木、金、石、絲、竹八卷	世界宗教博物館藏
洗心金液	光緒壬寅年（明治35年，1902）	苗栗管內(苗南）敬修堂	廈門道文齋		世界宗教博物館藏
慈航（帆）寶筏	光緒壬寅年（明治35年，1902）	竹北二堡麟鳳莊麟鳳宮回善堂	泉州尚文堂		世界宗教博物館藏
續造一字譜	光緒壬寅年（明治35年，1902）	竹南一堡紅福村育化堂	泉州郁文堂		世界宗教博物館藏
濟民寶筏	光緒壬寅年（明治35年，1902）	澎湖馬公新善堂		文、行、忠、信四卷	鸞下吳品分，江子舟與養善堂正鸞許超然合作著造
獄案金篇	光緒壬寅年（明治35年，1902）	澎湖文澳從善堂歸化社	廈門博文齋書局	天、地、日、月、星、辰六卷	關係鸞堂養善堂。許超然、陳知機為鸞手
覺世金篇	光緒壬寅年（明治35年，1902）	九芎林復興莊飛鳳山代勸堂	泉州郁文堂		又稱續造覺世金篇
儒不道錄	光緒壬寅年（明治35年，1902）	淡水行忠堂	行忠堂	分今、古、乾、坤、必、變、人、生、富、貴、由、天、須、知、為、善、積、德、流、芳、萬、載、千、年二十四卷	原書1902年按類纂集當時流行臺灣的善書，並非鸞堂著作。此書遲至1954年才刊行，1968年重印

醒世全書	光緒壬寅年（明治35年，1902）	淡水行忠堂	行忠堂	角、亢、氐、房、心、尾、箕、斗、牛、女、虛、危、室、壁、奎、婁、胃、昴、畢、嘴、參、井、鬼、柳、星、張、翼、軫二十八部	此書為行忠堂所輯，內容為光緒二十八年以前臺灣流行善書的序文集。延至1984年才正式刊印
指南金鍼（針）	光緒癸卯年（明治36年，1903）	臺北文山堡指南宮	泉州打錫巷成文堂善書局	分彼、岸、同、登四卷	前有吳鍾麟，王伯桓等人的序文。堂主劉廷藩，正校生劉廷玉。此書正鸞是基隆正心堂何鵬搏
醒迷金篇	光緒癸卯年（明治36年，1903）	高雄梓官善化堂		一冊	據林永根書
啟蒙玉律	光緒癸卯年（明治36年，1903）	澎湖武聖廟新民堂		分匏、土、革、木、石、金、絲、竹八部	據林永根書
司馬新篇全卷	光緒癸卯年（明治36年，1903）	苗栗明新堂			據「明新堂沿革」
渡世仙舟	光緒癸卯年（明治36年，1903）	臺中揀東上堡慶東莊弼教堂	臺北大稻埕黃塗活版所	講部一卷	此書延至大正七年才印行。該堂堂主劉泰進，關係鸞堂九芎林飛鳳山代勸堂
醒悟金篇（編）	光緒癸卯年（明治36年，1903）	南投埔里懷善堂		一冊	延至昭和十八年，才由臺中市臺灣新聞部印刷。施啟東等人捐印
救世良箴	光緒癸卯年（明治36年，1903）	桃澗堡霄裏莊善化堂	泉州郁文堂		世界宗教博物館藏
儆悟奇編	光緒甲辰年（明治37年，1904）	澎湖西嶼樂英堂		分日、月、星、辰四卷	據林永根書
玉律經書	甲辰年（明治37年，1904）	臺蘭紅水溝堡振安堂	福州集新堂	大學中庸四卷	三山國王廟開壇，堂主黃連保，正乩李德馨，關係鸞堂鑑民堂，勸世堂，碧霞宮，喚醒堂，勉民堂，正勉堂，訓民堂，覺善堂
萬貫同宗	甲辰年（明治37年，1904）	臺鳳仁壽里阿公店警悟堂	臺南天公壇	書分天部「喚醒新經」，地部「拔岸真經」，人部「感應金篇」，一冊	喚醒新經，拔岸真經中均有康，朗，志，寶，化五公菩薩降乩

覺世真經增註	乙巳年（明治38年，1905）	新埔霄裏坑蓮華山三聖宮聖德堂	廈門文德堂		世界宗教博物館藏
勸民奇新	乙巳年（明治38年，1905）	澎湖西嶼濟化堂		分天、地、日、月、人、星六卷	據林永根書
喚醒新篇	丙午年（明治39年，1906）	屏東車城鎮安宮覺悟堂		一冊	據林永根書
什全寶鏡	丙午年（明治39年，1906）	澎湖隘門村勸善堂		四冊	據林永根書
正一妙法敦倫經	丁未年（明治40年，1907）	宜蘭碧霞宮	廈門文德堂	一冊	林永根誤為《岳武穆王敦倫真經》。本書於丁未年著成，即由該宮總董陳祖疇攜往江龍虎山天師府，請六十二代天師鑑定，冠以「正一妙法」刊行
覺世玉真	戊申年（明治41年，1908）	澎湖觀音亭省善堂		書分禮、樂、射、御、書、數六卷	據林永根書
指迷錄	日據初	蘭東正勉堂			現存卷三「忠」部
恆言備要	日據初	文山堡覺省堂			現存卷五「指」部，前有黃搏扶序文
太陽、太陰星君真經	日據初	臺灣府苗栗縣三湖庄玉岡書屋			沐恩鸞下邱發貴印送百部，鸞堂刻印之書
華仙醒世七寶金經	壬子年（大正元年，1912）	苗栗勸善堂		一冊	有重印本
懲勸錄	癸丑年（大正2年，1913）	苗栗南庄崇聖堂		一冊	據林永根書
警心篇	甲寅年（大正3年，1914）	臺南西來庵意誠啟善堂	廈門會文堂書莊	春、夏、秋、冬四卷	此書春卷和夏卷前半著於壬子年，夏卷後半和秋卷前半著於癸丑年，秋卷後半和冬卷著於甲寅年。該堂總理蔣福五，正鸞盧福杰（盧乙），鸞務生蘇春明（蘇有志），鄭春亨（鄭利記），余春清（余清芳）等。曾著作洗心術三集和醒悟良箴。關係鸞堂正心社。醫務正鸞生陳福碾，蒲福榮
覺夢真機	甲寅年（大正3年，1914）	阿緱廳，月眉樂善堂		仁、義、禮、智、信五卷	該堂堂主劉慶霑，正鸞黃錫勳，關係鸞堂飛鳳山代勸堂，客屬鸞堂。該書1960重刊

警世玉律金篇	乙卯年（大正 4年，1915）	新竹獅山勸化堂	新竹獅山勸化堂發行，同榮商店印刷部印	天、地、人、皇四卷	此書延至昭和 5 年才印行。該堂堂主是曾道崇，正鸞黃開榮。甘承宗、盧纘祥和龍華派齋友等人捐印
愛行金篇	戊午年（大正 7年，1918）	臺北大龍峒覺修堂		禮、義、廉、恥四部	該堂堂主陳培梁，鸞生吳廷燎，吳清河等人。另有《續愛行金篇》，林永根書有誤
化蘭轉新	己未年（大正 8年，1919）	澎湖大案山至善社學禮堂			世界宗教博物館藏
啟化金篇	己未年（大正 8年，1919）	澎湖井垵培善堂		存、心、以、仁四卷	據林永根書
救世良規	己未年（大正 8年，1919）	臺北三芝智成堂		上、下二卷	據林永根書
寶要金篇	庚申年（大正 9年，1920）	澎湖鎮港訓善堂		文、行、忠、信四卷	據林永根書
醒俗金篇	辛酉年（大正 10 年，1921）	澎湖馬公勸善堂		四冊	據林永根書
救世靈丹	壬戌年（大正 11 年，1922）	澎湖大案山至善社學禮堂		存、心、養、性四卷	據林永根書
化世木鐸	壬戌年（大正 11 年，1922）	澎湖觀音亭省善堂		義、行、慈、孝、愛、敬六卷	據林永根書
啟蒙金篇	壬戌年（大正 11 年，1922）	澎湖武聖廟新民堂		孝、悌、忠、信、禮、義、廉、恥八卷	據林永根書
新民寶篇	壬戌年（大正 11 年，1922）	澎湖安宅里登善堂		孝、悌、忠、信、禮、義、廉、恥八卷	據林永根書
金鐘醒世金篇	壬戌年（大正 11 年，1922）	澎湖馬公兼善堂		一冊	據林永根書
錄善奇篇	壬戌年（大正 11 年，1922）	宜蘭頭圍喚醒堂		心、正、身、修四卷	前有沐恩鸞生吳春麟序文。該堂先前著有《渡世慈帆》，《警世金篇》和《援溺慈帆》三部鸞書。堂主陳德海，正鸞兼董事盧纘祥，抄錄呂啟迪。
益化醒民新篇	癸亥年（大正 12 年，1923）	臺中市大新益化堂		四卷	據林永根書
茫海指南	癸亥年（大正 12 年，1923）	桃園龜山省躬堂		中、和二卷	據林永根書

喚醒金針	癸亥年（大正12年，1923）	澎湖馬公祖師廟禮善堂		天、地、日、月四卷	據《覺悟選新》1978年重印本
濟民仙槎	癸亥年（大正12年，1923）	澎湖馬公金龍殿新善堂		元、亨、利、貞四卷	據《覺悟選新》1978年重印本，林永根書
寶善靈槎	癸亥年（大正12年，1923）	澎湖馬公北極殿寶善堂		格、致、誠、正、修、齊、平、治八卷	據《覺悟選新》1978年重印本，林永根書
新要金篇	癸亥年（大正12年，1923）	澎湖湖西隘門三聖殿勸善堂		忠、孝、廉、節四卷	據《覺悟選新》1978年重印本，林永根書
啟化典謨	癸亥年（大正12年，1923）	澎湖馬公銅山館擇善堂		乾、坎、艮、震、巽、離、坤、兌八卷	據《覺悟選新》1978年重印本，林永根書
龍圖奇書	癸亥年（大正12年，1923）	高雄意誠堂同善社			存一冊
濟民寶鑑	癸亥年（大正12年，1923）	澎湖湖西鼎灣開帝殿集善堂		文、行、忠、信、禮、義、廉、恥八卷	據《覺悟選新》1978年重印本，林永根書
宣講真鏡	甲子年（大正13年，1924）	澎湖馬公靖海宮專善堂		文、理、密、蔡（察）四卷	據《覺悟選新》1978年重印本，林永根書
律案新篇	乙丑年（大正14年，1925）	澎湖馬公東安宮寶善堂		孝、悌、忠、信四卷	據《覺悟選新》1978年重印本，林永根書
渡世木鐸	乙丑年（大正14年，1925）	澎湖西嶼西岩寺啟善堂		六冊	據《覺悟選新》1978年重印本，林永根書
醒悟金章	乙丑年（大正14年，1925）	澎湖湖西東明宮化育堂		文、行、忠、信四卷	據《覺悟選新》1978年重印本，林永根書
醒迷新篇	乙丑年（大正14年，1925）	澎湖馬公海靈殿兼善堂		仁、義、禮、智四卷	據《覺悟選新》1978年重印本，林永根書
妙化新篇	日據中期（大正中期）	高雄州旗山郡杉林月眉樂善堂		金、木、水、火、土五卷	
重刊敬竈章序	丙寅年（昭和元年，1926）	修善堂			修善堂鸞生曾丙垣敬刊之書
宣講玉鏡	丙寅年（昭和元年，1926）	澎湖馬公靖海宮專善堂		發、強、剛、毅四卷	據《覺悟選新》1978年重印本，林永根書
覺悟金鐘	丙寅年（昭和元年，1926）	澎湖馬公城隍廟誘善堂		春、夏、秋、冬四卷	據林永根書
善惡寶訓	丙寅年（昭和元年，1926）	澎湖馬公上帝廟勸善堂		仁、義、禮、智四卷	據《覺悟選新》1978年重印本，林永根書

挽世寶鑑	丁卯年（昭和2年，1927）	澎湖馬公顯威殿養善堂		禮、樂、射、御、書、數六卷	據《覺悟選新》1978年重印本，林永根書
覺頑良箴	戊辰年（昭和3年，1928）	高雄縣梓官善化堂		孝、悌、忠、信、禮、義、廉、恥八卷	總理曾慶芳。五公菩薩曾降乩著詩，唯此五公菩薩是一位僧侶，非五位。1976年有重印本
醒世金章	戊辰年（昭和3年，1928）	高雄旗津修善堂		一冊	據林永根書
玉冊金篇	戊辰年（昭和3年，1928）	高雄縣美濃廣善堂		號、六、經、當、講、求六卷	據林永根書
因果循環	戊辰年（昭和3年，1928）	桃園龜山省躬堂		一冊	卷首有臺北贊修，智成堂主人撰〈茫海指南因果續篇序〉
廣化新箴	戊辰年（昭和3年，1928）	高雄美濃龍肚廣化堂		四卷	
清心寶鏡	己巳年（昭和4年，1929）	臺北贊修堂，智成堂合刊	上海廣益書局	濬、哲、文、明四卷	石印本。智成堂主楊峻德，贊修堂主楊元章，正鸞楊顯達，校正張靜深等
警世新篇	己巳年（昭和4年，1929）	澎湖馬公天后宮勸善堂		忠、孝、節、義四卷	據林永根書
樂岸玉真	己巳年（昭和4年，1929）	澎湖馬公黃家勸善堂		四卷	據林永根書、《覺悟選新》1978年重印本。
讚化新篇	庚午年（昭和5年，1930）	彰化永靖醒化堂		一冊	林永根書誤
覺世金章	庚午年（昭和5年，1930）	鳳山靜心社舉善堂		一冊	據林永根書
挽回新篇	庚午年（昭和5年，1930）	澎湖馬公天后宮勸善堂		文、行、忠、信四卷	據林永根書
渡世寶筏	庚午年（昭和5年，1930）	澎湖馬公天后宮勸善堂		一冊	據林永根書
寶筏金篇	辛未年（昭和6年，1931）	高雄正心社如意堂			存二冊
善化新篇	辛未年（昭和6年，1931）	屏東內埔新北勢新化堂	東港文郁活版所印新化堂發行	金、木、水、火、土五卷	堂主鍾阿鴻，正乩楊福來及女鸞生多人。楊福來為九芎林代勸堂正鸞，客屬鸞堂
桃園古洞真經	辛未年（昭和6年，1931）	新竹州竹東郡樂善堂			存，一冊
興化新篇	壬申年（昭和7年，1932）	員林地區鸞堂			
宣化格言	壬申年（昭和7年，1932）	美濃地區鸞堂			

明善良箴	壬申年（昭和7年，1932）	澎湖馬公威靈殿日新堂		允、執、厥、中四卷	據林永根書，《覺悟選新》1978年重印本
救濟靈丹	癸酉年（昭和8年，1933）	彰化竹塘闡揚宮		一冊	據林永根書
化世新篇	癸酉年（昭和8年，1933）	彰化田尾順天宮		溫、良、恭、讓四部	據林永根書
警鐘醒夢	癸酉年（昭和8年，1933）	高雄市意誠堂同善社	臺灣	春、夏、秋、冬四部	堂主陳春河，正鸞王春慶，宣講生陳春崇等。此堂與高雄陳家有關。該書與中有五宮（公）菩薩；朗公、志公、化公、寶公、康公辭（詞），此書為戰後重印本
照身鏡	癸酉年（昭和8年，1933）	彰化北斗田尾庄廣善堂			存一冊
明化金篇	甲戌年（昭和9年，1934）	澎湖馬公北辰宮明善堂		梅、蘭、菊、竹四卷	據林永根書，《覺悟選新》1978年重印本
正化醒夢金章	甲戌年（昭和9年，1934）	臺南縣下營昭善堂	臺灣	一冊	
覺路金繩	甲戌年（昭和9年，1934）	雲林斗六感化堂	臺灣	文、行、忠、信四卷	堂主葉清河，正鸞楊明機。書中有道院，紅卍字會和道德學社的資料。1959年再版本卷末附1958年前該堂扶鸞著作鸞文，其中已出現一貫道用語和思想
玉歷金篇	甲戌年（昭和9年，1934）	臺中市善修堂	臺灣	一冊	關係鸞堂三興堂，謖懿宮。書末附寄附者員林田尾聖德宮鸞生等
總教大法真經	甲戌年（昭和9年，1934）	高雄市旗後町明心社修善堂	臺南市黃來成昌仁堂	一冊	書末附印贈者盧成等人姓名
覺化良箴	甲戌年（昭和9年，1934）	高雄覺善堂			存二冊
三山國王救劫真經	甲戌年（昭和9年，1934）	臺中州員林郡員林警化堂	員林漢卿堂印刷所	一卷	堂主魏錫清，副堂主劉世標，昭和12年才印行
三才合璧	乙亥年（昭和10年，1935）	高雄梓官善化堂		天、地、人三卷	1976年重印
善果拾遺	乙亥年（昭和10年，1935）				劉家水等著
修身戒定良箴	乙亥年（昭和10年，1935）	臺北贊修宮			存一冊
七政金篇	丙子年（昭和11年，1936）	南投魚池修悟堂		一冊	據林永根書

三教妙法真經	丙子年（昭和11年，1936）	鳳山靜心社舉善堂		一冊	據林永根書
儒門科範	丙子年（昭和11年，1936）	臺北贊修、智成堂	斗六大和印刷所	天、地、人三卷一冊	此書非鸞堂著作，而是弘農人英編輯的，其卷末有林修平等人的跋文。1956 年，1991 年智成堂重印。另瑞成書局亦於 1987 年重印。重印本中，多附戰後一貫道資料。
喚醒奇篇	丙子年（昭和11年，1936）	員林郡永靖庄錫壽堂			存一冊
正化醒夢金章	丙子年（昭和11年，1936）	臺南昭善堂			
因果錄	丙子年（昭和11年，1936）	員林永靖覺化堂			存一冊
玉冊金篇	丙子年（昭和11年，1936）	高雄美濃廣善堂			存四冊
三恩尊誥誠寶訓	丙子年（昭和11年，1936）	高雄美濃廣化堂			
濟世寶藏	丙子年（昭和11年，1936）	竹南開善寺			存忠部
喚醒金鐘	丁丑年（昭和12年，1937）	澎湖文澳禮善堂			存四冊
夢裏警鐘	丁丑年（昭和12年，1937）	臺北淡艋間柳町省躬堂	臺北太平町清美堂印刷所	忠、孝、廉、節四部一冊	該書部份造於乙亥年。前有莊玉坡（櫻痴）題文，後有林子惠跋。堂主詹自遠，正鸞詹揚善。詹自遠之祖父詹文英曾參與《破暗明燈》和《茫海指南》的著造
聖佛救度真經	丁丑年（昭和12年，1937）	臺北宮前町贊修堂	臺北市太平町甘芳印刷所	一冊	前有楊覺元序文，內含洪慈救劫經，天元古佛救劫經，武聖覺世經，文昌丹桂籍。1976 年贊修聖佛行宮再版，另附楊明機序文和跋
清水警世玉吏	丁丑年（昭和12年，1937）	高雄東海社福善堂			存二冊，黃有著造
勸民寶訓	丁丑年（昭和12年，1937）	高雄旗津明心社修善堂			存三冊，林永根書誤
濟世金篇	戊寅年（昭和13年，1938）	高雄市旗津明心社修善堂		仁、義、禮、智、孝、悌、忠、信八卷	存五冊

覺夢醒化金章	戊寅年（昭和13年，1938）	臺南縣下營昭善堂		日、月二卷	
覺修錄	戊寅年（昭和13年，1938）	臺北大龍峒覺修宮	臺灣	首、日、月、星四部一冊	校正林述三。書中有提到「五教同源」論和指南宮祈夢之事。1989年廣文書局複印
鸞稿拾遺	戊寅年（昭和13年，1938）	臺北大龍峒覺修宮	臺灣	天、地、人三部一冊	林述三跋文，1989年廣文書局複印
妙蘭因果錄	辛巳年（昭和16年，1941）九月	臨濟宗大龍峒布教所覺修宮	臺北市福住町印刷工廠	妙、蘭、因、果四部附錄一冊	該書前有臨濟宗大本山妙心寺教學部長金仙宗諄，臺北州社寺係長，社會事業主事中村不羈兒等日人題字。後有杜爾瞻（仰山）跋文。書中附錄部份出現道院，道德學社的資料。1989年廣文書局複印，刪去日人跋文和刊刻年代
迷津寶筏	辛巳年（昭和16年，1941）十二月	臺中州員林郡田中贊天宮	嘉義協成印刷所	乾、坤二部二冊	該書發行蕭敦仁，編輯大東道永。書中中日文合刊，後有曾炳元，楊明機，大東道永，林修平等的跋。此書為臺灣鸞堂少見的中日文型鸞書
醒夢金鐘	甲申年（昭和19年，1944）	基隆代天宮德馨堂		日、月、星、辰四卷一冊	據林永根書
覺頑醒世（金篇）	甲申年（昭和19年，1944）	澎湖馬公東安宮化育堂		忠、孝、節、義、廉、潔六部	據林永根書，《覺悟選新》1978年重印本
苦海慈航	甲申年（昭和19年，1944）	臺北士林慎修堂		奇、偶二卷一冊	堂主蔡天助，正鸞楊明機。該書於1946年刊行，1974年重印。書中有道院，西來庵事件的資料。序文部份則反映光復後，臺人歡迎蔣中正，三民主義的情形
濟渡新鐘	乙酉年（昭和20年，1945）	澎湖馬公金龍殿福善堂		明、德、新、民、至、善六卷	據林永根書，《覺悟選新》1978年重印本
虔志歸宗	乙酉年（昭和20年，1945）	高雄市集鄉社光榮堂		一至六部一冊	據林永根書
醒化金篇	乙酉年（昭和20年，1945）	澎湖馬公北極殿訓善堂		天、地、人、日、月、星六卷	據林永根書，《覺悟選新》1978年重印本
天恩感世金篇	乙酉年（昭和20年，1945）	澎湖馬公海靈殿兼善堂		四卷	據林永根書
南宮太乙星君醒世真經	乙酉年（昭和20年，1945）	臺北市善福堂		一冊	據林永根書
真武救劫真經	乙酉年（昭和20年，1945）	南投魚池鄉啟化堂		一冊	據林永根書

醒夢警鐘	日據時代	基隆三貂堡忠義堂		四卷	正鸞吳春生
活世又新	日據時代	臺北明善堂			現存為卷五信部

　　附記：此文原刊於《民間宗教》第 1 輯，頁 173-194，臺北南天書局，1995 年。收入本書，只修改錯誤部份，稍後會有增訂本。

清末日據初新竹的道士與張天師：兼談
其時臺灣北部宗教人物的「龍虎山朝聖」

最近幾年，歷史學界流行區域研究，這一潮流似乎感染到道教學界。不少研究者在廣州、香港、浙江、陝西、湖北、山東、杭州，從事當地道教及道壇的相關研究，出現不少成果。[1]

其實，在區域研究潮流之前，早已出現類似的研究模式：即以道士或道壇為個案探索，追究道士或道壇與地方之關係。如施舟人、大淵忍爾等人之於臺南道士，田仲一成對香港道士，勞格文對臺灣北部道士。這些成果均引起道教學界極大的注目。不過，其中有一個例外，即蘇海涵（M.Saso）的新竹道士莊陳登雲的研究，招致一些批評。[2]

筆者無意替蘇海涵翻案，只是想在蘇海涵建立的基礎，根據新的資料如教內資料《萬法宗壇分司正一嗣壇傳度表》，教外文獻《臺灣日日新報》等，對他所描繪的清末、日據初期臺灣新竹城道士的活動情況，有所回應，並描述當時臺灣北部宗教人物到龍虎山朝聖的歷程，試圖提醒近代道教或區域道教研究者注意，當時是有張天師這一道教領袖的。不管是對近代道教派別或是地方寺廟的理解，恐怕不應忽略張天師的角色。[3]

一、清末日據初期新竹的道士

新竹舊稱竹塹，是縣城所在地。光緒元年分治前，隸淡水廳管下轄臺北、淡水、桃園、新竹，是清代臺灣北部的重要城市。竹塹的核心含

---

[1] 最近的例子是 Vincent Goossaert（高萬桑）主持的 "Temples, Urban Society, and Taoists" 研究計畫，其成員已初步提出成果。

[2] 關於施舟人、勞格文等人對臺灣道士的研究，其相關作品詳見林美容編：《臺灣民間信仰書目》（增訂版），頁 247-254，臺北：中研院民族所，1997 年。至於對蘇海涵的批評見 Michel Strickmann，"History, Anthropolgy, and Chinese Religion"，*Harvard Journal of Asiatic Studies*，Vol.40、No.1（1980），pp.201-248。

[3] 近幾年來，注意到近代張天師重要性的有施舟人、高萬桑、黎志添等人。

括竹塹城及周邊五十三庄，約今日新竹縣市。城中最著名的廟宇是城隍廟，不僅是官府例行參拜的廟宇，也是竹塹重要事務的中心。每年固定的宗教活動是中元普渡。地方遇有大事，官紳齊聚城隍廟，舉行相關儀式，祈度困境，城隍廟可說是竹塹的公共廟宇（公廟）。[4]

　　清末的竹塹城有鄭、林、周等大家族。其中東門鄭家，以科舉著名，族中出現不少功名者。西門林家指林占梅家族，以商起家（業戶名林恒茂），以武著名。[5]從地方志《新竹縣采訪冊》來看，當時的竹塹宗教活動似乎與佛、道宗教師毫無關係。可是若參照《臺灣日日新報》，就可清楚看到道士的身影。

　　一般來說，清代社會對道士印象不好，所以文獻上即少記載道士的活動，就算有也是負面看法。這一情況，到日據時代，稍有改善，主要的原因是報紙的出現。尤其是《臺灣日日新報》，喜歡報導庶民的宗教、信仰生活。[6]其中不乏與道教有關者。就筆者初步的估算，約三十餘則記載涉及道士，而言及新竹道士活動約十則，由此可見新竹道士在臺灣道教界，受注目的程度。[7]

　　根據這些報導，當時新竹道士的主要活動如下：
1、在中元普度時主持誦經儀式。[8]
2、主持祈雨儀式。[9]
3、主持城隍廟建醮儀式。[10]

4　關於新竹城隍廟的初步討論，見新竹市文化中心編印：《老城隍、新新竹：新竹都城隍廟建基二百五十週年城隍學術研討會會議手冊》，（1998）。

5　詳見黃朝進《清代竹塹地區的家族與地域社會：以鄭、林兩家為中心》，（臺北國史館，1999）。

6　在《臺灣日日新報》發行之前有《臺灣新報》、《臺灣民報》等報紙。國家圖書館臺灣分館存有《臺灣日日新報》、《臺灣新報》的原件、微捲及複印件，後二種可供調閱。另《臺南新報》亦有一些庶民宗教信仰資料，值得蒐集。至於日據中期臺籍維新人物辦的《臺灣民報》、《臺灣新民報》也有些許宗教信仰史料，不過要注意的是，這些都是從批判的立場報導的。

7　以下新竹道士內容取材王見川：〈日治時期報紙史料呈現的新竹民情、風俗與信仰〉，收入新竹市文化中心編印：《聆聽歷史跫音：竹塹生命史研討會會議手冊》（2001），頁63-66。

8　《臺灣日日新報》（漢文版）明治41年8月11日〈中元彙誌〉。

9　《臺灣日日新報》（漢文版）明治43年6月14日〈祈雨續誌〉。

10　《臺灣日日新報》日文版明治33年3月3日〈道士續談〉。

4、從事喪葬活動。[11]

　　除了第四項屬私人活動外，其他三者皆是公共事務，由此可見道士在新竹市的重要性。由於新竹士紳們相信、尊崇新竹的道士，以致在明治四十五年（1912）日本天皇病危之時，士紳們竟商議聘請道士在城隍廟進行祈禱，希望天皇早日康復。[12]

　　日據時期新竹的道士崇高地位的形成（或建立），與道士們自我提升有關。所謂的道士們自我提升，是指道士們主動參與大眾活動以爭取掌聲，以及自我進修，提高水平而言。前者最顯著的例子有二：一是他們在明治四十二年，北港媽祖第一次蒞臨新竹，準備回鑾時，新竹的道士們聚集在外天后宮搬演法會，恭送北港媽祖。[13]二是大正十一年（1922）農曆七月十五日新竹城隍遶境時，新竹的道士亦組藝閣參加。[14]至於後者，新竹的道士曾於昭和二年（1927）十月組織道士會，磋商選拔優秀道士入會，以及促進道士人格養成等事項。[15]這個「新竹道士會」是目前所見臺灣最早的道士組織。

　　除了以上特點之外，新竹道士承受的道教傳統，亦是其地位受士紳尊崇的原因。明治四十二年，地方記者批評新竹的「道士沿明朝遺法，流傳至今」，[16]的現象，點出了新竹道士遵守傳統的一面。

二、蘇海涵的「發現」與林汝梅（1834-1894）的角色

　　這個所謂的「明朝遺法」的道教傳統，似與竹塹早期的道士流派無所關連，而可能與新竹士紳林汝梅從事改革道士的活動有關。

　　根據蘇海涵的敘述，在道光初期林占梅（林汝梅之兄，1821-1869）

---

[11] 《臺灣日日新報》（漢文版）明治 42 年 2 月 14 日〈宗教改良〉。

[12] 《臺灣日日新報》（日文版）大正 1 年 8 月 6 日〈驚電遠傳〉。

[13] 《臺灣日日新報》（漢文版）明治 42 年 12 月 18 日〈道士輸誠〉。

[14] 《臺灣日日新報》（日文版）大正 11 年 8 月 30 日〈城隍遶境〉。

[15] 《臺灣日日新報》（日文版）昭和 2 年 10 月 18 日〈新竹道士〉。

[16] 《臺灣日日新報》（漢文版）明治 42 年 2 月 14 日〈宗教改良〉。

幼年，從泉州來了一位黑頭道士吳景春，應聘至他家，教他兵法。這位吳道士的經卷，目前仍留存，收錄於《莊林續道藏》。吳景春去世後，其兒子吳周巖繼承家業，開設道壇「法真壇」。透過林占梅的力量，新竹城內的紅頭法師被驅趕出去，由吳家獨占城中道士業務。從《莊林續道藏》收的資料來看，吳景春，道號韞玉，授「太上三五都功經籙」，但其表文、文檢中仍崇奉張聖君等法教主神，可見他是兼習法教的道士。

同治七年（1869）林占梅去世，西門林家由林汝梅領導。蘇海涵認為在道法上，林汝梅未受到吳景春、吳周巖的影響，他於清末到龍虎山（詳後），向張天師學習道法。1957 年修纂《新竹縣志》說：林汝梅「素有求道之志，而目睹新竹地方道士，除為餬口計，為人作法事外，毫無修養，深以為憾。乃決意西渡，恭詣江西龍虎山，求教於第六十一代天師，學成正一派道法。歸後夙夜勤習，凡步罡踏斗之術，皆能按法實演。有譏其既為孔門弟子，何又學習異端？亦不多辯。更為增進道士等對道教之認識，招邀眾道士，集於己家，詳為闡述道教教義，並說明南北分派，作風不同等事。附近以道士為業者，莫不登門求教，時人視為新竹之天師府也」。[17]

這位林汝梅是新竹望族的領導者，在清末曾在許多公共事務上，扮演重要的角色。陳鶴荃在《新竹叢誌》提到他參與佛、道的情況：

> 鶴山賚志沒後，其弟林汝梅（人稱曰五老爺），以其行五，性倜儻，人豪放，履厚席豐，有烟霞癖，想入非非，崇尚超升，意更茫茫。篤信虛無，其與盤桓者，非僧即道，故諺有之曰：座上僧人常漏，堂中道士不空。蓋其時日本自牡丹社事件後，雄心勃勃，企圖侵略，乃遣僧陀為間諜細作，潛入臺疆，或扮行腳僧，或禮路頭陀，陽則念佛誦經，陰乃測繪地圖。時至竹塹，汝梅竟闢城東冷水坑金川禪寺為叢林，藉為常住。乙未割臺之役，此輩僧陀則充鄉導指揮。其初入城先鋒隊之鬚髯板大佐，即其行腳僧

---

[17] 黃旺成主修、郭輝等纂：《新竹縣志》，卷九〈人物志〉，頁 10。此一縣志修於民國四十六年（1957），六十五年（1976）排印，本文用的是成文出版社複印本。《新竹縣志》卷八〈宗教志〉，頁 17，亦有近似的記載。

之一也……

　　汝梅于戊子年，倡議重修城隍廟，竣工後，曾涉重洋，朝舟山南海，詣福州鼓山，探求佛跡，遍訪高僧，渺無所得，乃轉道而至江西廣信府貴溪縣龍虎山，面訪嗣漢六十一代張天師。雖抄習道藏經典，其哲理玄機，亦無所得。及辭行之際，天師諭汝梅曰：君處海島，今也天狗星躔度於牛女之間，其災殃主應在貴地，既蒙虔誠朝真，余有先代遺法，神勅靈符一張，歸可懸於城隍廟，將廟門關閉十二天，苟禳制得法，其災殃則十二年。不然必遭蹂躪滿五十年。汝梅既旋，依囑懸掛廟內，豈知日數未滿，廟門未加鎖鑰，因群犬野狗互鬥狂奔，將廟門衝開，但該符則依然懸於前殿。至丁未年，北埔事變後，在城隍廟建靖難祭，乃為撤去，該符今尚存於聚星樓陳老恢氏什襲珍藏。憶及日本之祭神行列，前導開路神，所塑天狗將軍，紅臉白髮，高鼻圓睜，左執右持盾，人方悟天狗星所由來也。豈意割臺始政滿五十週年，竟然光復，恰應其讖，奇哉怪哉，雖謂迷信，間有哲理之不可想議歟……[18]

　　文中的冷水坑金川禪寺，乃金山禪寺之誤。該寺位於香山金山面，名叫「長清禪寺」，俗稱金山寺，林汝梅、鄭如蘭等人於光緒十四年重修的。資料記載，金山寺是個佛寺，是以浙江普陀山僧人為住持的道場。[19]其中住的都是中國僧人，與日方僧侶無關。陳鶴荃的說法，純屬訛言，並非真實。至於林汝梅與張天師的關連，早在日據中期連雅堂（1878-1936）在《臺灣詩乘》卷四上即提及：

　　林若村觀察汝梅，鶴山之弟也。負經濟才，好道書，遂習焚符拜斗之術。曾赴江西龍虎山，謁張真人。歸語鄉里曰：「五年之後，我臺當遭天狗之厄，惟修德者可免。顧吾不及見，諸君勉之」。越乙未，其言果驗，而若村已於甲午逝世。天狗者，日人所號惡神也。[20]

[18] 陳鶴荃：〈潛園憶梅〉，張谷誠編：《新竹叢志》13輯（1952），頁402-403。
[19] 王見川：〈光復前新竹市的佛寺、齋堂與普陀山〉，《竹塹文獻雜誌》38期（2007），頁31-36。
[20] 連雅堂：《臺灣詩乘》卷4，《臺灣先賢詩文集彙刊》第7輯第1卷，（臺北：龍文出版，2009），頁234。

比連雅堂說法更早的類似記載，是清末民初的王松的《臺陽詩話》：

> 林若村（汝梅）喜佛老學，雪村方伯之弟也。嘗往廣信府謁正一
> 真人張氏，歸語人曰：「全臺五六年後，當犯天狗之劫，惟為善
> 者可脫此禍。吾身不及見，汝曹慎之」。先生果於甲午赴道山，
> 而乙未遂割臺矣。天狗者，日本神道之一派也，初不解其意，今
> 人始服其言。[21]

從上述記載來看，林汝梅與龍虎山張天師有關，主要有下列幾件事：

1、林汝梅在清末到龍虎山見張天師。

2、張天師預言臺灣命運。

3、林汝梅在城隍廟貼天師符弭禍。

究竟林汝梅在何時去龍虎山？是光緒十四年（1888）或是光緒十二年呢？蘇海涵根據其日記的敘述提供一點線索：

> 1886 年（光緒十二年）農曆三月，林汝梅帶著九弟林修梅一行
> 人從新竹南寮港搭船出發。途中遇上暴風雨，林汝梅暈船吐血，
> 整團人在廈門滯留一個月。期間神明指示，林汝梅是因凶神入侵
> 致病。因此他舉辦消災醮會。同年農曆五月，一行人到龍虎山附
> 近的清州，林汝梅舉辦祈安謝恩醮會，恭請六十一代天師主持。
> 林汝梅並在七月七日寫平安抵達的感恩疏文。他在龍虎山向六十
> 一代天師購買經卷靈符，並取得二品授職，總共花了二千銀元。
> 1888 年（光緒十四年）一行人返回新竹。林汝海將靈符貼在城
> 隍廟，他的聲望達到頂峰。其家西門別院成為北臺灣的正統道士
> 研習中心，林汝梅建立的道壇叫「正一嗣壇」。[22]

照現存的證據來看，林汝梅建立的道壇確叫「正一嗣壇」，其全稱為「萬法宗壇分司正一嗣壇」。[23]由此可知，林汝梅的確以龍虎山正統自

[21] 王松：《臺陽詩話》（初刻於 1905 年，1959 年臺灣銀行經濟研究室點排，1994 年省文獻會複印），頁 10。此書在點排時與《滄海遺民賸稿》合刻。

[22] Michael Saso, *The Teachings of Taoist Master Chuang*,（New Haven:Yale University press, 1978）pp.72-73,本文用的是南天書局 1978 年複印本。M. Strickmann 曾指出 Saso 在另一文中提及林汝梅是在 1851 年（咸豐元年）到龍虎山是有問題的。

[23] 張繡玲：《新竹市佛教寺廟藝術之研究》（文化大學藝術史研究所碩士論文）頁 162，圖 2-19

居。以往，學者提及林汝梅道號「元悟」、林修梅道號「蘊達」，但未言及林汝梅入道時間及道名涵義。照林汝梅帶回的《龍虎山師傳法派職籙壇靖治炁心印傳道》：「三山滴血派（字派）：守道明仁德，全真復太和。志誠宣玉典，忠正演金科，沖漢通元韞（蘊），高宏（弘）鼎大羅，三山俞興振，福海湧洪波」，[24]「元悟」是林汝梅在龍虎山被六十一代天師授與的。而林修梅晚一代，屬蘊字輩。如果我們不健忘，生存時代早於林汝梅的道士吳道春，其字號「韞玉」，在輩份上反低林汝梅一輩，可以說林汝梅通過龍虎山張天師已取得高階授籙道士的身份。

　　當時，他除了收有陳捷三外，另有齋堂份子拜其為師，新竹金幢教存齋堂主持黃清海即在光緒十九年（1893）成為其弟子。[25]資料記載，林汝海也從事建醮服務，光緒十七年（1891）他即應邀至臺北龍山寺設醮：

光緒辛卯十七年（七日間）

　　此辛卯年醮事，特聘新竹林汝梅氏執掌，當時雖有鐵路，尚未完全，往回皆乘輿，故款待同人及一行隨員，使費甚多云。林氏通稱五老爺，法號元悟，為北臺首屆名望家林占梅之弟。若年秀才及第，後修斯道，為精神上之慰安云。

左揭者林氏所讀之表章

　　閣艋城廟內外暨三邑各街庄眾等，暨紳者郊行舖戶人等，敢昭告于三界雲天，列聖爐前。伏以化溥無私，群生共受，因材之篤，恩沾罔極，欲報宜伸，寸草之忱。茲眾等淡邑鳩居，艋津蟻聚，思自乙酉年冬，因時氣之乖和，叩穹窿以求庇，五朝醮禮，陳願夙殷。丙戌歲中，復遭疫作，丁亥年內，更值病多。眾志驚惶，集本寺而商謝願；同詞禱告，仗佛祖以代祈安。既屢應夫叩求，尚邊延夫仰答。戊子己丑兩載，氣沴之流行連遇，穆靖之默佑仍叨，計經疊次乞憐，當竭微忱報賽。庚寅六月，火災冀免，靈感尤蒙，是則建醮酬恩，不容緩焉，而且本年億兆，再求合境

　　光緒十九年黃清海入正一嗣壇表，1996 年 6 月。

[24] Michael Saso 編：《道教秘訣集成》（東京龍溪書舍，1978），頁 32。

[25] 張綉玲：《新竹市佛教寺廟藝術之研究》，頁 162。

平安,時加兩晝經壇,湊作七朝醮事。凡諸誓願,皆關愛戴之誠,幸固身家,愈憶禱祈之語,爰是謹諏吉日,虔卜良辰,未(末)請沙門,宣經兩日。先延道士,演法五天,就宇立壇,眾庶悉經齋戒;屆期開醮,情由宜達聽聞,臣據此因,奉一通之表,叩陳三界所司。第一朝敬啟芳筵,恭迎帝駕,燃九光之燈炬,列五綵之繪旛,揭榜揚旗,通知各位神將,行香繞境,禮拜諸廟列真,坦道淨薰,妖氣徧埽。過午至各壇而頂禮,獻清供以明虔,並具心香,奏啟聖師,主維大教。迨至分燈捲簾,鳴金戞玉,第二朝演拜朝天十部大懺,解雪閣屬眾人愆尤,宿啟禁壇,崇修醮禮,安鎮真文,懺悔十極,疏奏九天,少息樂音,暫停法事。第三朝金雞方唱,玉磬復鳴,青詞上達於三天,丹悃披陳乎四府。午朝行道,疏奏薇垣,臨晚肅緘密之表章,奏通明之玉陛,開誦玉皇五品妙經。持念鴻明,以揚御號。第四朝玉宇氣清,金爐和藹,朝禮九幽寶懺,運轉飛輪水藏,超度水陸一切沉魂,靜講度人真經,崇建救苦道場,呈進東極表章。夜放蓮燈於水上,廣照殤魄於途中。第五朝重白至尊,總宣科典,拜砂表於天宮,達元辰於本命,晶瑩世界,照耀人寰,寅具清酒淨供,賽答諸天。是夜登座說法,普施幽魂,禳祭火部,完滿正醮。註銷善愿,頒勅符令,安鎮各家,犒勞兵將,尊奉境主,法事云畢,恭送聖駕回宮。乃焚金寶資財,伏祈俯納,俾化和風甘雨,加慰蒼生。從此永慶安瀾,陸欣沃土,士登高第,農慶豐年,萬商遂意於經濟,百藝稱心於創造。處處見衢童壤叟,家家充女布男錢。自完醮於七朝,永垂庥於千載,不勝忭舞,歡欣之至,謹拜表以……。[26]

　　文中的《朝天十部大冊》即《朝天寶懺》十卷、《九幽寶懺》即《九幽拔罪懺法》十卷,這些經卷並非林汝梅從龍虎山帶回,似乎是吳景春遺留下來的。由此可見,林汝梅受到吳景春的影響,並非全盤捨棄其道典。

---

26 劉克明編:《艋舺龍山寺全志》(臺北龍山寺,1951),頁 23。

三、林汝梅、張天師與城隍廟城隍升格事件

為什麼林汝梅會選擇到龍虎山張天師處求經習法而不是向前輩吳景春學習茅山或華山道法呢？除了龍虎山張天師是當時公認的道教領袖外，恐怕與其個人經驗有關。清末吳子光《一肚皮集》中提到林占梅剿平的戴萬生之亂云：

> 前彰邑戴萬生之亂，賊勢洶洶，鎮道敗亡。久之，有曾提軍至臺，賊以為亞夫將軍自天而降也，頗驚疑，謀以城降者屢屢矣……曾提軍者，前彰化副將，曾挾智術平一二劇盜者也；故在上憲前毅然以平臺為己責，意氣殊慷慨甚。至軍中，臺人士將觀其設施也，則大張文告曰：本軍門伐暴救民，起程伊始，已將臺變情節敬咨江西龍虎山天師府協同辦理。汝等能激發天良，皈依正果，則天師府與本軍門有光輝矣。檄到急急如律令。按此公與王內史請天師兵，同是一家眷屬。[27]

林占梅平定戴萬生（潮春）之亂是新竹西門林家最大的功績與光榮，參與其事的林汝梅想必耳聞此事，對龍虎山張天師名號留下深刻印象。以往，臺灣民間雖信仰張天師，但幾無道士或個人前往龍虎山朝聖，林汝梅之舉可說是創舉。前已提及張天師面諭林汝梅在城隍廟貼靈符拯救臺灣免於淪陷一事。這一事流傳甚廣，新竹城隍廟方亦寫入廟志[28]。大約同一時期，新竹城隍廟城隍又有異於常例昇格為「都城隍」、「威靈公」，不少人視為與此有關。有的學者即認為：光緒十七年，全臺官民在城隍廟舉行護國佑民除厄法事，新竹城隍因此晉封為「威靈公」、「都

---

[27] 原文刊吳子光：《一肚皮集》〈道教〉部份。民國四十八年臺灣銀行經濟研究室從《一肚皮集》中抽取與臺灣有關之事，彙為成書，以《臺灣紀事》為名出版。引文見《臺灣紀事》附錄三〈淡水廳志擬稿〉「道教」部份，頁93。這裏用的是臺灣省文獻會1996年複印本。

[28] 陳鶴莖：〈潛園憶梅〉「姑妄言之」部份，此文收錄於《新竹叢誌》。這用的是新竹文化中心1996年再版本。引文見該書頁462。另見新竹城隍廟公局印贈之《新竹城隍廟簡史》頁10〈祭天狗星〉部份。林汝梅到龍虎山面謁張天師「抄習道藏經典，及辭行之際」，天師諭曰：君居海島，今也天狗星躔度於牛女之間，其災殃主應在貴地，既蒙虔誠朝真，余有先代遺法，神敕靈符一道，歸可懸於城隍廟，將廟門關閉十二天，苟禳制得法，其災殃十二年，不然必遭蹂躪滿五十年。

城隍」，新竹都城隍廟在全臺之地位，於此時確立。[29]

這些說法對不對呢？我們先來看看二則光緒年間與新竹城隍有關的資料：

（一）晉封威靈公新竹縣都城隍監理醮務為懸牌示知事（新竹縣都城隍監理醮務飭司判等下屬巡查驅邪）

> 晉封威靈公、新竹縣都城隍監理醮務，為懸牌示知事：本年十月初一日，據本城信紳林汝梅等僉稱：「緣因夏秋以來，膏雨愆期，驕陽亢烈，梅等忝屬梓里，當經就於武廟設壇叩乞，據情轉奏天曹，求赦既往之愆，速起沉痾之疾，俾闔屬居民，脫離苦厄，而樂安康。如蒙乞憫苦劫，而沛殊恩，梅等以渥沐天麻，除災救過。涓於本年十月廿三日，恭設華壇，啟建三朝夕醮會一宗，仰答鴻慈。但醮事攸關，未敢擅便，理合聯名叩乞，俯賜親臨監醮。一切科表，分別核轉，以便接駕朝真。梅等誠惶誠恐，謹疏以聞」等情，到堂。據此，除批示外，合行懸牌示知。為此牌，仰所屬司判吏役及各鄉都土司神等，一體遵照，至期務宜恪供厥職，遵依榜示期，分班巡查街道，驅逐邪魔，護衛法壇，廓清境域，以昭誠肅，而佑生靈。各宜凜遵，毋違，切切。須至牌者。
>
> 　右　牌　示　懸掛轅門
> 　天運己丑年拾月（印一枚，文曰：新竹縣城隍印）初十日稿
> 　威靈公　行

（二）新竹縣都城隍為懸牌示知事（懸牌示所屬司判吏役及該莊都土至期分班巡查街道驅逐魔等事）

> 監理醮務、新竹縣都城隍，為懸牌示知事。本年十月十五日，據竹北一保聯庄紳董彭殿華暨士庶人等僉稱：「緣因去年夏秋間，照詞云云叙至，謹疏以聞」等情，到堂。據此，除批示外，合行懸牌示知。為此牌，仰所屬司判吏役及該庄都土等，一體遵照，至期，務宜恪供厥職，分班巡查街道，驅逐邪魔，護衛法壇，肅

29　顏芳姿：〈譯介 *The Teachings of Taoist Master Chuang*：兼論林家的道教事業〉，《竹塹文獻雜誌》5 期（1997），頁 99-100。

清境域，以昭誠敬，而佑生靈。俱各凜遵，毋違，切切。須至牌者。

　　右　牌　示　懸掛轅門

　　前銜　為牌事。照得

本爵定於□日，親詣竹北一保樹杞林聯庄法壇，監理醮務。除先期懸牌示知外，合行遣牌。為此牌，仰所屬當境司土等，至期，務即前途伺候。所有一切邪魅，先行驅逐出境，勿許庇護。分班恭迎憲駕遙臨，各宜凜遵，毋違。須牌。

　　右　牌　示　發貼高腳牌……

太歲辛卯年拾月（印一枚，文曰：「新竹縣城隍印」）[30]

　　第一則資料是在光緒十五年，林汝梅等人在城中「武廟」舉行祈安謝恩三朝醮會。當時是由道士操辦，故告示中有對道士的專門規定：衣冠整潔，誦經音韻和諧，出入有序，行止雍容合度。[31]第二則資料則是在光緒十七年，竹北地區紳董彭殿華舉行祈安醮，敦請新竹城隍監醮。該醮會規模頗大，道士負責五朝，而僧侶三朝，共八天[32]。

30　第一則資料，見淡新檔案校註出版編輯委員會：《淡新檔案》（一）第一編行政總務類：禮儀、吏務、吏紀、薪津，頁16，臺北臺灣大學1995年9月。第二則資料，見同書頁19。

31　《淡新檔案》（一）頁17：「晉封威靈公新竹縣都城隍監理醮務示事（新竹縣都城隍監理醮事示告戒道眾守則）晉封威靈公、新竹縣都城隍、監理醮務示：
醮恩慶成福醮，法壇供設斯堂。示爾在壇道眾，各宜恪靜端方。內則凜嚴齊（齋）戒，外維潔整冠裳。行止雍容有度，語言簡訥有章。一切專司執事，舉行毋涉慌忙。道眾誦經禮懺，音韻尤貴諧詳。慎勿交頭接耳，褻瀆嬉笑輕狂。不許無端出入聲色，觸穢道場。天威不違咫尺，尤須敬謹恭莊，為此諄諄告戒，期各遵照毋忘。
　　右　牌　示　懸掛壇前
　　天運己丑年拾月初十日稿
　　威靈公　行」

32　《淡新檔案》（一），頁18：「竹北一保聯莊紳董彭殿華等責無旁貸循章瀆請僉乞俯賜親臨監督護衛法壇事疏文
具疏詞，竹北一保聯莊紳董彭殿華、詹鵬材、曾捷勝、彭世和、陳四和、鄭獻瑞、曾永發、官九和、陳義生、陳源順、鍾逢源、劉長和、劉正記、陳九思、彭良桐、暨聯莊士庶人等，為責無旁貸，循章瀆請僉乞，俯賜親臨監督，護衛法壇事。緣因去歲夏秋間，時氣流行，異災暴作，華等忝屬梓里，當經邀集眾等，恭設香案，據情叩禱，求赦既往之愆，速起沉疴之疾，已蒙殊恩宥釋，咸沐平安。華等既渥天庥，理當叩答，敬涓本年十月二十四日，爰集眾等虔設華壇，啟建五朝夕道場，三旦夕釋典醮會，共同一宗，上酬鴻慈。但事關醮典，責無旁貸。恭惟公爺為陰陽之主宰，當禍福之權橫，合亟聯合，僉乞恩期下逮，俯賜親臨，監督護衛，分別核轉科表，以便接駕朝真。華等誠惶誠恐，不勝懇禱之至。謹疏以聞。
　　天運辛卯年拾月十五日……」

　　從光緒十五年林汝梅的疏文，可以知道新竹城隍當時已晉封為「都城隍」、「威靈公」。光緒十七年彭殿華的呈文亦延續此稱呼，可見這一稱呼在光緒十五年以來已被新竹城內外、紳眾接受，變成新竹城隍的新頭銜。

　　值得注意的是，這些稱新竹城隍為都城隍、威靈公的文書上又蓋有「新竹縣城隍印」。這樣的分歧，並非訛誤，而是顯示新竹城隍晉升（格）一事，純是林汝梅等的操作，尚未得官府之認可，故送件給官府報備，還得使用官方許可之印。

　　既然如此，那林汝梅等為何要替新竹城隍升格呢？他有能力晉升神明嗎？一般來講，地方有時疫流行、乾旱雨潦等天災、或戰爭兵亂等人禍，地方士紳或官員只要到地方著名廟宇祈求即可，不需要觸及神明的升格，如上引光緒十五年、十七年的事例。由此可見，新竹城隍的升格「新竹都城隍」、「威靈公」，一定是林汝梅等人碰到比地方天災人禍的事還要嚴重的事，也就是說，這是超越地方的大事。如果我們不健忘，前引提及林汝梅在龍虎山，六十一代天師張仁晸曾告知臺灣幾年後有陷於外族統治的災厄。對於林汝梅而言，這事關全臺，是全臺大事。從另一方面來看，按體制主管臺灣府的城隍，是正二品的「公爵」。結合二者來看，新竹城隍的昇格與此有關。也就是說，林汝梅等接受新竹城隍升格「新竹都城隍」、「威靈公」，似乎為了禳解張天師告知的全臺災厄。

　　從南宋以來，張天師的聲望越來越高，不只是全國宗教領袖，明清民間更傳言他有三種特殊能力：

　　1、預言未來；

　　2、役使鬼神；

　　3、封賜神明。[33]

　　所謂的「封賜神明」係指張天師可以封印妖狐、精怪，讓它們變成神明，此外明清地方志則記載天師另一種封神情況：

　　1、嘉慶《同里志》：城隍廟……祀唐太宗第十四子，姓李名明……

---

[33] 王見川：《張天師之研究：以龍虎山一系為考察中心》頁50-128，中正大學歷史所博士論文，2003年。

國朝康熙二十五年，天師奏封廣佑王……[34]

　　2、民國《法華鄉志》：……清婁李邑侯復興為婁縣城隍神……在康熙時襲封張真人蒞松，而邑人請封者也要之……[35]

　　在傳統中國人的思維中，一般認為神明受敕封有二種方式：一是國封，一是道封。所謂的「國封」是指由皇帝封敕神明「徽號」或「晉階」，而道封是指由道士經由上疏玉帝敕封神明。前者是國家封賜，而後者是私封。其實在此之外，尚有「巫封」（即民間宗教師傳達上天封敕）、「佛封」（指佛教僧侶封神）和張天師敕封。其中，佛封罕見，並不流行，國封程序冗長，員額不多，考核較嚴。最常見是「道封」，「巫封」和「張天師封」。這三者可歸為「玉封」，是民間神廟取得封號的主要來源。在這之中，「道士封」、「巫封」具合理性但不具權威性及可靠性，而「張天師封」因張天師本身具有官方及宗教領導身份，則兼具合法性與權威性。

　　依此來看，新竹城隍在光緒十五年或稍前的晉封「都城隍」、「威靈公」之舉，應是林汝梅聽到張天師之示警，向他請求襄解之法的結果。也就是說，為了拯救全臺，張天師在林汝梅請求下，晉升新竹城隍至相應位階，以利執行道家襄災法事。不管如何，林汝梅的龍虎山之行及其後行為，無疑進一步加強張天師在臺灣的影響力。

---

[34] 轉引自濱島敦俊著、朱海濱譯《明清江南農村社會與民間信仰》（廈門大學出版社，2008），頁301。

[35] 同前註，頁303。又頁303（史料148）：《道光黃溪志》卷8，叢記「真人府封威靈王敕文」：「泰元都省，恭奉玉旨金書敕，曰：凡守土之神，寧社福民，宜加敕詔。照得江南蘇州府吳江縣范陽鄉二十五都西儂字圩北方金神廟，守土正神，一方保障……茲封爾神為護國佑民威靈王，頒賜恩敕，加增榮封……嘉慶九年四月日正一嗣教五十九代天師大真人臣張鈺承詔奉行。」關於封神，施舟人〈「道藏」中的民間信仰資料〉有所涉及，該文收入施氏著《中國文化基因庫》（北京：北京大學出版社，2002），頁84-100。

四、清末日據初臺灣北部宗教人物的「龍虎山朝聖」

就目前所得資料顯示，清末日據初期至少有下列人士到龍虎山「朝聖」：[36]

時間	姓名	所屬廟宇或地點	備註
清末日據初	葉氏純	基隆富翁太太	朝名山
1901	溫德貴	竹東代勸堂	送印善書
1903	林修梅	新竹林家	學道
1903	碧霞宮廟方	宜蘭碧霞宮（鸞堂）	送印善書

其中，溫德貴寫下一份朝聖日程。其文云：

往江西路程日誌　　　香皿自記

余自四十八歲時在飛鳳山代勸堂經理効勞。因廟宇造就，奉三恩主箕派回唐，督刊《渡世回生》善書，並往江西引見天師求符，及玩各處勝景名山。辛丑年六月十三日，由鍾添進繼滿叔家中齊集。丑刻起程，往鳳山崎頂，坐車至稻埕街高四伯榮春棧內，宿四晚。此際臺北艋舺四處，時行瘟疫。在媽祖廟港口大埕街，一晚連看十三枱戲，鬧熱非常。十七日由臺北乘火車，出滬尾街江夢居住店，……二十一日乘日人大火輪，船號大義丸，午後四點鐘啟行，至二十二日午前八時，到廈門街港口鼓浪嶼前，請小船，乘至水仙宮前上岸，至三十六崎頂嘉應州人葉發伯悅來館客棧，住宿九天。二十三日往南普陀山觀音廟進香。二十四日往白鹿洞朱夫子廟及書房又虎溪岩佛祖廟進香，七月初一日由廈門港乘小輪船號飛龍。午前八時啟行，午後三時至安海街洪復春號客棧，宿一晚。申中刻，往龍山寺佛祖進香……愚至十二日乘病起程，由泉州府出東門外，有一東岳大帝廟，石牌樓甚多，至十里亭（十里），由十里亭至土差（十里），由土差至上田，由上田至潘龍，

---

[36] 此表是綜合《基隆誌》、《正一妙法敦倫經》、《溫氏族譜》及蘇海涵 *Teachings of Taoist Master Chuang* 相關敘述而成。

由潘龍至惠安縣新店尾……宿一晚。七月十三日由新店尾至麒麟街。十四日由楓亭街至砂溪街……由南臺臺橋面入城內，福州府衙前街右片，鍾日陞館大客棧住宿，開張二百餘年，到位瘟疫始除。因余慎齋，先目疾，並買辦船內福食，俟候船期，遊玩各景，所以延住十天。俟七月二十四日，由日陞館起程，出南臺鎮三保街拏公樓前，諸友五人請得船夫，黃三弟夫妻，小船內宿一晚，二十五日乘船上江西……初二日由吉溪村至延平府城腳下宿一晚……十二日由黃塘街至邵武府城，入東門外街市黃義盛客棧，宿三晚。十五日由邵武府城出東門陸路乘轎至光澤縣城外張家客棧，宿一晚。十六日由光澤縣至大力街客棧，宿一晚。十七日由大力街至黃溪村客店，宿一晚。十八日由黃溪村至冷水坑街客棧，宿一晚。十九日由冷水坑街至上清宮街天師府衙內，宿九晚。八月十九日午後五時到天師府內。二十四日由府衙前乘小船至龍虎山，並天竺峰獅岩洞……及水仙岩、仙洞等處進香。斯時有一廣東省陳姓人氏，家財數十萬貫，因他子往白雲山祭墓，回家發大狂亂，差一承勞。潮州人氏姓鄭，帶有三千兩銀，到此建醮五天，求符收妖，普施燃放水燈。俟捌月二十八日，由天師府衙內起程回家……[37]

---

[37] 其回程是這樣：「至九月十九日到南臺鎮小船內（宿一晚），貳拾日仍到福省陞館住宿十一天。因邱永河染病並候船期所以延遲，遊各處賞玩往省城隍看戲、鬧闊比不可勝言矣。九月二十九日與劉奇清、余慎齋三人乘小船至鼓山湧泉寺進香玩各景。十月初二日由陞館出南臺街港口，乘小船至馬尾港街（宿一晚），初三日，乘小船出港至日人大火輪船，號平安丸。午前八時啟行，至初四日，與林水弟復往泉州。二十五日，仍在城內敬送善書。二十六日邀林會川三人，仝至南安縣城內又往至松仔嶺下（宿一晚）申中刻，仝辦牲儀，往鳳崎郭聖王公廟酬宅舊願，隨路發送善書。二十八日回轉下蘇村，二十九日至泉州府城內廣平倉古地謝老爺之子阿再書坊（宿三晚），此時李協臺（官章）有年請到衙內扶鸞。因三義河鸞友何旭辰目疾，叩求施方。十二月初三日，由泉州至安海街（宿一晚）。由安街港乘小船輪至廈門開各街道溫福安堂藥舖，係嘉應州家侯五爺店，敬送善書，十三日乘小船上水道至漳州府衙前左片宜文堂坊內住宿五天，城內各處發送善書，十八日乘小船回轉石馬街家侯五店內，酉刻諸友邀往獅頭山下鄭家村建醮觀結彩樓三柏，巍峨輝煌勝景並七柏戲棚相連，其佳景難言矣。此處風俗睹淫男女混雜衣裳與臺地不相上下。婦人裹足搭棚看戲。十九日乘小輪船回至廈門。三十六崎頂悅來館。二十二日午後四時坐火車入大稻埕榮春棧。二十五日乘小船復出滬尾請日官試驗書籠。二十六日經驗後回臺北。二十七日由榮春棧起程乘火車。戌刻至紅毛田劉海家。二十八日時始到家中。余自光緒二十七年辛丑歲季夏月回唐，付梓刊。」此份資料是鄭寶珍首先使用，見其《日治時期客家地區鸞堂發展：以新竹九芎林飛鳳山代勸堂為例》（中央大學客家社會文化所碩士論文，2008），頁

　　溫德貴是由福州、延平走山路到江西龍虎山。他在龍虎山天師府見到二個廣東富人，來府中尋求幫助。其中做一場五朝醮會，兼求符，要三千兩。由此來看，林汝梅花二千兩購買經卷符籙建醮，不算貴。

　　對於日益增多的朝山宗教人物或學習道法之人，當時龍虎山張天師如何面對呢？根據光緒十六年《重修留侯天師世家張氏宗譜》記載，當時的天師是六十一代天師張仁晸生平如下：

> 六十一代天師，有誠公之子，名仁晸，字炳祥，號清岩。生於道光庚子年三月初六日子時，幼遵父訓，長習祖傳。咸豐九年髮逆橫亂，襄父練團防，剿得捷，經巡撫部院者恭摺奏獎。欽奉上諭，著以縣主簿，不論雙單日擢用。同治元年九月初一日奉旨襲爵，覃恩誥授「通議大夫」。四年游粵東，胡生狀異，以一黑玉印贈。滬城屢回祿，求書避火符，以印蓋者得免。人見有黑面金甲附符焉。光緒六年禱母壽於南海，遇風幾覆，大士現身於雲遂濟。九年省祖墓於西蜀青城山，見祖天師於天師洞。出川，徑重慶，布賈述神告，以劍贈。會館青龍閣有巨蟒，天陰朝夕吐氣如雲，仗劍以登，書雷火符焚之，怪滅。十六年八月廿七日在江西藩司，方移以祖琢亭真人嘉慶十九年蒙恩賞借帑銀二萬兩，修宇贖田，諭令分作二十年歸款，茲已如數清款，詳奉巡撫部院德具奏咨部……[38]

　　小柳司氣太《白雲觀志》所附張元旭《續漢天師世家》取材於此，內容較簡。這位張仁晸可說是近代龍虎山天師府的中興者，他不只還清五十九代天師向官方的龐大借款，也回川謁祖、修祖墓，更增修張天師寫祖譜《重修留侯天師世家張氏宗譜》。此外，他還是一改革道教者，清代四川巴縣檔案提供二個案例：

62-64。感謝鄭寶珍惠賜此資料影本。此資料另見王見川、高萬桑合編：《近代張天師史料彙編》（臺北：博揚文化公司，2013），頁 292-296。

[38] 光緒 16 年《重修留侯天師世家張氏宗譜》卷 4，頁 5。其「娶南昌府豐城縣上點誥授「奉政大夫」楊公諱士林長……生子四：松森、柏森（過繼禹旬公為嗣孫）、長森、春森。生女五：長適南昌黃、次適本邑……三適建那南城黃，四適本邑蔡訪周，幼適本邑洋塘汪。副室吳女……生子一：蓬森」。

1、光緒九年五月分□

蕭祥發稟李雲豐併為懇恩作主事。據道紀蕭祥發等稟，奉天師札，飭道眾投轅請職一□。禮房呈本堂收。具稟府道紀蕭祥發，府陰陽楊光宗，轄下道會魯煩，陰陽樊心如，為懇恩作主事情。職等遵例，充當各職。奉公應各署差務，歷年無紊。今夏四月，值道教宗師張大真人來渝，札飭職等統率道教，整頓積習。凡道眾已經入派者，准其代民祈禱。如未曾入派受職之輩，作速投轅請職。札據□呈，職等理應遵札，傳集道眾，辦理謁瀆。因道教之中，良莠不齊，貧富亦異，有力者固能遵札請職，而無力者難免不從中把持，布散謠言，罪瀆職等，似此難免後患。職等無知伊何，惟此稟明恩憲，賞批作主，以專責成，則闔教沾感無暨□。伏乞大老爺臺前賞准施行。

查核粘抄。張真人恐有不法惡道，冒稱法職，欺惑愚眾，是以札飭該道紀道會等，傳知道眾，遵照清規領職，係為整飭道教起見。在有力者，固宜遵札領職，其實無力，不願請職，未便相強。該道紀等，不可稍事抑勒，亦不得任職阻撓把持為要。此論粘附。

　　　光緒九年五月□□日[39]

2、具稟府道紀蕭祥發，府陰陽楊光宗，轄下道會魯煩，陰陽樊心如，為勒請兇傷事情。職等遵守道職，毫非不染。今四月廿日。天師臨渝。職光宗邀職魯煩、蕭祥發，往會天師。職未去。廿一日，職光宗寫具說帖，復邀職魯煩、祥發等。於廿二日，往萬壽宮參見□□。天師門工鄧錦樓吩喻各道士，凡請職行教者，俱為私職。札飭職等傳喻各道士，要在天師處呈請官職。始准行教。無奈道士貧苦甚多。每請職一名，要錢拾四釗。自傳諭後，道士等先後請職拾餘名，以下無錢未請。怨職等不應惹事遺害，斷絕伊等生□。昨日，道士牟成林等扭擊職□，頭額受傷。職等具伏協稟成林等天師行轅。殊鄧錦樓並不轉達，如何作主。尤勒職速傳各道士請職未允。錦樓恃□□□毆傷職魯煩□□各道士，視為門頭，吼稱定尋職等拚命釀禍害無底止。協懇驗□嚴究。安良除害，伏乞大老爺臺前賞准施行。

---

[39] 此條資料係高萬桑教授提供，特此致謝，這資料收入王見川、高萬桑編：《近代張天師史料彙編》，頁 78-79。

被稟年成林、楊光斗，餘不知名。

張真人傳諭道眾請職，原為整飭道教。然亦當視其人之有力與否，不能強人所難。前據具爭，曾經批示有案，乃該道紀等藉□札飭，意存估勒。設遭毆辱，咎由自取。毋乎爭瀆。

光緒九年五月□□日[40]

以往，大家只知道張天師管領全國道教，似乎只管領道士。這二條資料反映張天師還管理看日子的陰陽先生。由此可知，六十一代天師接納這些民間道教或宗教人物，除滿足他們的生存需求，使他們得到收入外，尚有改造他們之意。

五、結語

1964 年秋蘇海涵在臺灣觀察寺廟活動，接觸到竹北紅頭道士錢枝彩。在一次苗栗的寺廟法會中，蘇海涵看到道士在儀式演示過程中，從衣服中，抽出一本小冊子誦讀，引起他莫大的興趣與好奇。錢枝彩告訴他，那是秘訣本，是道士重要手印指訣手冊，新竹市內的正一嗣壇派道士擁有不少此類秘笈[41]。

經由錢枝彩的介紹，蘇海涵接觸道士莊陳登雲，從而寫成 *The Teachings of Taoist Master Chuang*，「發現」這一被遺忘的地方道教傳統。[42]

蘇海涵發現的不只是一個地方道教傳統，他還呈現清末新竹一個重要士紳如何參與並發展地方道教。更重要的是，這一地方道教也受到當

---

[40] 同前註，頁 79-80。

[41] 《道教秘訣集成》解說部份，頁 1-3。

[42] 錢枝彩、莊陳登雲都是日據末期光復初期新竹著名道士，莊陳登雲字宏圖，更是一位漢文詩人，昭和十五年出版的《瀛海詩集》（臺灣詩人名鑑刊行會）收錄戰爭時期全臺詩人作品，莊陳登雲亦名列其中（頁 152-153），其詩略舉如下：
1、蛙聲
六更鼓吹報春暄，風韻悠揚聽更煩。似為不平鳴井底，餘音閣閣最銷魂。
2、蝶裙
閨人穿著趁東風，真與湘江六幅同。一自莊周微夢後，曾無妬煞石榴紅。
3、離杯
羈愁然別思滿征途，對酌請厄與不孤。風笛數聲聽未忍，共傳合惜不能無。

時龍虎山張天師的影響，進而形成中央與地方，正統道教與地方道法混合的特點。

此外，蘇海涵還編有《莊林續道藏》（1975）、《道教秘訣集成》（1978），披露六十一代天師與清末至戰後臺灣北部道士使用的經卷、文檢、口訣等資料，初步奠定近代道教文獻的基礎。雖然此舉惹起軒然大波，但其引發當代道士抄本應該出版與否問題，仍值得關注。

附錄

擢神籙（凡住居鄉境或有三聖福主等神興殃作怪者，可受都功職牒等籙，此乃三天旌封勅命）

天師門下謹投太上雷部經章雲篆，凡天下省府州縣靖盧福地、名山大川、城市鄉村，人烟湊襟、山林曠野邪神、今仙古佛削髮尼姑、勅額神王、社令祠宇，古蹟靈壇，大千世界一切皇民理宜旌職，於是上帝降下勅命，旌封爾職，以顯神功，欽此。謹據江西省□□社居住奉道，為神請籙，下民善信等，伏為本境崇祀□尊神，威靈有感、正直無私，福國裕民、殄禦妖邪、濟度危險、護佑鄉村，屢沐神功，須當報効。敬達一念之誠，仰頒三天之秩。茲當上元、中元、下元，恭叩天師大真人門下，代與尊神拜受太上三五都功經籙一宗，併受太上三天勅命旌封一道，付神受持。伏願愈彰，靈應丕顯。神功職奏三天上帝，榮加褒獎，恩周四序，下民咸沐麻光，天地交泰，人物皆亨，保障一方，風調雨順，維持八節。人壽年豐、茲牲長旺，丙尅全消，諸災遠餞，百福常施。鄉坊肅靜，境土和平。本司得此，除已具奏帝闕，希恩照應外所有

上帝真符告下　符，右奉

勅命旌封爾神（或取職名入此）通天感應威靈顯佑護國裕民助顯侯王為職，仍差籙中官吏及東夷南蠻西戎北狄中秦五方兵馬，佐助神威，

大顯感應，一如帝令。伏以旌神勅命降宗壇，我祖親傳不等閑。付與爾神陞職位，呈祥佑慶裕人間。

——《清末張天師文獻資料》[43]

　　附記：此文原刊於黎志添主編《十九世紀以來中國地方道教變遷》，頁133-156，香港三聯書店，2013年12月。又《清末張天師文獻資料》現收入王見川等編《中國民間信仰、民間文化資料彙編》第一輯第26冊，題名《近代張天師府訪道錄》，臺北博揚文化公司，2011年。

---

[43] 此資料乃筆者十年前在文物市場以8000元購得，書末云：「此書乃本州安鄉雷翠銘親身往天師府中，於壬午年五月間。據伊書云：屢苦叩汪真人求填錄真本，再三執不願傳，據所言，見其情真義重。又具財禮，方允付抄，併嚴切謹囑：無錢無義者即是親徒不准傳授，又須盟誓為證。僕於光緒甲午歲七月間伊孫雷玉傳負錄在蒲口高仰嘴本房魁華家賣。僕代魁華孫媳買定五雷延生文昌血湖妙戒諸錄，見其填本不凡奧妙，口工符章清朗。僕面叩借抄，伊孫玉傳亦不願，僕亦再三好言後將伊祖所載叮嚀切囑之言。俟僕一觀至夜間臨睡時私付僕抄，不待十日抄成。倘我後代子孫曾玄切不可輕傳，亦不可輕棄，萬不可遺失，重如珍寶。至囑，此書道家見面必定起意私謀。竹森碧琳氏沐手抄謄」。又其末二頁云：「此計府中各色知經錄事者（名姓時常更換或已去世其人又有接之名姓，三幾年又要問的州中道官方妥），當今天師六十一代張仁晸，經籍度三師即仁晸曾祖父也，如經師五十八代張起隆，籍師五十九代張鈺，度師六十代張培源（倘後換天師仍要換經籍度三師照此例推便是）。光緒癸巳年換，提舉詹臣興、鄭巨波。提點張旺華、汪雲瓊。監度汪禮生，保舉汪振梁，掌奕局蔡修真，臨壇法師張巨華。民國元年壬子歲天師府主各錄花名列左：掌奕局吳鶴齡，提舉程紀禧，提點詹巨興，保舉汪振梁，監度汪慶章，臨壇即當代天師」。

從新史料看清代臺灣佛教：兼談所謂的「開化堂」

　　十幾年來，臺灣研究成為熱點，每年有不少文章涉及。這樣的情況，在臺灣宗教、民間信仰研究領域，亦可見到。其中，以民間信仰、一貫道、佛教的研究，較引人注目，特別是臺灣佛教研究，更是焦點，已出現一些通史著作，如江燦騰的《臺灣佛教史》。可以說，臺灣佛教研究是臺灣宗教研究領域的重點，並不為過。

　　不過，過去的臺灣佛教研究，偏重在日據時期、戰後臺灣佛教的研究，清代臺灣佛教較少人涉及。之所以如此，主要與清代臺灣佛教被研究者視為較少特色與資料甚少有關。以往，我們看到的清代臺灣佛教史料不外方志上的記載、寺院碑文、銅鐘銘刻。在本文，筆者擬使用 1.圖像：乾隆《重修臺郡各建築圖說》、2.寺廟奉祀的僧侶神主牌位、3.齋堂、佛寺刊刻的經卷、4.日據初期的土地申告文書等資料，嘗試勾勒清代臺灣佛教的某些面向，並兼談所謂的「開化堂」的存廢問題。

一、乾隆時的海會寺（開元寺）格局

　　臺南開元寺，原稱「海會寺」，係由鄭氏別墅改建而成，是臺灣著名的古寺。我想沒有人會否認開元寺是佛寺，有的學者因其寺僧常與官員、士人吟詩唱和，甚至稱其是士大夫佛寺。闞正宗在幫開元寺方寫寺志時，曾據其寺前碑文，考定開元寺僧侶與大天后宮住持僧侶，關係密切，是僧綱司所在[1]。既然是僧綱司所在，那沒有問題，開元寺一定是府城重要佛寺，且與官府關係良好。乾隆四十二年左右成書的《重修臺郡各建築圖說》（附圖一）上云：

---

[1] 闞正宗等，《物華天寶話開元：臺南市二級古蹟開元寺文物精華》，（臺南開元寺，2010 年12 月），頁72-75。

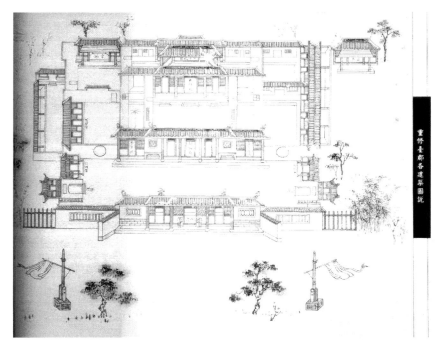

附圖一

重修海會寺圖說

查海會寺在郡城之北門外五里許，係偽鄭北園舊址。鄭氏既滅，
臺館荒蕪。康熙二十九年臺廈道王諱效宗偕總鎮王公，改為佛
寺，名曰：海會，並置寺產，以為常住之業。寺以年久缺修，田
為僧人盜賣，椽頹桷朽，滿目荒涼。上年欽奉恩詔，修葺廟宇。
念茲海外絕無勝地，可供遊涉。此寺載在郡志有關名勝，若任其
摧殘，不行及時葺治，勢必日就圮壞，後來即欲修理無從措手。
於是鳩工飭材，大加修整。其前正屋三楹為山門，門內供奉彌勒
佛像、兩旁塑護法尊者二像，高二丈許。其後金剛四尊，高亦如
之。又內為甬道，左右建鐘鼓樓各一座。樓之旁各建廂房三楹。
中為大殿，供奉如來、文殊、普賢佛像，獅象蓮座皆高丈餘。殿
內左右塑羅漢像，皆以金餙，殿後供奉韋陀。中為川堂，再進正
屋三楹，內奉大士，繚以高垣。舊時寺基止此，其餘左右所建屋
宇，皆係新構。其右偏正屋一進為官廳，前留隙地，隔以短垣，
旁闢小門，繞以長廊。由官廳而前穴垣為門，門外左側有屋數楹。
大士殿後隙地數十弓，又園二十餘畝種植雜糧菜蔬，可供寺僧齋

糧。周遭圍以刺竹折而之…箭亭。亭之左有屋五楹，迴曲如廊，
深二丈可置几筵，以為遊時燕集之所。凡此皆新建之屋也……[2]

　　文中告訴我們，乾隆四十二年，皇帝下詔各地整修名勝古蹟，海會
寺被地方官以此名義重修。當時可說是官修寺院，也是朔望官員替皇上
祈福之所。所以寺中建有「官廳」以供官員參與祭祀、祈雨等活動休息、
換裝之用。從引文看到海會寺是純正的佛寺，不過，再看《圖說》，赫
然發現，海會寺中殿之左是「文昌帝君殿」、右是「東嶽殿」，左側廂房
有「十王殿」，右側廂房則有「土地殿」、「註生娘娘殿」，很明顯雜混民
間神明。問題是原先就有的格局或是新修時建成的？從引文來看，似乎
二側廂房神殿是新建，其餘是新修之前即有的格局。不管怎樣，此一格
局都顯示海會寺僧眾對民間神明的容受態度。有的學者認為清代府城的
僧綱司在開元寺，這有可能，但僅在官方整修海會寺之時或其後。之前，
海會寺僅是官員捐俸修建，尚不具備官寺資格。

二、清代的神廟中的僧侶

　　那麼，之前僧綱司在何寺廟呢？從祀典武廟所藏的神主牌位來看，
僧綱司似乎在武廟中。根據同事王惠琛的調查，祀典武廟中大約康熙至
乾隆年間的神主牌位如下：[3]

---

[2] 《重修臺郡各建築圖說》〈重修海會寺圖說〉（以下簡稱《圖說》），（臺北故宮博物院重
　　印，2007 年 12 月），頁 71-72。
[3] 王惠琛〈臺灣南部寺廟中的僧侶神主牌位調查〉（一），《媽祖與民間信仰：研究通訊》第
　　1 期，頁 43，臺北博揚文化公司，2012 年 6 月

台灣寺廟神主牌位

院　南
順寂比丘僧綱司 上振下維政和尚覺蓮座
孝徒善緣徒孫朝啟等仝奉祀

　　所謂的「南院」是指漳州南山寺。也就是說這些僧侶是出身南山寺派下，即所謂的「南院衍派」。

　　實際上，除了武廟外，隔壁的大天后宮、城內的三官堂都住有僧侶管理。連臺南後壁的岳飛廟及遠在屏東九如的三山國王廟也是由僧侶住持。九如三山國王廟是當地公廟，我的學生幾年前採錄的廟中住持神主牌位寫著這樣的字句：

　　臨濟正宗
　　雲門順寂沙彌上變下業宗公一位蓮座
　　超峰寺第五代上隨下喜本公一位蓮座
　　超峰寺第四代上志下輝續公一位蓮座
　　重興九塊第二代上鴻下純覺公一位蓮座
　　重興崁頂廟上蓮下輝廣公一位香座
　　三山國王廟歷代主持神位
　　重興九塊厝第一代上志下德德公一位蓮座
　　超峰寺第三代上緱下在廣公一位蓮座
　　超峰寺第五代上定下富本公一位蓮座
　　順寂沙彌上盛下覺石公一位蓮座
　　雲門順寂沙彌上變下文宗公一位蓮座
　　　　　　　　　　信徒應濤奉祀[4]

---

[4] 吳嘉燕，〈九如三山國王廟的田野考查初探〉，《媽祖與民間信仰：研究通訊》第 1 期，頁 54。

　　以往討論大崗山超峯寺，甚少言及該寺清代的住持及其法脈。這些牌位的「發現」，告訴我們超峯寺的法脈傳承是這樣：

第三代綵在廣

第四代志輝續

第五代隨喜本

　　　　定富本

　　很明顯，其「法名」是依「廣、續、本」命名。對照《卍續藏經》所收光緒《宗教律諸家演派》，這應是按臨濟宗普陀山前寺派字：「智慧清淨……心源廣續，本覺昌隆……」[5]命名。

　　當然，這塊牌位似乎也反映「雲門」宗僧侶在臺灣的活動情況及其派字。為什麼僧侶要住持神廟（祠廟）呢？嘉慶時一位參與編寫地方志的士人鄭兼才提供一點訊息：

> 上胡芝軒觀察
>
> 為破俗見以符體制、禁瀆亂以崇正教事。
>
> 竊查臺郡宮廟之建，凡僧道不能住者，各有捐置租產，公舉紳士掌管，歲備催募守廟之資。因無力另蓋住屋，其居處寢食悉在後殿空屋，屋外又闢兩便門，名為疏通煞氣，實為私便往來。於是踐踏褻狎，反在守廟之人。兼才所見各省行宮文廟看守兵役，皆居外輪守，惟臺郡悉住廟內。且如文廟後殿奉祀至聖五代、文昌宮後殿奉祀帝君三代，均有一定制度，斯非看守丁役人等得僭分安住。今已習為固然，相沿不改，縱肆成風，未必非地方之累。謹將各宮廟實在情形，為執事陳之。
>
> 一、小南門內萬壽宮管事為卑學廩生郭維洪，據稱租息甚少，向所捐置皆經蕩壞。催募丁役住正殿後東西兩屋，各有廳房，中隔以牆；東屋之東、西屋之西，俱各有門通路。其南兩偏門各通正殿；若堵塞此門，與正殿隔斷，自成一局，可稅人收息。現住一役，似應移出闢門內邊屋居住，令從外門出入照管，方為得力。若仍聽其佔住原屋，閉絕前後門，外人無從查問，日久難測；不

5　《卍續藏經》冊 150，頁 526 上。

惟敢開通正殿，縱畜踐踏，為大不敬⋯。

一、縣學文廟，經兼才前次募修。議叙職員林朝英捐銀八百兩置產鳳山，供朝暮香燈、廟丁工資銀月二兩。竊思文廟香燈，縣冊內原有開銷；祇為朔望行香，非如寺廟佛燈藉口普結良緣可比。如京師文廟為列聖親臨，禮宜有加；而殿廡香燈，從無派人住廟，朝暮供獻。非第慎火燭之虞，亦以廟宜肅穆，非是不足昭誠敬。似應將此項停止，在內少一住廟之人，在廟即少無數瀆褻之事。林職員捐項，向交府學生員王琳掌管，應即議明在廟內別項開用，其田段亦應移查引契驗據存案。

一、新建文昌宮既竣事，前道憲廱捐置郡城禾蕖港街蘇錦芳布店一座，年稅銀六十五員，付廟丁收用，以供香燈及工費；縣又月給米三斗。後殿左右房為其住屋，俱有邊門通外。以事起道署，公舉道房二人，一戶房韋啟億、一兵房吳夏瑚；鄉紳二人，一舉人林謙光、一監生陳瑛疆等稽查其事。廟丁將住屋稅人，勾通閒雜人併女流等猥褻瀆亂，遂至不可言狀。又在外勸助油燈，以充私用。林謙光等非不目擊心痛，而意見不同，不能併力呈革，似未便再事容留。應即堵塞後門，立令移出，另行僱募，令住大門右邊房，晝則照管，入夜則謹司門戶，方成事體。未有外閉大門、內恣游戲，謂之看守者！至稽查其事，或分年輪管、或併歸一手，可免推諉，以專責成。

一、關帝廟與天后宮，本聯屬相通。兼才前次隨各憲行香畢，即由廟內穿至天后宮，禮畢於大門外登輿，亦非在邊門窄徑。兼才近詢住持僧，尚能指出舊路，不知誰為堵⋯⋯。[6]

由此可知，清代臺灣宮廟管理人有三種類型：

一、僧人
二、道士
三、士紳

一般人熟知的廟祝，也就文中所言之「廟丁」，係由士紳聘請，管

---

6 嘉慶鄭兼才《六亭文選》頁 20-21，臺灣省文獻會，1994 年複刻點校本。

理及住持廟務。其薪水則由廟中田產或租銀支付。因此僧人住持宮廟實屬常態。特別是臺灣無出家道士，因此住持宮廟大多由僧侶擔當。這是著眼其宗教性：清淨與公共性。

三、清代龍華齋友的佛教性格

對於臺灣的「齋教」，不少學者已視其為在家佛教。這樣的意見對不對呢？恐怕在回答之前，應先釐清齋教三派的區別。所謂的齋教三派係指龍華、金幢與先天。其中金幢除吃齋外，其他特點皆與佛教不同，應先剔除。而先天在吃齋、獨身與佛教相同，其餘亦有差距，尤其在坐功、唸誦經典等方面差異更大。可說是受佛教影響的宗教。至於龍華，與出家佛教有所差異，但和在家居士，極為相近，如唸誦經典，即是一例。德化堂所刊刻的《六祖壇經》云：

> 按《六祖法寶壇經》由來舊矣，世間所得均非善本，俱是抄拾，不無字句差訛、義理錯謬。今幸得之廣州海幢寺裝訂善本，閱之使人知心見性，佛即是空，空即是佛之義。學者當深求體要，精察力行，如瞽者能明，聾者復現，遂使四大五蘊之中，深含妙諦之義，爰我全志，重新鏤版，以廣其傳焉。
> 時道光旃蒙協洽之歲弟子李英才、黃永淳、許朝錦、杜有慶合什拜序

這是目前所見臺灣最早刊刻的《六祖壇經》。李英才、黃永淳等皆是龍華齋友（參見王見川關於德化堂的研究）。由此，可知齋友是熱心研讀佛典、認同佛教的，這一點也可從堂中流傳的《三皈五戒》牌中看出：

三皈佛勅五戒
一皈依佛，佛者覺也。覺諸世緣，悟明心地是人自性修來，亮堂堂清的佛。
二皈依法，法者正也。正之諸心，除諸妄念是人自性修來光灼灼清淨的法。
三皈依僧，僧者淨也。心清不假外求，意淨不假外修，是人自性

修來巍巍不動清淨的僧。

一戒不許殺生害命乃是仁也。天地有好生之德，聖賢憐憫之心。
四生六道原是人為，祇因癡迷不醒，墮入胎卵退化。修行人先學
慈悲為本，方便為門。切記食他半斤，還八兩，打轉輪迴人食人。
二戒不許偷盜乃是義也。持齋受戒之人要學前輩古人楊震辭金，
夷齊却金。自古道一分一文為佈施，一草一木為偷盜，一針一線
莫妄取。富貴貧困是天生，各安心性循天理，蒼天不負善心人。
三戒不許邪淫乃是禮也。自古以來有天有地有陰有陽，有君臣父
子兄弟夫婦朋友為五倫之大道，萬古之綱常。魯男子閉戶不納，
柳下惠坐懷不亂。梁鴻之舉案若敬，姜之勤織遵守三從四德，恪
安閨訓端方，是乃真君子，方顯女丈夫。
四戒不許誑語乃是智也。自古尖鋒舌劍最為鼓弄……寸刀尚會傷
人性命。修行人不可將有，不可以是為非，隱惡而揚善……。
五戒不許開葷使酒乃是信也，信乃菩提根本戒為清淨法門……。[7]

從這些解釋，可以看出《三皈五戒》受到《壇經》的影響，與之前
齋堂所強調似有不同，顯示臺灣龍華的轉型：佛教化。

四、關於龍華齋堂「開化堂」

目前所知最早提到臺南市龍華派齋堂「開化堂」的人是李添春。他
在《臺灣省通稿卷二人民志宗教篇》中說：「據連雅堂著《臺灣通史》
〈宗教志〉說：『乾隆末年白蓮教作亂，蔓延四省，用兵數載，詔毀天
下齋堂，時郡治（臺南）檨仔林有龍華之派聚徒授經，乃改為培英書
院』，……查龍華教臺南德化堂手抄……又記原有開化堂被廢，並無其
他說明，是否檨仔林之齋堂，無由推知。但由被廢兩字推想，當然不是
自廢可比。連氏所舉之齋堂，是指開化堂無疑。[8]」這個敘述部份是對

---

[7] 王見川、李世偉等編《臺灣宗教資料彙編：民間信仰、民間文化》第2輯，33冊，頁8，臺
北博揚文化公司，2010年5月。

[8] 李添春《臺灣省通志稿卷二人民志宗教篇》頁81，臺灣省文獻委員會，1956年。又見王見川
〈從龍華教到佛教：臺南德化堂的成立與其在近代的發展〉頁143，王見川、李世偉《臺灣
的寺廟與齋堂》，臺北博揚文化公司，2004年1月。

的，樣仔林的齋堂確是開化堂，不只德化堂所藏經卷上署有開化堂字樣，[9]更重要的是總督府檔案保存一份日據初期該堂的土地申告文，詳述開化堂的由來。其文云：

理由書
一坐落樣仔林街拾壹、拾貳番戶、假九五九番業主謝功勳等
臺南廳臺南市馬公廟街一番戶
原告管理人葉超然
被告人鄭葉蓁
右之土地謝光勳等鳩金於嘉慶十三年明買吳紹宗之業、道光四年明買主王生之業，獻作開化堂奉祀菩薩神像。

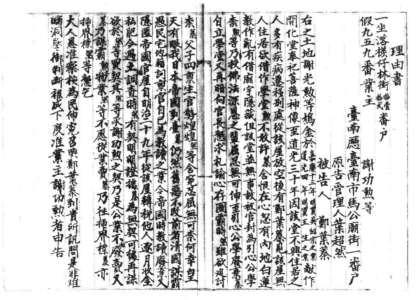

附圖二（臺灣文獻館提供）

至道光三十年因該堂不興，住居之人多有疾病，遷移別處。從該屋放空後，有鄭葉蓁見該屋無人住居，欲借作學堂。勳不敢許，蓁含恨在心。忽有內地白蓮教作亂，有借廟宇隱藏。但該堂並無事故，被官封為引心公學。奈勳等乃授佛法深恩之輩，屈忍無可伸。至引心公學廢棄，蓁自立學堂。又再暗向官長懇求札諭，心存圖霸時。時然雖欲追討，奈蓁父子四稟生，官勢煌煌。然等含

冤忍屈，無可奈何。幸皇天有眼，我日本帝國到臺，蓁仍然舊惡不改前者。清國謀霸愚民宅地，藉詞稟官，自己為教讀之業。今帝國時，教讀廢棄，又隱匿帝國官屋。自明治二十九年從該屋轉稅他人，逐月收金私肥。今遇土地調查時，然有契，明明證據。蓁為無契可據，再謀欲於然等買契，其然等承謝功勳之契，乃是公業，不敢廢賣。又蓁乃謀霸勳業。然等不願從業賣蓁，乃往插界標，蓁亦插界標。然等懇乞大人恩准，察核為民伸冤，召喚鄭葉蓁到貴所訊問，是非難瞞，洞鑒御判……業主謝功勳者申告。[10]

當事人之一的鄭家則是這樣說：

> 理由書
>
> 臺南廳臺南市樣仔林街第五番戶申請戶鄭寶榮……右之者舊引心書院倒壞遺址，即開化堂被官抄封之堂基也。查開化堂係因嘉慶年間白蓮教謀逆敗露，牽引本堂亦在案內，故督撫行文到臺抄封拏究，餘黨逃散，堂址僅存。後因在地紳士，欲培育子弟，僉請上憲准將此堂遺址，修築為引心書院。延至道光年間，生徒眾多，始將該院，移在呂祖廟街，而舊院已多傾圮。延至同治元年，地震崩壞，遂有貧人結草為廬，族居其中。光緒二年間董事黃修甫等恐其窩藏匪類，面稟臺灣縣白鸞卿，諭准由生員鄭葉蓁出資修築，就中教授生徒。至光緒七年甫邀仝舉人王藍玉等僉請道憲張夢元轉飭邑主吳森給諭准歸蓁再備黃金，重為修建，作為自己教讀居住物業……今逢土地調查之際，突有第二區柱仔行街佛教德化堂管理人甘普降等黨眾壹佰餘人，昌執開化堂久被官封之廢契，到地紛爭……故不得已歷陳理由……

兩造陳述，涉及不少課題。現參照其他資料，分疏如下：

（一）開化堂的設立與運作

根據總督府所藏地契，嘉慶十八年，開化堂謝光勳、李位光等人，

---

10 這些文件是當時國史館臺灣文獻館組長劉澤民（後任該館主秘）於本人赴館演講時所贈，非常感謝！

借堂前曠地蓋屋，當時外人稱該堂為「檨仔林埔菜堂」[11]。可見，開化堂在嘉慶十八年前即已建立。如德化堂理由書可靠，那開化堂成立於嘉慶十三年之前。[12]在嘉慶十三年至道光四年間，該堂頗為興盛[13]，陸續購地擴建堂宇。

（二）白蓮教亂與開化堂被廢

[11] 立給地批：侯府有曠地一所，坐在西定下坊土名檨仔林埔菜堂面前，壙埕壹座給蔡光順、李位光、陳福秀、謝光勳等前去掌管。東西直四丈五尺，南北闊六丈三尺。四至明白為界，每年地基稅銀貳錢付其。貳月十五日將軍千秋不得少欠。立給新批人蔡光順、李位光、陳福秀、謝光勳以上四人合建，置為開化堂公用。倘有日後他人再典，仍赴侯府，再給換批，合立給批字一紙付執為炤。嘉慶拾捌年拾貳月□日立給批人陳氏。

[12] 立賣斷盡契字人陳媽意有合仝王宅明買過蔡福生、蔡某生瓦厝壹座叁間、連雙邊貳間、伙食間貳間、水井壹口，坐落西定下坊菜堂後，年帶施府地租錢叁佰文。其東西四至俱載上手契內為界。今因乏銀，別創費用，托中引就願將應分該得對半，南畔壹半，層額上至頂層蓋栱桷門窗戶扇下，及地基浮沉磚石盡賣與。王致宗出頭承買，三面言議：佛頭銀壹佰大員，其銀即日仝中交訖，其厝隨時交付。買主前去掌管居住，永為己業。一賣千休於房親叔兄弟姪無干，不敢阻當。日後不敢言贖，言找亦無張重典掛，借欠他人財物為礙，來歷不明等情。如有不明，媽意等自出頭抵當，不干買主之事。此係二比甘願，各無反悔，恐口無憑，立賣斷盡絕契字壹紙，並繳上手全買蔡宅，仝契盡繳，連送執為炤。即日仝中交訖，收過契內銀壹佰大員完足再炤。代書並中人蔡獅。嘉慶貳拾壹年拾壹月□日立賣杜盡斷絕契中陳媽意，知見人岳母蔡氏、妻蔡氏。

[13] 立賣絕契字人王生有，承父親王致宗明買過瓦厝壹座，坐落西定下坊土名檨仔林埔，坐東向西壹廳貳房併火食間貳間，過水貳間、水井壹口。東至本宅後簷□外為界，西至前落滴水為界。南至壙地為界，北至灰間□外為界。四至批明在契，年配施祠地稅銀叁錢。今因乏銀別創，願將此厝出賣。先盡問叔兄弟在房親人等，不承受，外托中引就賣與開化堂謝光勳、李榮華等出頭承買。三面言議，着下時價，佛面銀貳佰陸拾大員。其銀即日仝中交訖，其厝隨即搬空，交付銀主開化堂謝光勳、李榮華等掌管，永作公業，祀祖先。其厝上至門窗戶扇樓枋楹角，下至水井地基磚石。果此厝係是生承父親應分之業，與房親人等無干。一賣千休，日後不敢異言生端，亦不敢言我言贖，並無重張典掛他人以及來歷交加不明等情為礙。如有不明生自出頭抵當，不干銀主之事。此係二比甘願，各無反悔，抑勒恐口無憑，今約有憑。合立賣杜盡絕契字壹紙，併繳連上手契三紙、施府地批字壹紙、共伍紙付執為炤。即日仝中見收過契內佛面銀貳佰陸拾大員完足再炤。知見人母王蔡氏。道光肆年拾月□日，立賣杜絕契字人王生、王清。為中人盧興、周運、鄭在。

出立厝地批字人施府祠內老岱舍等：今因開化堂謝光勳、李榮華等有明買過王生瓦厝壹座柒間，坐落西定下坊檨仔林埔邊。今因乏地起蓋，向遇施府給出來地壹所，東至本宅後簷□外為界，西至前落滴水為界。南至地基外壙埕壹丈二尺為界，北至地基外壙埕壹丈二尺為界。四至明白為界，願將此厝地，聽謝光勳、李榮華等起蓋，永為己業，年納地租錢叁佰文，亦無不明。如有不明者，施府祠內岱等抵當，不干地給地人之事。此係二比甘願，各無反悔。今欲有憑立給厝地壹紙送執為炤。再者如後若遇主再給為炤。道光伍年九月□日立厝地批人施府祠內岱舍等。

　　不過，到了道光十三年教務受阻，加上堂中信眾老病，於是併入德善堂中，開化堂因而荒廢。當地士紳鄭葉蓁見狀企圖借地立學堂。謝光動等人未答應，於是鄭葉蓁援引「邪教」事例，向地方官告狀。雖未查出不法，但開化堂因而被官方查封，並將此納入「引心書院」，而不是連雅堂所指的「培英書院」。如果我們只看鄭家的呈文，那就會認為官方查禁白蓮教亂餘黨，封閉開化堂。可是道光四年的地契，證明開化堂仍在活動，故需擴張買地。所謂的「白蓮教亂」影響，係指道光三十年的白蓮教案影響，官府藉機查封開化堂。在地方士紳建議下，成立引心書院。

（三）引心書院

　　當時引心書院有董事黃敬等人。同治元年因地震，引心書院倒塌。[14]鄭葉蓁借口其中可能有匪徒藏匿，向地方官請求，許其為「書藝課館」。縣官同意，鄭葉蓁花百餘圓整修佔用。光緒七年鄭葉蓁又夥同黃敬、紳士王藍玉等人稟官，取得示諭。明治二十九年（1896）因政權轉移，鄭葉蓁學校停止，德化堂人員催討房產，鄭葉蓁亦聲稱擁有產權[15]，雙方對

---

[14] 花翎同知銜，署臺灣縣正堂揀發補用縣、加三級紀錄五次、記大功七次吳，為轉飭遵照事案，蒙本道憲張批：據引心書院董事黃敬、紳士王藍玉、陳楷、莊芸香，稟生石時觀、鄭炳奎、吳志忠，生員鄭葉蓁、林王先、陳萌甲、蔡炳章、劉銘勳等僉稱西定下坊樣仔境有舊引心書院房屋一座，計兩進，於同治元年五月間地震倒壞，嗣有貧民將該處結草為廬，暫行居住。爰有樣仔境簽首鄭葉蓁恐其中良莠不齊、窩藏匪類，於光緒貳年間向敬陳明經敬面稟前邑主白，請從該院修作課藝書館，荷蒙准，飭蓁出銀壹百餘員修理。就中教讀，按期課文，迄今多年。茲因房屋傾塌、破漏，欲再修葺，但該院前係書院雖現作生員鄭葉蓁等課藝之所，未經稟明，不敢擅便續修。敬等忝屬紳董，合亟瀝情，僉乞恩准，飭邑主給諭，俾蓁自備資續修。斯文課藝，有所沾叩等情，蒙批准鄭葉蓁出資續修，作為自己教讀物業。批縣轉飭遵照前因，合行諭飭，為此諭。仰鄭葉蓁立即遵照憲諭辦理，切切此諭。光緒柒年陸月□日諭。

[15] 理由書：臺南廳臺南市第二區為馬公廟街第一番戶，業主謝功勳同李榮華，管理人甘普降，全區樣仔林街被告人鄭葉蓁。一坐落臺南市樣仔林街第十一、十二番戶，假九五九番。右之家屋係謝功勳等，於道光四年拾月明買王生之業，喜獻與開化堂奉祀菩薩神像。道光三十年間堂別置他處，將該業廢棄，無人居住。至光緒七年鄭葉蓁稟官委札，將該業設為學校布教場。至光緒二十年學校停止。開化堂管理人等屢向逼討該業，而鄭葉蓁執意不返。迨至明治二十九年鄭葉蓁又將該業轉稅他人，逐月收稅，私為己有。似此鄭葉蓁心存圖霸，不思該業契劵，煌煌可據。今達土地調查之時，開化堂管理人插標定界，而鄭葉蓁亦插標

簿公堂，各呈證據。以上情節係參酌德化堂手持田產房契及鄭葉蓁的「示諭」整理。這是一樁典型清代官、紳結合，迫害民間宗教的案例。從中我們也看到清朝「廟產興學」的影子。

附記：感謝臺灣文獻館劉澤民先生惠賜「開化堂」相關資料。此文原刊於《圓光佛學學報》18 期，頁 81-96，2012 年。

定界，出為紛爭。懇乞貴局喚鄭葉蓁到局對問，則是非分明，此段奉願候也。明治三十六年七月□日。馬公廟街第一番戶甘普降、仝街第一番戶葉超然、王順安、陳却，帽仔街第十二番戶何玷，第二十九番戶葉傳、鄭霞霖，第十六番戶吳榮泉，佛祖廟街第三十番戶李樹……

光復前的一善堂、證善堂與新竹大家族
——兼談周維金《大陸遊記》

「齋教」與「鸞堂」是臺灣傳統宗教信仰中的主流。所謂的「齋教」在臺灣意指吃長齋的三個在家教派：龍華、金幢與先天。[1]其教崇奉主神的所在叫齋堂。一般來說，齋堂是臺灣傳統的禮佛的場所，也是齋友清淨修行的地方。[2]連雅堂曾說臺灣最多齋堂的所在是新竹。[3]這句話不一定對，但新竹這一小小城市，在清末日據初期確實存在以下大大小小近十餘間齋堂。[4]

堂名	地點	坪數	派別	創立時間	管理人
良善堂	南門外東庭邊	36.00	劉華派	不詳	李普醫
慎修堂	北門內前布埔	49.00	金幢派	咸豐三年	陳　木
一（壹）善堂	香山庄	89.00	龍華派	光緒十一年	陳普慈
印月堂	東門內後圳溝	35.00	龍華派	同治二年	柯良明
敬德堂	樹林頭庄	64.00	先天派	同治七年	鄭國定
福林堂	樹林頭庄	48.00	先天派	乾隆二十二年	
證善堂	竹簑頭	40.00	龍華派	光緒十九年	周普達
證源堂	南門內公館庭	56.00		咸豐八年	
澄真堂	北門外		龍華派		王既廉
澄真堂	南門堡		龍華派		王通達
明德堂	南門外		龍華派		謝普轉
存齋堂	東門外		金幢派		黃賀清
良德堂	北門外		龍華派		周　成

---

[1] 王見川《臺灣的齋教與鸞堂》頁 58、61-67，臺北南天書局，1996 年 6 月。

[2] 關於臺灣的齋堂，可參看張崑振《臺灣的老齋堂》，臺北遠足文化公司，2003 年。

[3] 連雅堂《臺灣通史》卷 22〈宗教志〉頁 703，臺北黎明文化公司，2001 年。

[4] 本表是結合鹿山豐編《教報》第一號（大日本臺灣佛教會，1896），頁 19-20，溫國良編譯《臺灣總督府公文類纂宗教史料彙編》（明治二十八年十月至明治三十五年四月）頁 438、444，臺灣省文獻會，1997 年 6 月，以及光緒二十四年鄭鵬雲、曾逢辰《新竹縣志初稿》（南投臺灣省文獻委員會，1993 年）頁 112-114 繪製而成。

　　表中南門堡的「澄真堂」應是「證真堂」之誤。到了日據中期，新竹市又多了「太和堂」、「紫霞堂」、「中和堂」三間先天派齋堂，[5]可以說齋堂是新竹的宗教建築代表之一並不為過。其中有二間龍華派齋堂：一善堂、證善堂，不僅歷史悠久，影響亦大，尤其是二者的創建者或活動都與大陸有密切關係，需要進一步分析。又證善堂後人周維金兄弟，善於筆墨，留下《大陸遊記》等資料，描繪同一時期大陸的民情與風俗狀況，是日據中期少見的觀察中國作品，值得介紹於大眾。

一、一善堂與楊普丹

　　現今的一善寺，其前身為一善堂，是新竹市著名的齋堂。關於一善堂的創建，至少有下列三種說法：

1、光緒十一年（1885）：由士紳鄭如蘭、林汝梅、周其華等信徒倡建。[6]

2、明治三十五年（1902）：鄭如蘭夫人與楊普丹合建。[7]

3、明治二十五年（1892）：鄭如蘭夫人陳氏潤創立。[8]

　　其中光緒十一年創建的說法，由於得到《新竹縣志初稿》、《新竹廳志》等早期資料印證，被學者視為定論。[9]不過，在重要關係人楊普丹的回憶中，一善堂卻是建於另一時間：

　　　…傳燈楊普丹居仙邑劍山如是堂，生於道光癸卯年八月初柒日吉時臨凡，迫於同治元年間遊訪名師，參求了生脫死先天大道，歷盡千關萬劫之苦，蒙師指示諸佛妙理、先天大道無為妙法，於光緒元年到臺。至光緒甲申年香山開壹善堂，代歷代祖師壹是堂空

5　日據中期李添春《齋堂調查表》（代擬）手稿。
6　張綉玲《新竹市佛教寺廟藝術之研究》頁 11，文化大學藝術研究所，1996 年 6 月。
7　同前註。
8　徐壽《全臺寺院齋堂名蹟寶鑑》頁 32〈證善堂〉，臺南國清寫真館，1932 年。
9　張綉玲《新竹市佛教寺廟藝術之研究》頁 11。

空普傳無為妙法…[10]

　　道光癸卯，是道光二十三年（1843），光緒甲申年是光緒十年（1884）。對照相關記載，可知楊普丹是仙遊縣西關外文賢里劍山村，楊文筆的第三子，「髫齡持齋」，二十歲同兄長普發在家鄉建如是堂，二十八歲到涵江建如意堂，三十歲到祖堂領傳燈。楊普丹是在光緒元年到臺灣北部傳佈龍華派教法，光緒十年在香山創建一善堂，並於五十二歲（光緒二十年）時接受林汝梅邀請出任金山寺住持。[11]所謂的楊普丹建金山寺一事，對照《淡新檔案》記載光緒十四、十五年間林汝梅、鄭如蘭等聘請普陀山僧本明改建金山寺的事實，[12]證明是錯誤的，較有可能是指他住持金山寺。當時，一善堂「廟宇八十九坪、地基百九十二坪」，[13]規模不小，恐非外來者楊普丹一人所能為，應是有在地人幫忙。楊普丹在詩文集中提到贊助他的幾位「施主」。

　　　讚大施主
　　　馨（香）谷齋主發虔誠，供養諸佛親降臨。
　　　春官稽共（啟建）龍華會，道德普度有緣人。
　　　普慈大發菩提身，持齋念佛西方人。
　　　修行學道真如性，開悟智慧般若心。
　　　百倉家業永長存，蔭益兒孫跳龍門。
　　　普濟世間千人喜，慈悲布施萬眾聞。[14]

---

[10] 楊普丹《如是真經》〈序〉手抄本。另在《源流法脈根本》（抄本）中說他「三七歲往壹是祖堂心領如來慧命。三十二歲詣臺辦道，善結諸緣。四十二歲開山臺北新竹香山一善堂。五十二歲蒙道銜林公汝梅暨竹諸紳仝建（住）金山寺。五十五歲還鄉仝林普緣大重仙邑興善院。六十一歲詣福州鼓山湧泉寺、怡山長慶寺打齋印經。道出福清詢堂佛，逢高公，普如寂滅。祖堂法擔空縣，無人接續，蒙諸傳燈推丹為法擔。六十三歲在祖堂後開山建造列代祖師殿一座，生三往普陀、代善信種福。列年數登諸郡，付善信傳燈，逢人勸化，隨處施功、發明心誼，以啟後生。一生共塑佛像一百四十餘尊，代人天造福…」。《如是真經》、《源流法脈根本》合抄一起，是日據初期抄本。原抄本未標頁碼，下引頁碼為筆者自標。

[11] 《源流法脈根本》頁 9-10。

[12] 《淡新檔案》（六）第一編「行政」：稅契、給照、釐金等，頁 316，臺灣大學圖書館，2001 年 6 月。另參考王見川〈光復前新竹市的佛寺，齋堂與普陀山〉。

[13] 鄭鵬雲、曾逢辰《新竹縣志初稿》頁 114，南投臺灣省文獻委員會，2001 年 3 月。

[14] 楊普丹《如是真經》頁 36-37，手抄本。

　　文中的馨（香）谷就是鄭如蘭，而普慈是陳普慈，是鄭如蘭夫人陳漱。[15]可見，鄭如蘭夫婦都支持楊普丹的傳教。尤其是陳漱，從法名「普慈」來看，已皈依龍華派，極有可能是楊普丹的弟子。

　　楊普丹住持一善堂期間，位列龍華派一是堂系「太空」非常活躍，與二岸名僧、齋友多所唱和：

　　　　1、怡山長慶寺本師尚先老和尚讚
　　　　代師行化度迷人　　清淨法身放光明
　　　　有緣直指明心性　　普照十方現金身

　　　　2、莆田香山寺住持僧能讚
　　　　太空大慈悲　　說法三界知
　　　　言談了意識　　勾出玄妙機

　　　　3、惠邑慧靈堂道友曾啟明敬讚
　　　　壹心清淨紫金容　　善堂燦爛白毫光
　　　　普照十方諸國土　　丹化無為法中王

　　　　4、南安縣飛瓦嚴住持圓瑞敬讚
　　　　一句彌陀萬慮消　　善中無不自逍遙
　　　　清風明月為伴侶　　龍華大會度石橋

　　　　5、興化涵江國懽寺小弟僧真空敬讚
　　　　一堂我佛在香山　　善利韋提禮問參
　　　　品類葵傾瞻初日　　扶桑普化紫金丹

　　　　6、莆田涵江蓮山崇福寺住持莊嚴敬讚
　　　　太極兩儀生三才　　空生萬法是本來
　　　　普度眾生成佛道　　丹心圓滿智慧開

---

[15] 鄭毓臣《浯江鄭氏家乘》所收《浯江鄭氏族譜世系錄》頁 222、233。本文採用的版本是陳澤主編《影本浯江鄭氏家乘》，臺中臺灣省文獻委員會，1978 年 6 月。

7、鼓山湧泉寺僧義修讚
一點靈光照十方　　開山祖師壹善堂
指點迷人菩提路　　善男信女到西方

8、邵武極樂寺僧仁修讚
一點靈光包天藏　　善心寂靜滿虛空
普勸南贍無數億　　丹性西教覆本宗

9、塹城武廟僧妙慧讚
壹是圓明世間稀　　善果妙道賢且美
普照虛空三千界　　丹樹香達十方知

10、惠邑天湖巖僧妙德讚
壹是福清原本宗　　善道香山楊太空
普化三千信男女　　丹桂五葉透西方

11、新竹內天后宮僧清修讚
壹念彌陀在眼前　　善悟妙法本自然
普種福田菩提果　　丹心圓明極樂天

12、鼓山湧泉寺僧淨和讚
太宗太空　　為人正宗
捐資成美　　所建大宗
一塵不染　　清白無雙
功成名瑞　　得意春風

13、嘉義縣德和堂蘇豁然讚
普勸諸人及早修　　丹成揚名四部洲
天下諸人多向善　　萬古千秋不離修

14、仙邑劍山如是堂付勑楊普發讚
如是學道本古宗　　如是開悟皈法王

參來自性中秋月　度眾香山壹善堂
15、江南甘露寺僧志信讚
壹善道德楊太空　募化十方建佛堂
說經說法明心性　有緣得遇到西方

16、江西省壽昌湧泉寺僧協光讚
靈山大放普丹心　飄然塵歷接傳燈
明心直指為見性　度脫痴人是金身

17、湄洲祖廟無影子敬讚
靈山一氣化太空　度臺談果馳名揚
非是彌陀轉劫數　何由說法世無雙

18、莆田縣慈雲寺僧爐義讚
壹莖蓮花千葉開　善心買來供如來
普勸諸人來奉敬　丹化得佛上西天

19、仙邑光明堂林普道敬讚
空空空空　道合三宗
雲遊度眾　普照十方
談經說法　善信善忽
單傳心印　各自承當

20、莆邑南門外克明堂愚徒普晃敬讚
如是我聞與佛同　意能徹悟心中王
楊闡十方木易普　丹成了證解脫空

21、興郡莆田縣南關外坡湖克明堂傳燈普進讚
克幸傳燈清淨光　明心自性本來同
普照諸人皈善道　進裡無私法中王

22、興化城裡集慧堂清虛蕭普明敬讚

妙道圓融契本來　　丹公正覺出塵埃
了然一句當頭指　　喚醒沉迷南北臺

23、鼓山湧泉寺僧新春敬讚
壹念彌陀在心頭　　善日明珠放光明
普照十方成佛道　　丹引道友上天堂

24、福州寶勝寺僧增隆敬讚
讚賢徒
普淨念佛不離身　　朝參暮禮華嚴經
訪師拜祖求進道　　一家大小西方人
普福修行慈悲心　　朝參暮禮不離經
訪師拜祖求正法　　超凡入聖金剛身

25、彰化曇花堂道友楊普錦敬讚
師進空空位　　安心處處樂
福臺年年修　　徒參時時道

26、仙邑松峰院弟子林普駿敬讚
清淨慈悲楊空空　　光明照耀遍十方
弟子有緣曾得遇　　脫出迷途萬事空[16]

　　從以上眾多的唱和詩中，我們看到幾個現象，其一是楊普丹與江南、福建等地寺僧交流的情形，尤其是福建名剎湧泉寺、怡山長慶寺僧侶，都與他唱和，顯示當時正統僧侶並不排斥龍華派人員。其二是楊普丹與福建，臺灣二地齋友的聯繫密切。三是他與新竹武廟、內天后宮住持僧侶的吟詩酬唱，顯示他們具有一定的文化素養，並非無學之人。

　　當時的「一善堂」，有的研究者認為又叫「香山寺」。[17]這個看法，可能是正確的。因為捐建一善堂的鄭如蘭、林汝梅、周其華也是香山寺

16　楊普丹《如是真經》，頁37-44，抄本。
17　張綉玲《新竹市佛教寺廟藝術之研究》頁12。

的大施主。光緒二十年成書的《新竹縣采訪冊》上記載其事及該寺規模：

> 香山寺，在縣西十里香山下寮街後。正殿三間，左右廊各一間，
> 前殿三間，左右廂房各□間。寺前有半月池，正殿祀三寶佛、觀
> 音佛祖、地藏王菩薩。前殿祀三官大帝，屏後祀韋馱。光緒十年，
> 紳士林希華捐地，鄭如蘭、林汝梅、周其華等捐建。[18]

鄭如蘭在《偏遠堂吟草》卷下（新竹北門春官地，1914 年）則記
載，他冬日同葉瑞西、吳水田、林維丞等人遊「香山寺」之事。在詩中，
鄭如蘭說「逍遙別有好林泉，共到梵宮必俗緣。鯤島長齋爭繡佛，虎溪
一笑亦參禪。金繩接引隣山麓，寶筏因依近海邊。我與傳燈諸伴侶，心
香頂禮自年年。」詩中的「傳燈」是龍華派「太空」的別稱，而「長齋」
亦是龍華派用語，由此可知香山寺就是一善堂。

資料記載，鄭如蘭的後人一直擔「一善堂」的管理人，昭和十一年
（1936）鄭肇基夫人蔡慈惠，李妙航等移建朝山村頂，並改稱「一善寺」。
[19]

二、證善堂與周氏家族

值得注意的是，捐建一善堂的周其華，似乎就是新竹有名的周茶茂
成員。證善堂映西子在癸亥年（1923）《能華金童先天源流》中說：

> 新竹州西門外證善佛堂開山建立始祖潘氏普趣。自十三歲皈依能
> 華（即龍華），至申巳年建立香山庄壹善堂，光緒癸巳年建立本
> 堂，壽至六十七歲坐化歸西。余是承祖母侍齋流傳五代…[20]

光緒癸巳是光緒十九年。這位號「映西子」的人，本名叫周田，出

---

[18] 陳朝龍編纂、林文龍點校《合校足本新竹縣采訪冊》頁 219，南投臺灣省文獻委員會，1999
年 1 月。

[19] 請合看徐壽《全臺寺院齋堂名蹟寶鑑》頁 30〈一善堂〉，張文進《臺灣佛教大觀》頁 107，
豐原正覺出版社，1957 年 9 月。

[20] 映西子《能華金童先天源流》（1923），抄本。需要注意的是文中記載壹善堂建立時間有誤。

生於長齋家庭，他本人在十八歲「過光場」，法號普雨[21]。他的敘述告訴我們其祖母潘普趣亦曾參與捐建一善堂，《新竹縣采訪冊》上提及的周其華可能與其有所關連。[22]

日本領臺初期，證善堂由周普達管理，約四十坪大小。明治四十一年（1908）證善堂已是新竹市的著名齋堂。當時的《漢文臺灣日日新報》即說：

> 新竹西門外竹篙厝證善堂，為當地著名之梵宇。堂主周宗霖一家十餘人，皆持齋奉佛。有女曰招治，年纔二六，素通文字，而禪宗佛典，又其所最嗜好，守貞不字，日惟以諷誦為事。近因身體違和，閉戶靜養，忽一日告其弟曰：汝須善事雙親，吾將赴西方樂國。翌日家人以湯藥進，呼之不應，啟衾視之，則已僵矣。但顏色如生，眼猶炯炯，家人猶冀其復生。然一縷香魂，已不知歸於何處，歷數時之久，始治葬具而出殯之。[23]

這位周宗霖可能就是周普達。根據張德南老師提供的周維金家戶籍資料及電話告知，周宗霖可能是周維金大哥「周莊臨」。在他之外，潘普趣的媳婦林玉（法號普美），也負責堂中事務。昭和初期《全臺寺院齋堂名蹟寶鑑》中是這樣介紹證善堂的：

> 本尊佛：三寶佛、觀音佛祖。
> 住持氏名：周維金。
> 在住者數：十名。
> 創立沿革：證善堂在新竹市西門外，係光緒十九年十一月周維金之祖母潘氏普趣及其令堂周林氏玉，法號普美，並同地富紳周敏益之太祖母周陳氏錢，法號普銀倡首建築。前後兩進，建坪達貳百餘坪，規模宏大。唯周陳氏普銀出巨款，其地乃由林振榮主人林爾禎喜獻前進，額回證善堂。其石柱聯文曰：「證以果，談以因，積多福祉」，「喜其身，淑其性，放大光明」。李逸樵書後進

---

[21] 映西子《能垂金童先天源流》。

[22] 這個周其華可能與「周茶茂」繼承者周其昌同輩。莊英章《新竹市志》卷二「住民志」〈氏族篇〉頁 683。

[23] 《漢文臺灣日日新報》明治 41 年 11 月 10 日〈步虛仙子〉。

之區曰：「淨心行善」。王仁堪書、鄭拱辰敬獻，其聯文曰：「證
妙道於傳經，獨標奧旨」，「善現身以說法，共拔迷津」。入其門，
左右安置周家祖先牌位，及其寄附者芳名之祿位。所祀諸佛與一
般寺院同。每年古曆四月八日舉行灌佛會，信仰之士參詣頗多。
其堂壁上所掛皆古今名人書畫，極其風雅。自建設以來每日清
晨，周維金之令堂周林氏普美牽子女誦經不息，故感化新竹地方
之信仰亦不乏其人，實為新竹中頗莊嚴之齋堂。且歷年經費由周
維金諸昆仲支出以外，有基本財產，一所在客雅庄水田，年瞨租
谷貳拾五石，係昭和二年周敏益之令祖母節婦周李氏吉，承翁姑
周陳氏普銀遺志，獻為證善堂之油香費用。而兩廊建築貳百餘坪
之平家，皆由周維金諸昆仲私囊支出，充為公共之物。及至乙丑
年始再重修煥然更新。其庭園號曰：省園，其意曰：君子三省吾
身故名之。凡園地周圍栽竹，所植花木頗幽雅。實為新竹地方有
數之齋堂也。[24]

　　這個介紹十分完整、詳細，顯示幾件事，一是證善堂的另一個護持
者：周敏益的太祖母周陳氏錢。她不僅捐錢幫忙建堂，亦交待後代捐田，
作為證善堂的油香費用，可謂證善堂的大功德主。二是證善堂中多古今
名人字畫，尤其是新竹名人如李逸樵、鄭拱辰等人都題匾、獻聯予該堂。
三是證善堂每年最重要的活動是浴佛節，吸引不少人參加。四是周維金
兄弟捐金，維持堂務，而由周維金任堂主，負責堂中事宜。

　　資料記載，周家兄弟共有五人，目前可知周維金上有三兄、周莊臨、
周家修、周田。堂親周春暉。周家修，據張德南老師電告，過繼給「周
茶茂」的周家，曾任保正，大正十年任「新竹街協議會員」[25]，在地方
上擁有相當知名度。周田，法號普雨，別號映西子，排行老三，在日本
領臺時，他「被難」逃往大陸，遊興化九鯉湖仙山、香山寺，入泉州，
過洛陽橋、開元寺、承天寺，後往廈門南普陀寺等地參訪，又往鳳山寺
進香。後年往鼓山湧泉寺、西禪寺。到了戊申年（1908）同「獅山邱太

---

[24] 徐壽《全臺寺院齋堂名蹟寶鑑》頁 32〈證善堂〉部分。
[25] 這是綜合《臺灣日日新報》大正 4 年 12 月 11〈議建大醮〉和遠藤克己《人文薈萃》（臺北
　　遠藤寫真館，1921 年 7 月）頁 107 而來的敘述。

空同往南海普陀山進香、住法雨寺等地」[26]。至於周維金，遠藤克己《人文薈萃》是這樣介紹：

> 周維金君
>
> 明治十五年五月七日生。
>
> 周維金君，明法學士也，年方二歲，嚴父云亡，舉族歸依佛門，自是信仰三寶。慈母林氏普美，頗有賢德，教養遺子五人，勤當家務，兼自製造蓪草。祖母潘普趣，最早歸依佛門，將為法輪光轉，自出巨資，以築證善堂，於西門外。領臺後，維金能自奮發，勤修漢文，研習國語。畢業之後，更負笈，遠涉東京，入學明治大學法科，研鑽不倦，儼有螢雪如風，成績優等。卒業歸來，地方青年之風尚，文明之真髓，俱自努力提撕，令其會得向上。執意席尚未暖，大正三年，為日獨戰爭開端，頓感時勢，自以謂能得我帝國勝利，以維持東洋平和，論及日支親善，修養精神，風俗改良，涵養國民性，滔滔數萬言，提供揭載諸新聞。蓋欲全島民覺悟之指針，公表發揮帝國之威權。此乃筆致之適律，文人之光輝，以博讀書人之好評，而行於盛世。現當任帝國製糖株式會社囑託，熱誠經營，兼理東洋拓殖產業株式會社監查役，皆以忠實經營。最可敬服者，其不食肉而食菜，倍加壯健，如此，豈比諸薄志弱行之徒，所能企及哉。顧其春秋尚富，多年接著日新文明，以此為將來全島之人物，不論何方面盡可飛躍也。[27]

文中的「明法學士」，乃明治大學法學士之誤。對照其他相關資料，周維金生於光緒八年（1882），早年喪父，由祖母、母親撫養長大。他從小除研習漢文外，亦隨時尚進學校讀日語，後留學日本明治大學。他自號貢南，又稱省園主人。[28]他在青少年曾到中國遊歷[29]。周維金常在報紙，用中文發表看法。如《臺灣日日新報》大正 6 年 7 月 17 日、7 月 19 日、8 月 31 日、9 月 13 日〈宗教略談〉論述佛、道、基督教、回

---

[26] 映西子《能華金童先天源流》。獅山邱太空指的是獅頭山邱普捷。

[27] 遠藤克己《人文薈萃》頁 110。

[28] 周維金《大陸遊記》志圖序，頁 1，新竹證善堂，1930 年 10 月。

[29] 周維金《大陸遊記》頁 1。

教五大宗教的情形。其中談到觀音是妙莊王之三女妙善[30]，可知周維金的佛學素養不太高明。大正九年（1920）更與鄭拱辰等人到普陀山進香，隨後更往江南等地旅遊。歸國後，將整個旅程經過記錄下來，於昭和五年（1930）出版，名為《大陸遊記》[31]。

三、《大陸遊記》的史料價值

此書當時由上海大中書局印行，下列書店販售：

臺灣臺北州臺北市有明町一丁目十二番地　分發行者　保安堂蘇養
臺灣新竹州新竹市西門一百五番地　　　總發售處　德興書店
同所字新竹東門一七七番地　　　　　　分售處　　泉馨書店
臺灣臺南州嘉義市西門外一五九番地　　分售處　　蘭記圖書部
臺灣臺北州臺北市永樂町　　　　　　　分售處　屈臣氏大藥房
外埠
臺北苑芳書店，文化書局
宜蘭林皮書店
臺中中央書局，竹林軒書店
彰化成源書局
北港謙源書店，成康書局
臺南崇文堂書局，新樓書局
高雄印刷會社
屏東書局
臺東增益書局
彭湖鼎長美書店
中華民國各省各埠大書局皆有分售處[32]

《大陸遊記》本文前附有周維金、證善堂全景、鄭拱辰及其夫人、

---

[30] 《臺灣日日新報》大正 6 年 8 月 26 日〈宗教略談〉。
[31] 此書原版為筆者收藏。臺北市老古出版社曾在 1979 手 3 月複印出版《大陸遊記》但刪去正文前照片、題跋等部份。又《大陸遊記》正文寫於大正九年，遲至昭和五年才出版。
[32] 周維金《大陸遊記》版權頁。

志圓畫作、普陀山、西湖靈隱寺等三十二張照片、前新竹縣知事櫻井勉等三人的賦詩、鄭拱辰及其夫人略傳，鄭家珍、蕭逢源、志圓三序、李逸樵題字、以及王了庵、吳德功等人的題跋。

　　正文敘述作者周維金在大正九年六月八日啟程至大陸，八月七日返臺，二個月間的大陸參訪經過。他依順序描述基隆、福州、上海、寧波、南海普陀山、杭州、江蘇、鎮江、南京、常州、無錫、蘇州等地。其中由臺灣至普陀山部份，已在〈光復前新竹市的佛寺、齋堂與普陀山〉一文有所描繪，不贅述。以下分幾部份，略作徵引說明。

（一）關於臺灣佛教的觀察

　　在《大陸遊記》提到當時臺灣佛教的情況有二處。一是指他與其兄周田由新竹乘汽車到艋舺，住在善慶佛堂。該堂是清朝貢生李秉鈞夫人吳普意住持。其孫李春火，「本年畢業曹洞中學林，就職於臺北廳宗教係」[33]。其二是臺南開元寺僧到大陸參訪一事。周維金提及在遊歷寧波天童寺天王殿時，碰到來訪的「臺南市開元寺知客填靜」[34]、並在六月二十七日於福建會館，碰到開元寺當家慎靜。這二個記載，具有史料價值，皆可以提供臺灣佛教研究者參考。

（二）書中言及的大陸佛教名僧

　　周維金在普陀山之旅後到寧波，準備參拜當時大陸名僧圓瑛，不料，圓瑛時在北方講經，由招待寺當家接待，參觀一吼堂[35]。後到天童寺參訪，也參觀八指頭陀紀念塔：冷香塔。[36]七月四日由上海到西湖遊玩。沿途逛寺尋幽，到靈隱寺五百羅漢殿，看到「殿列羅漢五百尊，高與人齊，並奉宋濟顛僧像」。[37]七月八日遊南屏山淨慈寺，看到寺後有一

---

[33] 周維金《大陸遊記》頁 2。

[34] 周維金《大陸遊記》頁 78、88。

[35] 周維金《大陸遊記》頁 57。

[36] 周維金《大陸遊記》頁 78-79。

[37] 周維金《大陸遊記》頁 108。

古井，他並記錄當時流傳的濟公傳說：

> 據知客師云稱神運井，相傳昔日建寺時，苦無木材，僧濟顛禱佛，
> 一日有木自井中出，層出不窮，足充建寺之用，寺成乃止。今餘
> 木尚在，井設垣繞之，俗號古木井。井邊建一亭，奉濟顛佛像，
> 余秉燭照之，井中果有一木，誠奇事也…知客師呈醒世鐘六冊，
> 中有名人題淨慈寺法嗣志，濟公事略及濟公所作詩文，茲摘其事
> 略曰：道濟字湖隱，天臺李諱茂春子，母王氏夢吞日光而生，時
> 紹興三年十二月初八日也。年十八，就靈隱寺瞎堂和尚遠公落
> 髮，風狂嗜酒肉，浮沉市井。或與群兒呼洞猿，翻筋斗，遊戲而
> 已。寺眾許之，瞎堂云：佛門庵大，豈不容一顛僧，遂不敢擯。
> 自是人稱濟顛。遠公示寂，往淨慈德輝為記室，矢日成文，信筆
> 滿紙，嘗欲重新藏殿，夢感皇太后臨賜帑金。嘉秦（泰）四年夕
> 醉，繞廊喊無明發，眾莫悟，俄而火發燬寺，乃自為募疏，行化
> 嚴陵以袈裟籠罩諸山水，自援浮江而出，歸報寺眾曰：木至江頭
> 矣，將集眾搬運。祖曰：無庸也，在香積茄中，六丈夫勾之而出，
> 監寺欲酬之錢，辭曰：我六甲神，豈愛汝酬乎，遂御風而去。瀕
> 湘居民，食螺已斷尾矣，師乞放水中，活而無尾。九里松酒肆之
> 門有死人，主人大懼，師以咒驅，其屍忽奔至嶺下而斃。一日，
> 驟雨忽至，邑黃生者趨避寺中，師預知其當擊死，呼匿，坐下衣
> 覆之，迅雷繞坐下不得擊，遂擊道傍古松而已。師常為人誦經，
> 下火累有果證，至火化蟋蟀見青衣童上昇，種種顯異不可殫述。
> 嘉定二年五月十六日，忽又喊無明發，寺僧咸驚，謂且復火，而
> 師乃索筆書偈曰：六十年來狼藉，東壁打到西壁，如今收拾歸來，
> 依舊水連天碧。書訖擲筆而逝，荼毗，舍利如雨，葬虎跑塔中，
> 俗壽六十，僧臘四十有二。時有行腳二僧遇六和塔下，授書一封，
> 鞋一雙寄住持崧和尚，崧啟視大駭曰：濟公終時無鞋，此老僧與
> 彼之鞋，荼毗矣，而獨不壞耶。明日復有泉唐役人，自天臺回，
> 又寄崧詩云：
> 月帆飛過浙江東　　回首樓臺渺漠中
> 傳與諸山詩酒客　　休將有限恨無窮
> 腳絣緊繫興無窮　　挂杖挑雲入亂峰

欲識老僧行履處　　天臺南嶽舊家風[38]

周維金描繪當時淨慈寺崇奉濟公的情形，有助於我們理解民國初年大陸濟公信仰的側面。

（三）上海的娛樂情況

周維金在基隆搭乘「湖北丸」。在船中，碰到艋舺人黃錦君及謝雪漁兒子為辦理「新舞臺演劇公司」，準備到上海邀請演員來臺演出。[39]八月四日返臺時又與他們同船。當時他「詢及黃錦君所聘何班？對曰：自前同船至此，每夜觀劇，選其優人。曰：天升班，計九十餘名。最重要腳色，男優如張月廷、陳祥之、趙君甫、鞠德奎、陳奎官、十慧童、李桂芬、李友生、胡文峰等。女優如金美玉、雪豔梅、玉真皆花旦，其餘難以錄明。余聞之甚善。憶，自數年以來，上海優人到臺，所演惹人注目甚少，君此回能選其佳者，我臺人士必歡迎無疑也。」[40]到了上海，周維金曾與本圓法師逛上海西藏路附近的「新世界」。周維金看到的「新世界」是這樣：

> 新世界門前懸額，字用電燈迴轉，一陰一陽，甚奪人目，並設電燈門，光輝如晝，此新世界為地方娛樂機關，組織公司而經營之者，每入收遊資二角。賣入場券之窗口，士女如雲，爭先買券，余亦購二券，與本圓和尚同入。庭中設假山，放鶴數雙於池邊，轉入內室，是為演戲之所，相連數間房屋，俱係西洋酒館，以供遊人飲食。再入一室，又見假山小亭，隨處皆可休憩，傍設茶室，獻茗者妙齡婦女，每壺取洋銀一角。景既幽邃，加以電扇頻揮，涼風時至，殊覺小住為佳。余與本圓和尚各擇一席而坐，少女殷勤獻茗，清沁詩牌，一盞瓊漿，當不是過。耳邊聞戲場管絃之聲不絕，樓上樓下，游人往來不絕，真繁華極盛之區也。飲茗既畢，信步而行，至庭中有一亭曰：「須彌亭」，再行數武，假山竹林中，

[38] 周維金《大陸遊記》頁 140-143。

[39] 周維金《大陸遊記》頁 4。

[40] 周維金《大陸遊記》頁 242-243。

有一坊曰：「涉趣」，懸有一聯，文曰：「俯仰登臨有如此咫尺千里，賓游裙屐都不後魏晉六朝」。過坊假山下有瀑布，其聲淙淙，蓋從自來水引入閘之間，忽現山林幽趣，遊人至此，精神為之頓爽。隔鄰房屋，酒肴皆備，座客常滿，庭中有木馬運動機，購券騎坐以資娛樂者亦復不少。兩傍陳列椅，為游人憩息足之所，亦消夏一好去處也。出庭，轉入一室，有地道，游人往來如織，電燈照耀，宛若通衢。通過地道，別有庭園，又有茶室戲臺各一，跑馬場，游戲場，各種俱備。縷上最高處，有活動寫真，余與本圓和尚登焉，遊覽畢，以詩記之。

娛樂規模大改良，新開世界豈尋常。

笙歌滿地人如蟻，最可怡情是此場。[41]

　　根據著名記者、作家曹聚仁《上海春秋》（北京三聯，2007 年）的描述，「新世界」是上海大亨黃楚九、經仁山等，在 1914 年興建的遊藝場，是上海當時著名的娛樂場所。後黃楚九又另創「大世界」，與「新世界」一爭長短。

　　此外，他們並到「丹桂第一臺」觀劇，他們「就臺之正面，特等席坐下，臺有二層樓，可容數千座客。四圍門戶洞開，有太平門，為荷火災之出口。坐有頃，優人已登臺開演，其劇目曰：珍珠塔、陰陽河、昭君出塞、紅蝴蝶諸劇，最可注目者，為陰陽河之布景，用各色電氣反射，佈置幽冥路徑，陰森之氣，望而生畏，轉瞬現一美人，臺下喝彩之聲，震動屋瓦。昭君出塞一劇，為著名花旦裝扮，面白如玉，歌喉婉轉，以崑腔唱出塞曲，其聲如慕如怨，殊足動人傾聽。至於紅蝴蝶，乃演清代革命之改良劇，形容清官腐敗，自私自利，不顧公益，草菅人命，以圖功名，剝削民膏，以飽私腹，致革命軍起而亡國。其中情形，令人見之，不勝憤慨。此改良劇，頗有振興國民愛國之精神，殆亦迎合近時社會心理之傑作也」[42]。後在七月二日他到「大世界」遊玩。[43]可以說周維金

---

[41] 周維金《大陸遊記》頁 13-14。

[42] 周維金《大陸遊記》頁 16-17。

[43] 周維金《大陸遊記》頁 90-91 云：「這晚飯後始與鄭君虛一，一同往法租界愛多亞路，西新橋大世界游焉。到門有額曰：「大世界」。字用電燈迴轉，一陽一陰，光輝如畫。此大世界，亦與新世界同為地方娛樂機關。每人收入場費二角，窗口有女如雲，皆爭購票而入。

充分享受上海繁華生活，熱衷歡迎新的娛樂方式，對文人士紳而言，他是算相當先進的。

　　除了以上這些記載有參考價值外，周維金《大陸遊記》尚有幾處觀察，值得注意，如關於梁山伯、祝英臺廟的考察[44]，與康有為的關連[45]，都提供相關研究重要的訊息。

　　最後需要說明的是《大陸遊記》中，尚反映周維金對中日親善往來的看法。[46]尤其是在書末附錄廣告他為此所寫的《臺灣通誌略》十二集[47]，更是特別。只是不知此書尚在人間否？

　　余與鄭君虛一同入一觀。中有洋樓高聳，右畔有堂榭數十間，唱書演戲，並設柴馬及彈子房，任人點嬉，兼售茶點酒肴，無一備具。庭中有編蘿疊石，築池種花。其左有一堂，為遊人休憩之所，中央掛名人書畫，頗雅觀。有跑馬場，亦設一運轉鐵車，高三丈餘，以供游人坐於車中，任機械運轉，頗覺奇觀。又到長廊一帶，最頂為游人運動之所，余與鄭君虛一攝而登之，稍資憩息。紅男綠女，結隊成群，品茗流連，自日中至暮。夜半游尚並肩接踵，空中架設有電氣車，瞬間可抵前面廊上。從廊下行數武，是演活動寫真之所，男女各聚此處納涼。余與虛一君亦少憩片時，清風徐來，香氣撲鼻。又聽鄰室中奏風琴一曲，音韻悠揚，令人襟懷清爽，游人至此，莫不樂而忘返，真勝景也。聞鐘鳴十一，乃與鄭君虛一下樓。乘人力車歸旅舍……」。

[44] 《大陸遊記》頁57-58：「六月二十五日辰起，偕本圓和尚及僧侶，同謁梁山伯與祝英臺之廟。廟前有額曰：九龍靈蹟。又曰：勅封忠義王。廟有三進，前進築戲臺，中供奉梁山伯與祝英臺神像，右邊為神房，房中一榻，安置梁山伯與祝英臺臥像。榻上結草無數。余詢之廟祝，對曰：凡善男信女，到此祈願，則結草一，至還願日，乃解之。該地信仰遺習，猶有上古結繩之風，亦奇趣也。俗傳梁山伯與祝英臺皆東晉人，梁家會稽，祝家上虞。少時同學，祝先歸，梁過上虞訪之，始知祝為女兒，歸告父母欲娶之，而祝已許馬氏子矣。梁悵然若失，後三年，梁為鄞令，病且死。遺言葬清道山下，又明年，祝適馬氏。路經其處，風浪大作。祝乃造梁塚，哀慟失聲，忽地裂，祝投穴而死。馬氏以其事聞于朝，丞相謝安請封為義婦。和帝時，梁復顯神靈護國。封為忠義王，有司立廟於鄞。遠近善信。歷年進香不絕，頗有靈應。又吳中有花蝴蝶為橘蠹所化，婦人孺子，以黃色者稱為梁山伯，黑色者稱為祝英臺。相傳祝死後家人就梁塚焚衣，火中化成二蝶，語殊無稽。或謂梁為邑令，祝為節婦。且時代各異，則是廟之以祝偶梁。殆亦如杜十娘之嫁伍鬢鬚矣。姑雨存其說，以待考正。余等參禮畢，觀後殿乃奉觀音大士像。出廟轉過右畔一帶，樹木茂盛，林中有古墓，題曰：「英臺義婦塚」。嘉靖丁未年十二月吉旦，知縣徐立。善男、信女到此祈禱，皆攜取其墓土以歸。相傳置於蚊帳中，可以除蚊，或夫婦反目飲之即和好，歷驗不爽。」

[45] 《大陸遊記》頁237：八月一日「余與鄭君虛一向江君祖著言謝，乘人力車歸旅館。時志圓和尚來會，言前日遊普陀山之時，囑求名人書刻石以為紀念。今已託友人向康有為先生求數字，原本已寄去悅嶺禪院，託當家師倩石工琢石，不日便可告竣，遂將原文見示，題曰：海山第一，末署庚申年五月五日臺灣鄭拱辰夫婦偕周維金、鄭虛一、僧本圓同遊於此，康有為書。我等與康有為先生有翰墨因緣，皆禪師之賜也，喜不自勝，足見志圓和尚之信義。和尚深明經理，善吟咏，余嘗讀其佳作又能談佛理，足以長我之智識。」

[46] 周維金《大陸遊記》頁263-264。

[47] 《大陸遊記》頁末後附錄：「臺灣通誌略出版發售趣旨宣言…改隸有清，貳百餘年，閱時既

久，生聚亦繁，而政府以鞭長莫及，竟不經心，當道又苟且偷安，不圖發展，遂使金山銀海，盡委荒蕪。乙未之役，馬關議和，全島割讓，帝國當軸諸公，銳意經營，不遺餘力，農桑教育，警察衛生，全島鐵道，次第舉行，而開鑛築港，清賦理蕃諸要務，亦著著奏績。一時官山府海，利藪宏開，氣象煥然更新，比之昔年，顯今霄壤之別。此無他，吏治之優劣判之耳。拙者有感及此，欲將臺灣歷史，宣傳於中華民國起見，費五年之精力，編著臺灣通誌略十二集，凡臺灣數百年來，一切事蹟，力為搜輯，分門別類，……歷次興亡，及政治事績，全島交通產業狀況，並山川名勝，時人題咏，人情風俗、氣候、人口、地勢、沿革，亦莫不應有盡有。記載精微，且文字質直，不事雕飾，俾人人了解，以企普及。將來轉載傳記，昭化後世，開覺民生，刷新社會，方知此書大有誘導之功效也。購閱此書，既可明瞭臺灣進步突飛，又足以警醒中華民國之覺悟，鼓吹日華親善，其俾益邦交豈淺鮮哉。此書預定本年末出版…。

一臺灣通誌略十二集四六判全洋裝，四大冊，約頁數五千餘頁，銅版寫真三十餘張，地圖八張，字數約貳百餘萬字，定價貳拾四圓，預特約百貳拾圓。

二本書內容題字及序文列下

前內務大臣伯爵後藤新平閣下，題第一集曰「光前垂後」

前臺灣總督現樞密院顧問官男爵田健治郎閣下，題第一集曰：「浩然之氣書千卷，濟世之功筆一枝」。

前臺灣總督上山滿之進閣下題第一集曰「可以資治」。

•

•

•

臺灣日日新報主筆魏清德先生序文

前民國福建詔安縣知事詹培勳先生序文

臺灣總督府評議員勳四等林熊徵先生序文

臺中市協議會員勳六等蔡連舫先生序文

黃臥松先生序文以外，中華名士及本島名士題咏詩文頗多……

臺灣通誌略目次

第一條，臺灣史，自隋朝，關外患及內亂，一切並及日清戰爭，至馬關條約止。

第二條，平定記，聞割臺，乃創立民主國，繼而北白川宮殿下，率軍由澳底上陸，與清民對敵之戰況，日日記事，至征土匪平定…此間凡關公文書來往，無不揭載。

第三條，臺灣文明史，歷代總督之政績，並士農工商，產業一切，及剿土匪，並征蕃等之詳細揭載。

第四條，皇太子行啟記，每日記事，並詩文…並賜宴賜茶菓之芳名錄，及各名士談話錄俱有揭載。

第五條，秩父宮殿下巡臺記，同上。

第六條，臺灣慣習記，內容風俗，舊慣及法律士農工商之起源，一切詳細揭載。

第七條，臺灣地理誌，內容山川屬島、池沼、氣候、溫泉，一切詳細揭載。

第八條，各州地方誌，內容人口、地勢、沿革及街道名勝，並州街庄協議會員，及街庄長之芳名錄一切皆有詳細揭載。

第九條，政治家略傳，舊政府時代之政治家及當世政治家。

第十條，節女烈女貞女略傳。

第十一條，孝子孝女義僕篤行者及表彰功勢者教育功勞者略傳。

第十二條，當代名人事略，附錄碩儒略傳，博士略傳，街庄長略傳，立志略傳，名醫略傳。名望家略傳，實業家略傳。

以上

昭和五年九月一日　新竹州新竹郡新竹街新竹字西門外五五番地…

周維金謹啟」

附錄　新竹鄭家往普陀山資料

睡夢中忽見一白衣女子，道貌端莊，珊珊而來，疑為諸天神女下降，細視之乃玉釵貞女也。問何時到此，曰已有數月矣，雲遊名山遇寺拜佛。及欲詳問，忽又不見，晨鐘初響為之驚醒，時已報卯刻矣。回憶夢中，歷然在目，殊深怪訝。貞女別號慧修，為鄭君拱辰之女公子，生而明慧，幼讀孝經，能通大義，事親至孝，素好佛，嘗侍祖母居淨業堂，持戒談經得領上乘之旨，曾隨祖母遊普陀山，謁金山寺，覽西湖蓮池大師遺跡，後又謁閩之寶筏雪峰諸高僧，拜古月大和尚為師，參透哲理。歸臺後，朝夕在堂，謹守清規，虔祀三寶。祖母病，親侍湯藥，禱神祈佛，經旬之間，寢食不遑。祖母卒，哀慟欲絕，從此一病不起，臨終遺言火化，時年二十有六。海內外詞人，爭為詩歌以吊之。

——《大陸遊記》頁 64

附記：此文原刊於《竹塹文獻雜誌》38 期，頁 70-89，2007 年 4 月。

道院、紅卍字會在臺灣（1930-1950）

一、前言

　　二十世紀初，中國境內出現不少扶乩團體，其中山東濱縣縣署內的一個扶乩團體，後來發展成宗教，稱為「道院」，並於 1921 年正式向國民政府立案。[1]照「道院」發行的出版品，這個宗教團體，以《太乙北極真經》為主要經典，崇奉「至聖先天老祖」。對內以研修靜坐功夫及扶乩為特色，對外則設立「紅卍字會」，從事社會救濟事業。[2]可以說，道院與紅卍字會是一體兩面，互相依存。

　　從現有資料來看，道院於 1950 年前在大陸非常流行，遍及整個中國，其紅卍字會（又稱世界紅卍字會）所做的慈善工作，不僅數量龐大且成效良好[3]，有如現今的「慈濟功德會」一般，贏得政府，乃至社會各界的高度稱讚。

　　以往，已有不少學者，調查、研究道院、紅卍字會[4]，取得不錯的成果。不過，這些研究，集中於大陸的道院、紅卍字會的探討，僅宋光宇談及道院在海外，尤其是在臺灣的發展情形。[5]本文在此基礎上，利用道院在臺初期的扶乩訓文、報紙等教內外資料，勾勒臺灣道院初期的發展情況。

[1] 酒井忠夫《近代支那に於ける宗教結社の研究》（東京：東亞研究所，1944 年）頁 103-132，另見酒井忠夫著、姚傳德譯〈道院的沿革〉，《民間宗教》第三輯，1997 年，頁 94-112。

[2] 酒井忠夫前引書，頁 127-243。

[3] 酒井忠夫前引書，頁 159-220。

[4] 有關道院的研究，參看末光高義《支那の秘密結社と慈善結社》，頁 365-419，大連，興亞研究會，1933 年。酒井忠夫《近代支那に於ける宗教結社の研究》頁 100-256。吉岡義豐《アジア佛教史中國編Ⅲ—現代中國の諸宗教》頁 341-402，東京，佼成出版社，1974 年。宋光宇〈民國初年中國宗教團體的社會慈善事業—以世界紅卍字會為例〉，《臺大文史哲學報》46 期，頁 243-294，1997 年 6 月。

[5] 宋光宇〈游彌堅與世界紅卍字會臺灣省分會〉，《臺北文獻》直字 122 期，頁 189-201，1997 年 12 月。

二、道院之入臺及其在日據時期的發展

　　宋光宇在〈游彌堅與世界紅卍字會臺灣省分會〉[6]中，根據道院資料和官方檔案，認為道院和世界紅卍字會在日據時期傳入臺灣的經過，緣由是這樣：

> 民國十二年九月一日，日本關東發生大地震，世界紅卍字會運了幾船的大米前去救災，因而結識不少日本人士。當時日本派駐南京的總領事林出賢次郎就皈依了道院，道名「尋賢」。經過林出賢次郎的介紹，道院派人去日本見大本教的教主出口王仁三郎。雙方相談甚歡，出口王仁三郎不但自己皈依求修（道名「尋仁」），更幫助建立神戶道院和世界紅卍字會神戶分會。民國十八年時，日本的人類愛善會奉天支部的部長村順一，鑒於人類愛善會的宗旨與世界紅卍字會的宗旨相近，就向道院的瀋陽主院表示雙方合作的意願。道院人士就組織了一個東瀛佈道團，於是年中秋後一日從瀋陽出發，先到神戶道院，繼到龜岡、大阪、東京等地宣道。在大本教和人類愛善會的協助下，宣道成就相當可觀……道院和世界紅卍字會就在這一波對外宣道工作中傳入臺灣。可能是得力於人類愛善會的協助，因為在臺灣日據時代和宗教資料中找不到大本教的記錄。傳入的時間是在民國二十年（即日本昭和六年）。有案可查的共有三處道院：基隆、宜蘭、臺中，五處紅卍字會：臺北、苗栗、嘉義、二水、臺南。[7]

　　宋光宇描述世界紅卍字會藉著到日本賑濟「關東大地震」災民的機會與大本教建立關係，這是正確的。[8]不過，他似乎沒有意識到人類愛善會是大本教的附屬團體，其地位正如紅卍字會之於道院一樣。

　　原來，大本教在 1921 年因「不敬罪」及違反新聞法曾受日本警察之取締，教主出口王仁三郎等幹部，被逮捕入獄。[9]受到此次打擊，出

---

[6] 此文刊登於《臺北文獻》直字 122 期，頁 189-201，1997 年 12 月。
[7] 宋光宇〈游彌堅與世界紅卍字會臺灣分會〉頁 190-191。
[8] 關於道院在日本傳教之經過，詳見酒井忠夫著、姚傳德譯前揭文，頁 117-120。
[9] 張大柘《當代神道教》（北京：東方出版社，1999 年）頁 289。

口王仁三郎重新調整大本教的傳教策略：一方面著述新教典，另一方面改變大本教原先的排他性格，「倡導「人類愛善、萬教同根」的主張，以及基於和平和人類愛的世界大家族主義和超越人種、國境、宗教的人類同胞主義」[10]。1925 年，大本教成立「人類愛善會」，作為其社會實踐團體，並陸續在南北美洲、東南亞等國家建立支部，與各國的宗教團體合作。1925 年，大本教與道院共建「世界宗教聯合會」，在大本教支持下，道院在神戶也建立了分院。[11]根據《臺灣日日新報》報導，臺灣的大本教信徒在昭和四年（1929）計畫籌設大本教臺灣分院。[12]昭和六年一月三日，臺灣大本教信徒數百名於臺北州七星郡草山，舉行「大本教臺灣別院」落成式，有山川州高等課長、鈴木教育課長等官員參加。[13]

在此形勢下，中國的道院、紅卍字會即有可能在昭和四年，隨大本教傳入臺灣。從官方檔案資料來看，道院、紅卍字會來臺初期發展，頗為迅速，迄昭和六年，基隆、宜蘭、臺中已成立道院分院，而紅卍字會也在臺北、苗栗、嘉義、二水、臺南設立分會。[14]

昭和九年（1934），大本教「傳佈發揚神聖皇道，實踐人類愛善」的理念，在日本各地發動「救濟農村、匡扶時局」的活動，並屢次發起廢除議會政治、解散政黨的運動，引起日本政府的注意。[15]1935 年 12月，日本警察再次取締大本教，並在全國逮捕教中重要幹部。[16]昭和十三年（1938）三月，日本內相訓令解散大本教：

> ……對邪教大本教，內務省與司法處分併行，決下解散鐵槌……以潮內相之名，訓令警視廳並京都、兵庫兩府縣知事。對警視總監，其轄下結社昭和神聖會，以治安警察法第八條第二項禁止

---

[10] 同前註。
[11] 同註 9。
[12] 《臺灣日日新報》昭和 4 年 9 月 28 日。
[13] 《臺灣日日新報》昭和 6 年 1 月 4、5 日。
[14] 宋光宇〈游彌堅與世界紅卍字會臺灣分會〉頁 191，199-200。
[15] 張大柘前引書，頁 290。
[16] 張大柘前引書，頁 290。

之：可將情傳達主管者。對京都府知事，其管下左記結社，照治
安警察法第八條第二項禁止之：皇道大本、人類愛善會、更始會、
明光社、昭和青年會、昭和坤生會……[17]

　　這一命令下達後，大本教在日本各地之分部，紛遭查禁。[18]臺北的
大本教則在昭和十一年三月初自動宣佈解散，拆除宣傳廣告看板，並將
總部歸還銀行。[19]其餘基隆、臺南州下的大本教分部則遭拆除，信徒被
迫改信他教。[20]當時，臺北大本教總部被拆的招牌中，包含世界紅卍字
會臺北分會、世界紅卍字會臺北道院、人類愛善會臺北支部等團體的標
示。[21]由此可知，臺灣的道院、紅卍字會與大本教關係密切。在昭和十
一年大本教遭日本警方取締之時，無疑地道院、紅卍字會亦連帶受到波
及，加上隔年，即中日戰爭，臺灣進入皇民化時期，臺灣的道院、紅卍
字會逐漸消失匿跡。

三、戰後道院、紅卍字會的傳入及其在臺的初期活動

　　1945 年 8 月 15 日，二次大戰結束，臺灣正式歸屬中國所有。二岸
的往來又恢復暢通，道院、紅卍字會也在戰後初期重新傳入臺灣。對於
這一過程，宋光宇有所描述。他說：

　　臺灣光復後，有幾位原來參加「人類愛善會」活動的臺灣人士如
　　溫祿、黃明義、黃培臨等人，因為接觸到道院的資料，而到道院
　　在上海的南方主院訪道，聲稱臺灣已有四、五十年仰慕大道，請
　　求成立「寄修所」……上海的南方主院接到這項請求之後，就正
　　式用黃紙寫明事由，請神佛降乩批示……民國三十七年陰曆五月
　　十五日的乩壇上，由至聖先天老祖臨壇判示：「臺地擬成立寄修

---

[17] 《臺灣日日新報》昭和 11 年 3 月 14 日。

[18] 《臺灣日日新報》昭和 11 年 3 月 14、15 日。

[19] 《臺灣日日新報》昭和 11 年 3 月 3 日。

[20] 《臺灣日日新報》昭和 11 年 3 月 17 日。

[21] 《臺灣日日新報》昭和 11 年 3 月 3 日。

所，其名稱則當為南方主院臺北寄修所，並即以臺灣分會籌備處
對外也，知之。」同時也賜溫祿道名「應緣」。[22]

　　戰後道院、紅卍字會會想向臺灣傳教，確實與溫祿有關。不過，溫
祿與道院、紅卍字會接觸緣由，與上引宋光宇所述不盡相同。根據道院
資料〈臺灣主院社蒙賜封仙真傳略〉記載，「溫祿，道名應緣，臺灣省
臺北市人，業商。生性好道，曾著《道院世界紅卍字會概要》一書，宣
揚道慈事業之概況，以喚醒群眾對大道之認識，並寄奉上海東南主院閱
覽。因此，臺道應機肇興，功行足錄。」[23]顯見，溫祿是透過著作與大
陸道院上海東南主院人員取得聯繫，商討傳道相關事宜。《世界紅卍字
會臺灣省分會成立二十週年紀慶特刊》（1969）中的〈臺灣道院、世界
紅卍字會臺灣省分會沿革〉[24]即記著：

> 成立的緣起：本會會員溫君祿，道名應緣，臺灣省臺北市人，為
> 日本大本教教徒。因參閱該教所存的「道院略史」，「道慈綱要」，
> 「午集正經」諸典籍，心靈有感。遂於民國三十六年夏天，寫成
> 「道院紅卍字會概要」一書，分寄各地卍會及同好。上海東南主
> 院會收到此書，經過各會長審閱後，認為內容尚可，足徵臺地不
> 乏好道之士，可以推設院會，是為臺灣院會創立的緣起，亦即總
> 會遷臺的先導。[25]

　　這裡需要說明的是，溫祿在民國三十六年（1947）夏寫成的《道院
紅卍字會概要》一書，其實全名叫《道院世界紅卍字會概要》，由溫祿
編著，民國三十六年六月五日，由中國佛教會臺灣省分會發行、出版，
售價臺幣柒拾元。[26]

　　溫祿編著的《道院世界紅卍字會概要》之所以由中國佛教會臺灣省

---

[22] 宋光宇〈游彌堅與世界紅卍字會臺灣分會〉，頁 191。

[23] 臺灣道院編〈臺灣主院社蒙賜封仙真傳略〉頁 61，收入《臺區院社仙真傳略》（臺北：臺灣主院，1980 年）中。

[24] 世界紅卍字會臺灣省分會編《世界紅卍字會臺灣省分會成立二十週年紀慶特刊》（臺灣省分會，1969 年）頁 75。

[25] 同前註。

[26] 溫祿編著《道院世界紅卍字會概要》（中國佛教會臺灣省分會，1947 年）末頁。

分會出版，主要係由曾景來介紹促成的。曾景來除擔任此書的編印、校對外，還邀請當時的中國佛教會臺灣省分會理事長沈本圓（即本圓法師）寫序[27]，並在其主編的《臺灣佛教》創刊號（1947 年 7 月 1 日）上登廣告宣傳、促銷《道院世界紅卍字會概要》。為回饋曾景來的幫助，溫祿在《臺灣佛教》創刊號上登二個廣告，祝賀《臺灣佛教》創刊[28]：

　　　1.世界紅卍字會中華總會
　　　臺灣省分會籌備處
　　　主任　　溫祿
　　　臺北市城中區築城里第四鄰
　　　黃明義　　陳和由
　　　溫　祿　　南志信
　　　王　奇　　林金生
　　　洪連成　　汪瑞蒙
　　　莊　燈　　陳馬諒
　　　林石獅　　馬榮通
　　　謝泉海　　宋子家
　　　胡錦浪　　陳石福
　　　連辛庚　　廖泰惠
　　　張錫綸　　鍾芹真
　　　簡火生　　簡長春
　　　謝鐘祺　　陸天生
　　　莊里人　　鄭亦山
　　　利鴻財　　汪材根
　　　連文滔　　郭財旺
　　　李進發　　林老人
　　　陳和貴　　林修貴
　　　詹連成　　沈文秀
　　　2.敬祝臺灣佛教創刊
　　　愛善苑會員溫　祿

---

[27] 溫祿編著前引書，發刊辭。
[28] 《臺灣佛教》創刊號（1947 年 7 月 1 日）發刊辭前廣告。

　　所謂的「愛善苑」，是 1946 年出口王仁三郎重建大本教所用的名義[29]。溫祿在 1947 年 7 月以「愛善苑」會員身份出現，顯見在此之前，他已與日本大本教人員取得聯繫。值得注意的是，此時溫祿的頭銜是「世界紅卍字會中華總會臺灣省分會籌備處主任」，似乎透露道院、紅卍字會對臺灣傳道事宜已與溫祿做更進一步的接觸。1948 年 5 月，溫祿、黃明義等人就發起成立道院「臺灣寄修所」事宜，行文道院上海南方主院，請求指示。其文云：

> 弟子溫祿、黃明義、黃沽臨發起成立臺灣寄修所，修方四五十人。俟覓房屋即行成立該所，設時應用何種名稱。伏乞，判示。（老祖判云）臺地擬即成立寄修所，其名稱則當為南方主院臺北寄修所。並即以臺灣分會籌備處對外也。知之。[30]

　　民國三十七年（1948）十月，道院上海南方主院人員朱庭祺（道號印川），因公赴臺，行前特別請示神佛，指示推進臺灣道務之方針[31]。經過與溫祿等人的實際接觸，朱印川認為未來臺灣道慈之發展，頗有希望，不過因溫祿年輕、勢單，道務不易推進，故他推荐楊宣誠、周亞青、張子玉、李淇輔助溫祿，成立道院「臺灣寄修所」。[32]另一方面，道院南方主院人員開始籌措佈道費三、五萬元，準備對臺佈道。[33]

　　1948 年 11 月 10 日，道院擬定臺灣佈道事宜，以就近調動人力為原則，指派乩手李天真，率張祇澹前往，另鼓吹道名冠善者同行。[34]五日後，道院南方主院人員令李天真等人，「於人事手續上齊備後，隨即前往。茲可速以駐京處公函，致該當道，並知應緣等接待。而在印川、涪臨、仁同等，亦須分別知照。不過必須遵綱順則，按步而事。邇時先行正式成立寄修所，所址不妨將就。迨寄所既立，始基已成。致可致力

---

[29] 張大柘前引書，頁 290。

[30] 臺灣道院編《臺區各院社創立暨錫封訓文彙編》（上下合刊，臺灣主院印行，1989 年）頁 1。

[31] 同前註，頁 3。另見宋光宇〈游彌堅與世界紅卍字會臺灣省分會〉頁 191。

[32] 同註 30，頁 3。

[33] 同註 30，頁 2。

[34] 同註 30，頁 3。

院會規模」[35]，並通知道院在臺人員仁道等人，著意幫忙相關事務。[36]同年十二月五日，南方主院又通知朱印川多加聯絡，溫祿、仁同應作準備，以廣道務。[37]十二月中，南方主院又傳訓李天真、朱印川要合作一洽推展道務。對此，朱印川回答說：

> 弟子印川因中國鹽業公司遷臺，將來須常川駐臺，對於道慈自當努力，並擬設法欲使弟子繼明來臺相助。惟臺島將來是否將為復興基地或祗能暫作據點之處。伏乞判示。[38]

南方主院人員給朱印川的訓文答云：「此固有其自然之勢，非可以意測其何似也。至需助為理一層，是不必遠求。當前儘有如祗澹，不獨擅於多能。亦更較諸所期者，有優等之獲也。可命祗澹，隨同赴臺」。[39]又說：

> 臺省道化之推展，自有妙機。神靈用運者，固已久矣。凡事雖宜謹慎，然亦不必過事考慮，以免有礙進行也。前已命又新，勉為從事。可更知照志清，亦多著力。將來臺院之成就，即賴所示汝諸子也，各各知之。在成院以前，原為寄修所而已，應即從事籌設之，並宜於彼召集旅臺同修，成一世界紅卍字會中華各會會員旅臺聯誼會。其址先不必求其若何之輝煌，祗須可容辦事即足。待寄修所既成而後，再行從事全貌之籌，當然為宜矣。真掌、印掌、並有所責成者，準此同為洽進之可也。[40]

道院南方主院訓文中提及又清、志清等人，是當時在臺的道院同修。其中志清，是王志清，原名叫王振綱，號瑞三，志清是他在道院的道名。[41]他是「山東省高唐縣人，保定軍官學校第二期畢業，壯歲敭歷仕途，晚年耽心道旨，服務救濟工作四十餘年，足跡遍國內，功勳卓著，

---

[35] 同註30，頁4-5。
[36] 同註30，頁5。
[37] 同註30，頁6-7。
[38] 同註30，頁7。
[39] 同註30，頁7。
[40] 同註30，頁8。
[41] 臺灣道院編〈臺灣主院社蒙賜封仙真傳略〉，頁19。

三十七年隨政府來臺，奉南方主院訓示在臺籌組院會，運籌擘劃。」[42]宋光宇把道院、紅卍字會戰後在臺之發展，完全歸功於王志清。他說：民國三十七年底，有不少修人從上海避難來臺灣。其中以王志清最為重要。他原是道院西北主院的「統掌」。王志清臨來臺灣之前，曾到南京向一位友人辭行，友人寫了一封介紹信，叫他到臺灣之後，去找一位名叫「游彌堅」的朋友，可以請他幫忙。王志清到臺灣，才知道游彌堅就是當時的臺北市長。他來到臺北之後，三不五時的就去找游彌堅，邀他到壇上走走。由於道院壇中扶乩指出游彌堅太太王淑敏的小名，讓王淑敏非常佩服，於是加入道院活動，正式求修。游彌堅因為怕太太，也跟著入道，獲賜道名「篤慧」。[43]

宋光宇根據道院總幹事口述，敘述游彌堅加入道院的曲折經過，非常生動[44]。不過，似乎與事實不符。不只道院沿革中說：道院臺北寄修所及世界紅卍字會臺灣省分會，「蒙社會處批准成立，公推朱君印川為會長。適臺北市長游君彌堅，為朱君印川舊屬相知，於是朱、游二君乘機晤談道慈之意義，及推設院會之必要。游市長聞道有緣，毅然允予協助」。[45]游彌堅本人在 1950 年冬回憶他與道院、紅卍字會的因緣說：

> 我對道慈的認識
> 我從十幾歲的時候，對宗教就感覺到興趣，雖然我家裡不是特定信奉什麼宗教，我卻常常到基督教堂裡禮拜，聽牧師講道，唱讚美歌，尤其感覺得有意思的是「上帝」創造宇宙萬物的真神，這是解決了我心裡頭的一個問題。從小的時候，看見鄉下人在敬神供鬼等等的迷信動作，就對信仰的紛亂不統一，發生了一種不安的心理，因此要求合理的心，自然也就隨之而起。後來又聽到傳教的人詆誹其他的教派，因此我又感覺到有些不安，又發生統一的紛亂，同時看見佛教徒的眾多，和他們信奉的虔誠，又想，這裡頭必有不可毀滅的力量，但是佛經又看不懂，問佛是什麼？答

---

[42] 同前註，頁 19。
[43] 宋光宇〈游彌堅與世界紅卍字會臺灣省分會〉頁 193-194。此是大意敘述。
[44] 同前註。
[45] 同註 24。

曰：佛是覺，是悟，更不懂。到三十歲左右，我患了痔病甚重，有一位好友教我調息運動，同時無念無想的靜坐。我就照朋友的所教：一面用呼吸來做腹部運動，一面練習無念無想的靜坐。果然不出三旬，病即痊癒。因此漸覺到宗教有神秘力量。為要知道這種神秘的力量，我也進了佛教的密宗，又進了道教。並且閱讀了些佛經和道經，但是對宗教仍然是一知半解……到了民國三十七年冬天，先進修方，朱印川和王志清先生來臺籌設紅卍字會，叫我協助。我在大陸時久已聞名紅卍字會，但不知道其內容。後來承他們二位告訴我道院紅卍字會的來由及其宗旨事業並功用等等，我才知道道院和紅卍字會是奉至聖先天老祖的命設立的……道院重在實行，一面靜坐，向內修己，健全個人之精神，三十年來，海內外道院數百餘處，修方不下數百萬人……一面行慈，向外度人，隨時隨地，謀助社會共享之幸福，這種工作即由紅卍字會擔負……所以道院和紅卍字會，一道一慈，互相表裡，而道院即是紅卍字會的靈魂，會員之所以能努力救濟，是因為有信仰的心，有救世救人的精神的緣故。如無道院，則紅卍字會不過一普通慈善團體罷了，何能有這精神，何能有這成績，所以道院和紅卍字會是一而二，二而一，不可分離的。

最後印川先生又說：「我本來是基督教徒，但是我進道院以後，我認識了真神，加強了我的信仰」。我聽了這番話，雖然知道紅卍字會和道院是五教合一的信仰，各教經典，可以會通。又照經典所示的教訓，內以修己，外以行慈，道為慈用，慈為道輔，堪稱是理想而且是合理的超宗教，但是當時我仍然沒有明確的了解。到了三十八年春，忽接到印川先生自上海寄來一函說是老祖准我入修，並賜道名為「篤慧」。「篤慧」！既不篤又不慧。當時我非常惶恐，不知道如何做老祖的弟子？及至同年六月臺灣分會成立以後，老祖常常賜訓，最使我感動者，常將我心裡所想的事，先機指示，或對所做的賜予鼓勵，所說的話引以為訓，並蒙孚聖惠賜墨寶，題為「游心物外，妙化彌綸，堅定其性，篤養慧根」（指示我的名號游彌堅篤慧的意義）以資修道的指針。

這麼一來，我總覺得走到那裡，神是和我同在，一舉一動都在神佛洞察之下。我到現在對老祖的訓示和經典，雖然未深研究，對

坐功也極粗淺，但是我和神是接近了，甚至在神的懷抱裡，所以我心裡很平安，很感激，我認識了人生的意義，人生的使命，人生的價值，人生幸福……[46]

由此可知，游彌堅原本只是基於舊識朋友之誼，盡力協助朱印川成立道院臺灣寄修所和紅卍字會臺灣省分會。而朱印川除熱心游說他入道外，還私自替游彌堅求賜道名。這一連串積極行為，讓游彌堅接觸了道院的活動。民國三十八年（1949）農曆六月十五日，臺灣道院和紅卍字會臺灣省分會正式成立，朱印川以「臺院之主創人」被授以「臺灣首席統掌兼首席會長」之職，而游彌堅獲授「臺院維護統掌、臺會名譽會長」[47]。

從現存資料來看，朱印川對道院、紅卍字會在臺之初期發展的貢獻，主要在二方面：一、成立臺灣道院、紅卍字會臺灣省分會，並使其獲得合法地位。[48]二、吸收臺灣人加入道院並找回來臺之大陸道院「同修」（信徒）。其中以吸收游彌堅入道，影響最大。

1949 年 11 月，朱印川離臺赴美[49]，臺灣道院、紅卍字會的道務，即交由信道日篤的游彌堅負責。資料記載，游彌堅本名游柏，臺北內湖人，生於 1896 年，出身臺北國語學校（即後之師範專科學校），當過幾年小學老師，大正十四年（1925）東渡日本大學政經系研讀。畢業後，至中國大陸發展，歷任中央軍校政治教官、財政部稅警總團軍需處長、國聯調查團秘書、兵工署科長、財政部花紗布管理局鄂北處處長等職。[50]臺灣光復後，游彌堅以財政部駐臺灣省財政金融特派員身分，返臺參與接收。1946 年 3 月，接替黃朝琴，成為臺北市長，任職至 1950 年 2 月止[51]。從

---

[46] 游篤慧講述《信仰與道脩的蠡測》（世界紅卍字會臺灣分會，1951 年初版，1959 年 4 版）頁 33-38。據〈臺灣主院社蒙錫封仙真傳略〉記載，游彌堅太太王淑敏，1951 年才加入道院，道名昕輔。由此可知，宋光宇採錄游彌堅因太太而入道院之說有誤。

[47] 同註 30，頁 30-31。

[48] 同註 24，頁 75。

[49] 同註 30，頁 41。

[50] 這是綜合《臺灣日日新報》大正 15 年 5 月 24 日報導及卜幼夫《臺灣風雲人物》（新聞天地社，1964 年再版）頁 171-174 敘述而成的。宋光宇〈游彌堅與世界紅卍字會臺灣省分會〉頁 193，亦有近似敘述。

[51] 卜幼夫前引書，頁 174。

　　此略歷可知，游彌堅係臺灣「半山」人物中的佼佼者，不僅黨政關係良好，對臺灣本土商紳，亦頗有影響力。

　　他在負責臺灣道院道務之後，除積極開展紅卍字會的救濟慈善事務，如在民國三十八年（1949）末辦冬賑，共發賑款 5440 元，賑米一萬四千一百六十七斤，1950 年在大龍峒保安宮和貴陽街青山宮設義診所，另特約南海路林大夫診所為義診所，對貧苦者施藥、施診，[52]與興築臺灣省道院外，最重要的工作是吸收不少的半山和本土商紳入道，前者如劉啟光、王民寧、張邦傑，後者有何傳、唐傳宗、顏欽賢、陳啟川等。透過他們的幫忙，道院、紅卍字會，逐漸在臺灣各地成立分院。

　　附記：本文初刊《臺灣宗教研究通訊》第二期，頁 89-102，2000年 12 月。此次收入，除修正錯字外，還調整註釋方式，讓讀者更清楚知道文義根據！又此文所引用、參考的《（道院）判目留底簿》（抄本），現收入王見川、李世偉等編《民間私藏臺灣宗教資料彙編：民間信仰、民間文化》第二輯第 30-32 冊，臺北博揚文化公司，2010 年。另本文姐妹文：王見川著、豐岡康史譯〈道院、紅卍字會の臺灣における發展およびその慈善活動─戰後日本の新興宗教とのかかわりを含あて〉，《越境する近代東アジアの民眾宗教─中國・臺灣・香港・ベトナム、そして日本》，頁 101-121，東京明石書店，2011 年，亦請參看！

52　《（道院）判目留底簿》（抄本）壹庚寅年（1950）二月十五日。這份文獻是臺灣道院早期的扶乩筆錄。

國民政府來臺（1949）前兩岸的宗教往來與慈善活動初探：兼談蘭記書局黃茂盛的角色

　　十幾年前，我與李世偉合寫〈日據時期臺灣佛教的認同與選擇：以中臺佛教交流為視角〉描繪二岸佛教互動的情形。不久，我倆利用《臺灣日日新報》合寫一文〈關於日據時期臺灣的媽祖信仰〉，初步勾勒光復（1945）前湄洲媽祖來臺及臺灣媽祖信眾到大陸進香的情況。[1]2007年，我又陸續發表文章，談到佛教、齋教信眾兩岸往來的狀況。[2]最近，在世界臺灣研究大會，康豹（Paul.Katz）為文對兩岸宗教的交流做一綜述，再次引起筆者興趣，於是利用手頭資料，對此一課題，作一整理，以供同好參考！文中特別對學界較少注意的情形：如臺灣人與龍虎山張天師的互動，蘭記書局黃茂盛參與大陸慈善救濟活動的角色做一探討。

一、日據初期臺灣鸞堂人士至大陸的情形

　　清末臺灣興起一股鸞堂熱潮，特別是宜蘭地區出現不少鸞堂著書、宣講、勸化世人。日本統治臺灣初期，因鸞堂戒鴉片煙癮成效卓著，全島不少鸞堂因之創立，其中新竹竹東復善堂、九芎林飛鳳山代勸堂在此方面更扮演重要角色。[3]資料記載，飛鳳山代勸堂戒煙方式曾影響大陸的人士。泉州晉江崇義堂碑文即云：

> 原夫興基建廟，借人力以奏功，維岳降神，關人心之誠敬。⋯溯

---

[1] 王見川、李世偉《臺灣的宗教與文化》頁 29-67，臺北博揚文化公司，1999 年。王見川、李世偉《臺灣的民間宗教與信仰》頁 274-278，臺北博揚文化公司，2000 年。

[2] 王見川〈光復前新竹市的佛寺、齋堂與普陀山〉，《漢人宗教、民間信仰與預言書的探索：王見川自選集》頁 236-258，臺北博揚文化公司，2008 年。此文原刊於《竹塹文獻雜誌》38 期，2007 年。同年我在〈臺灣齋教的信仰儀式與現況〉談到臺南金幢教齋友到大陸祖堂與四大名山巡遊的過程，《聖與美的饗宴：臺灣民間信仰文物特展》頁 14-15，國史館臺灣文獻館，2007 年。

[3] 王見川《臺灣的齋教與鸞堂》頁 174-187，臺北南天書局，1996 年。

自飛鳳山之鐘靈，在臺眾生受其拯救之恩，實繁有年，王衍香火
而來唐，其時英靈已溥，由沙堤近薰於西貲。當此南都沐佑，遐
邇均沾，即金廈兩島漳石二鎮，亦携男帶女接踵來岩，或求治病，
或求解烟，符水丹沙遂服立效，足征聖恩之浩大，誠無遠而弗屆
耳。茲建聖廟於西貲，甚得地勢之吉，穴稱獅，廟號崇義，坐岩
山而前映，拱圍水以來朝。今廟爰茲告竣，唯善信之至誠，斯神
靈之感應矣！末非敢擅筆，承諸董敬勒碑志，委原幕叙而書之。
湖厝許經邦敬筆　　東營范傳　敬碑
光緒辛丑年重建崇義廟　荔月吉日[4]

　　大陸學者不知九芎林飛鳳山之事，誤讀文中的「飛鳳山」為高雄鳳
山，大談鳳山武廟如何如何，實鬧大笑話。[5]從碑文中提到臺灣、飛鳳
山、戒煙以及時間辛丑（1901），對照同一時期臺灣鸞書與檔案資料[6]，
都說明碑文中的飛鳳山指的是九芎林飛鳳山代勸堂。該堂著名鸞手是楊
福來。日據初期檔案即言其曾至大陸。1901 年代勸堂經理溫德貴等人
攜帶著好的鸞書至泉州印刷。他寫道：

往江西路程日誌　　　香啚自記
余自四十八歲時在飛鳳山代勸堂經理効勞。因廟宇造就，奉三恩
主箕派回唐督刊《渡世回生》善書並往江西引見天師求符及玩各
處勝景名山。辛丑年六月十三日由鍾添進繼滿叔家中齊集。丑刻
起程徃鳳山崎頂坐車……二十一日乘日人大火輪，船號大義丸，
午後四點鐘啟行，至二十二日午前八時到廈門街港口鼓浪嶼前，
請小船，乘至水仙宮前上岸……二十三日往南普陀山觀音廟進
香。二十四日往白鹿洞朱夫子廟及書房又虎溪岩佛祖廟進香，七
月初一日……申中刻，往龍山寺佛祖進香……二十五日乘船上江
西……十九日由冷水坑街至上清宮街天師府衙內，宿九晚（八月
十九日午後五時到天師府內）……九月二十九日與劉奇清、余慎

4　轉引自李玉昆〈海峽兩岸的關帝信仰〉頁 378-379，泉州市民間信仰研究會編《關岳文化與
　民間信仰研究》，廈門大學出版社，2008 年 6 月。

5　李玉昆〈海峽兩岸的關帝信仰〉頁 378-379。

6　王見川前引書，頁 185-186。王見川〈光復前臺灣客家地區鸞堂初探〉頁 298-306，王見川、
　李世偉《臺灣的民間宗教與信仰》，臺北博揚文化公司，2000 年。

齋三人乘小船至鼓山湧泉寺進香玩各景。十月初二日由陞館出南臺街港口……至初四日，與林水弟復往泉州。二十五日，仍在城內敬送善書。二十六日邀林會川三人，仝至南安縣城內又往至松仔嶺下（宿一晚）申中刻，仝辦牲儀，往鳳崎郭聖王公廟酬宅舊願，隨路發送善書……二十九日至泉州府城內廣平倉古地謝老爺之子阿再書坊（宿三晚），此時李協臺……有年請到衙內扶鸞。因三義河鸞友何旭辰目疾，叩求施方。十二月初三日，由泉州至安海街（宿一晚）。由安街港乘小船輪至廈門間各街道溫福安堂藥舖，係嘉應州家侯五爺店，敬送善書，十三日乘小船上水道至漳州府衙前左片宜文堂坊內住宿五天，城內各處發送善書……余自光緒二十七年辛丑歲季夏月回唐，付梓刊……[7]

前引晉江崇義堂碑文所記，從時間等方面來看，或許與溫德貴等人在泉州扶鸞有關。代勸堂到大陸出版鸞書的例子，並不特別。由於出版成本考量，臺灣鸞堂著造的鸞書，大都帶到大陸出版。據筆者統計，日據初期至少有下列鸞堂是到大陸出版鸞書[8]：

號次	書名	時間	著作鸞堂	出版地	備註
1	治世金針	1896	宜蘭碧霞宮	廈門文德堂	
2	渡世慈帆	1896	宜蘭頭城喚醒堂	漳州多藝齋刻坊	
3	濟世仙舟	1899	新竹宣化堂	泉州成文堂	
4	挽世太平	1899	新竹平林庄奉勸堂	泉州崇經堂	
5	正一妙法敦倫經	1907	宜蘭碧霞宮	廈門文德堂	

其中《正一妙法敦倫經》比較特殊，是著造完成後，先由碧霞宮鸞生携至龍虎山，請六十二代天師張元旭鑒定後，再到廈門刊刻。《正一妙法敦倫經》云：

---

[7] 此份資料是鄭寶珍首先使用，見其《日治時期客家地區鸞堂發展：以新竹九芎林飛鳳山代勸堂為例》頁62-64，中央大學客家社會文化所碩士論文，2008年7月。感謝鄭寶珍惠賜此資料影本。

[8] 王見川〈光復前（1945）臺灣鸞堂著造善書名錄〉頁176-181，《民間宗教》第一期，1995年。

蓋聞元始說法，闡道蘊以開天。太上談經，傳教典於奕世。嗣而
五祖七真，丕衍玄門。萬典千經，宣揚正教。要皆體上聖之慈悲，
開下愚於覺悟。同昇樂土，共出苦輪。無如人情澆薄，物欲紛范。
逐妄迷真者往往，順邪棄正者勻勻，致夫上蒼震怒，浩刼頻施。
感此列聖群真，疾首蹙額，是以齊騎並駕，普濟同聲，下臨凡土，
降筆鸞堂，冀挽人心，以回天意。所以善篇疊出，神經頻傳。我
恩主精忠武穆王岳，生為宋室藎臣，沒為天朝元帥。忠心昭日月，
孝行振風雷，節烈特超今古上，義氣長存天地間。本純全盛德，
施溥博降恩。時維丙申桐月，駕臨甲子蘭陽，乃命將以掌堂，遂
飭神而顯化。斯時也，續成案之罪頭，延沉疴之殘命。其所以禦
災捍患，濟世覺民，則見其大小兼周，而幽顯並著者也。茲即資
扶三教，敦敍五倫，故現身而說法，率俗士以修真。不說難知難
能之語，惟陳易行易作之言。又有徐仙翁練氣靈文，指陳捷徑，
是經也，謂為覺世篇者可，謂為度身寶筏者亦無不可也。余也欲
赴梓頒行，以開神化，故先稿齎遠投上清宮，俱稟龍虎山正一真
人，六十二代嗣位張天師轅下，披呈鑒定，收錄玄宗。果蒙細閱，
准此付刊傳世。一切神人魔鬼，各宜欽服，不得有違教旨，干犯
玄科。由是觀之，則此經之俾益於人世，良非淺也，是以指引數
言，以告夫知音者，知所遵奉焉。

　　　　　　　　　　　　　　　　　　　太上三五都功經籙
天運丁未年六月日碧霞宮總董鸞務神霄玉府伏魔仙官陳錫靈盥
沐敬撰

　　　　　　　　　　　北極運雷斗中天醫事[9]

當時，由臺灣到龍虎山的宗教人士尚有基隆媽祖宮口日發行號連金房之
妻葉氏純。昭和年間的《基隆誌》云：

　　連……生平好善，凡有公益之事，多所贊助之。德配葉氏純賢而
　　且美……嫁於連家，孝於家翁，善操中饋……舉一子名朝明，及
　　長忽而雙目失明。自嘆命蹇，從此種德彌殷，樂善不倦，真心奉

---

[9] 碧霞宮《正一精忠武穆王妙法天尊說教敦倫經》（廈門文德堂，1907）〈引〉頁1-2。此經又叫《正一妙法敦倫經》。

佛尤為至誠，以冀其子兩目復明。氏於四十七歲時，欲問福天師，遂躬往中國廣勝府邱山恭詣張天師。不辭跋涉之苦，始得請教天師。其心良苦矣。又聞南海普陀山佛祖之靈應，常親往參詣，祈禱家門清吉，老少安康，其誠亦篤矣。如緱山指南宮重建，廟貌巍峨，香火隆盛者，亦氏之與有力焉……[10]

引文中的廣勝府虎邱山是廣信府龍虎山之誤。昭和年間有一基隆人到上海經商，正值張天師到上海活動。此人會見張天師並追述其外祖母到龍虎山懇求天師的情形與此相近：

離今四十年前，外祖母因舅父目疾沉重，差不多快要失明的時候，才聞知天師能治百病，愛子心切，不畏辛苦，不怕危險，費了數月的光陰，親到龍虎山去拜求天師。在啟程之前，她連吃了十二天的清齋，到了天師府，她就九叩十二跪地，跪到天師面前。天師憐她一片誠心，賜她一符帶回家，等她回來時，舅父的兩目已經失明了，這莫非是命嗎？現在此符仍存在，但因日久已經糊塗不明了。她告訴我們說：天師府像北平的皇宮一般，一門過了又一門，一殿了又一殿，極其偉大而華麗。是時的天師是一位白髮童顏的老翁，留着白雪似的鬍鬚，長得很文雅可敬，一些也不害怕，雖然有他的司爺傳舌，因有方言的隔膜，不能盡達其意，可惜！誠可惜！……外祖母往龍虎山求符，路上無人作陪，又係女流，交通不便，言語又不通，多麼艱難！多麼危險呀！[11]

兩相對照，很顯然，這是葉氏純到龍虎山的大致情況，可見當時臺灣人對龍虎山張天師的信仰。

二、黃茂盛與上海的慈善事業

大約在昭和初期，臺灣的鸞堂、書局還將書稿送至上海出版。高雄意誠堂同善社著作的鸞書《齊家準繩》、陳江山寫的《精神錄》都是其

---

[10] 簡萬火《基隆誌》附錄〈基隆重要人物〉頁 40-41，基隆圖書出版協會，昭和六年（1930）。

[11] 《臺灣新民報》977 號難籠生〈張天師訪問記〉（上），1933 年 11 月 8 日。

中著例。[12]

　　不論是意誠堂同善社的《齊家準繩》或是陳江山的《精神錄》，都是經由蘭記書局委託大陸出版的。其中的關鍵人物是書局創辦人黃茂盛（1901-1978）。資料記載，黃茂盛於 1901 年生於雲林斗六，字松軒。童年因父亡，遷居嘉義東門，七歲在私塾學過漢文，後入嘉義公學校就讀，畢業後進入嘉義信用組合工作。受到姨丈漢學家林玉書（臥雲）之影響，喜讀漢文。1920 年代透過日本遠親代購中國上海出版的漢文書籍[13]。

　　從現存黃茂盛的賀年片來看，最晚在大正十年（1921），黃茂盛已透過東京市本鄉區真砂町三十七番地的「西尾正左衛門商店」購買中國中文書。[14]根據黃茂盛媳婦的描述，1922 年，黃茂盛結婚後不久，即在嘉義市西門，正式開設書店叫「蘭記圖書部」。這個說法，有點問題，《臺灣日日新報》即說：

　　　1 崇孔贈書：上海範子路中華聖教總會，專以尊崇孔教，宣揚道德為宗旨，刊行各種嘉言懿行之書，贈人閱讀。本島特託嘉義總爺街黃茂盛為之代贈。現已寄到《興學救國》、《傳道五大綱》、《孔子新義》、《平等、自由、人權演說》、益世小說、中華聖教總會章程、《樹棠文集》、《文明結婚禮節》八種，計一千五百部。希望者函知該社，則為贈送。又該會代理聖教總會愛國報，月出二期。欲訂閱者，可通知該會。如學校團體，可由該介紹於聖教總會，則為長年贈送云（1924、5、31）

　　　2、《漢文臺灣日日新報》：「嘉義街黃茂盛氏，所創小說流通會……氏鑑世風日下，道德淪亡，為挽回風化，補救人心，特辦名人格言，遷善改過諸善書類數十種。」（8588 號，1924.4.14）…「嘉

---

[12] 王見川、李世偉《臺灣的民間宗教與信仰》頁 130-131。王見川〈精神錄〉，《臺灣大百科》。楊永智〈蘭香書氣本相融：追溯蘭記書局在臺灣出版史（1919-1954）上的軌跡〉，文訊雜誌社編《記憶裡的幽香：嘉義蘭記書局史料論文集》，文訊雜誌社，2009 年 3 月 2 刷。

[13] 黃陳瑞珠著、陳崑堂整理〈蘭記書局創辦人黃茂盛的故事〉頁 3-4，收入《記憶裡的幽香：嘉義蘭記書局史料論文集》中。

[14] 筆者藏有該明信片影本，係多年前寫《嘉義市志》「宗教禮俗」篇拜訪蘭記書局負責人陳瑞珠時，由其惠贈。

義總爺街小說流通會黃茂盛氏……備有書籍五百餘部，此回又購
入三種，欲贈送各位，其名如下：《覺悟良友》、《福壽寶鑑》、《青
年進德錄》各一千冊。」（8755 號，1924.9.28）：「嘉義街西門外
蘭記圖書部黃茂盛氏……其書之種目有《格言精粹》、《青年鏡》、
《三聖經》等。」（1925.9.7）蘭記書局自「漢籍流通會創設以來，
屢贈善書」（1925.9.7）[15]

這裏的報導，有所脫落。第一則引文中的該會，指的是黃茂盛的「漢
籍流通會」。大約同時，黃茂盛另設有「小說流通會」及「善書流通處」。
關於「漢籍流通會」，其宣傳如下：

本會購置經史子集、詩文筆記、月刊雜誌、暨各種益世善書，古
今名著小說計數千種，專供加入者任意取歸觀覽（市外加入者郵
便寄奉），全年會費只收參圓六拾錢。印有圖書目錄及詳細會章
函索即寄。（嘉義總爺街三十一漢籍流通會）本會代理中華聖教
總會愛國報月出兩期，全年廿四冊，報費參圓，希望訂閱者請通
知本會，自當逐期郵寄，另有贈書披列於下，函索即奉孔子新義，
樹棠文集，興國救國，傳道五大綱，益世小說，平等自由人權演
說。[16]

《孔子新義》是梁樹棠所著，是新詮釋孔子教義的書，而《樹棠文
集》係梁樹棠關於孔教的言論集。由此引文可見，黃茂盛宣揚孔教，推
廣漢學外，也考慮到實際經濟情況，所以參加「漢籍流通會」者要收錢，
不完全是慈善行為。真正免費，具宗教胸懷的是他的「善書流通處」。
該會旨趣如下：

語云萬惡淫為首，百行孝為先。歷觀循環報應不爽，際此世風日
下，道德淪亡，忤逆奸淫層見叠出，有心人莫不隱憂，回想敝處
創設以來，專辦益世善書流通全島，俾一般人士閱此，知所警惕，

---

[15] 轉引自黃文車〈從《漢文臺灣日日新報》看蘭記善書刊印情形〉頁 196，收入《記憶裡的幽
香：嘉義蘭記書局史料論文集》中。

[16] 這則廣告，收入王見川主編《近代關帝、玉皇經卷與玄門真宗文獻》第 2 冊，頁 520，臺北
博揚文化公司，2012 年 6 月。

並望廣推斯舉，務期移風易俗，同歸正道，是所切禱。（王見川
主編《近代關帝、玉皇經卷與玄門真宗文獻》第 2 冊，頁 471）

可以說，黃茂盛在蘭記圖書部成立「善書流通處」，希望透過送善
書，改變社會風氣，建立美善世界。而他所送善書，有的來自上海善社、
書局，有的則是批發自上海善書局。

目前可知，蘭記圖書部早期贈送的善書，主要是上海中華聖教會的
出版品。資料記載，這個團體主要是香港孔教人士成立，約在民國十二
年（1923），總部設在香港與上海，香港出資金，上海負責出版，編有
《愛國報》以及多種孔教著作。[17]

從此之後，黃茂盛與上海出版界、書局、孔教團體，互動逐漸增多。
昭和初期，在中醫書局錢季寅的介紹下，黃茂盛加入上海慈善團體：中
國良心崇善會。[18]該會創會會長是王一亭、會董有崔容圃、丁健康等，
出版《良心崇善報》又叫《崇善報》，主編是胡篤周，前期每半個月出
版一期，後改為月刊。[19]根據《崇善月報》62 期記載，濟生會曾捐助中
國良心崇善會該年正月至六月洋三十元。

目前所見，在《崇善月報》61 期，即見黃茂盛介紹臺灣人捐款給
良心崇善會，成為會員並參與大陸賑濟活動。[20]《崇善月報》64 期對此
有所介紹：

本會自錢季寅君介紹臺灣黃茂盛先生加入後，對於本會會務，頗
有進展之希望。按黃君本為慈善大家，近為發展本會會務計，則
更多努力工作，數月以還。凡黃君介紹捐助者，其數頗為不少，
如此次陳君江山，蘇君友讓，陳君梅峰，洪君和尚，王君子典，
蘇君仁杰，李君遂初，林君益壽等，均有相當助費。他日倘由諸
先生繼起努力，則本會會所成立之期當不遠矣。

編者按，數日前，本會會長王一亭氏，因見黃君之熱心公益，特

17　筆者藏有三冊《愛國報》。該報主編叫梁伯趙。
18　《崇善月刊》64 期，頁 52。
19　《崇善月刊》59 期，頁 44。
20　《崇善月刊》59 期，頁 44。64 期，頁 52。93 期頁 36 記載：王敬菴敬謝臺灣黃茂盛先生恤
　　災大洋拾元，臺灣李良臣先生恤災金五元。

親書「為善最樂」四字贈與黃君，以誌欽佩，而此件已由錢君專奉臺灣，特此附告。[21]

當時，有屏東陳江山助大洋 30 元、嘉義蘇友讓大洋 10 元、溪洲洪和尚助大洋 3 元、鄭肇基捐大洋 20 元等予中國良心崇善會。之後，黃茂盛陸續捐錢賑災、印送善書，到了昭和年間，黃茂盛因長期協助良心崇善會，當選該會董事。《崇善月報》即云：

本會董事	沈栽庭	王竹嚴	陳江山	沈佑卿
	黃茂盛	翁逸伉	崔蓉圃	吳善同
	馮安德	袁懷仁		
本會正會長	王一亭			
副會長	丁健康			
執行董事	宦炳森	盧逸雲	錢季寅	胡篤周[22]

既然如此，那良心崇善會是個甚麼團體，成立於何時，《崇善月報》提供一則線索：

本會以宣揚道德，本良心為善，舉辦各項公益事業，實行利人為宗旨。自民國十三年五月呈準上海縣政府立案創辦以來，歷時已七載有餘。…敬將本會事工經過與希望列下：
一、本會有救濟部，專以救濟各地水旱兵匪等災與本地貧苦疾病者，故每遇有災荒區域來告，即分向各會員勸募巨款，送奕華洋義賑會或濟生會、紅十字會匯至災區散放（有歷年收據與簿冊為證）。平時則施藥，救濟無力求醫之病人。冬日則施放棉衣米票，以救貧苦。或遇有川資缺乏之旅客，亦量其所需而資助。
二、本會有勸善部專勸人為善：1.發刊崇善月報 2.口頭演講，總計月報由第一期至現今八十八期止，共發出有二十六萬冊，故由閱報而加入本會者有三千人之多，而來函讚美獎勵與改過遷善之書信竟達十萬多封，至於每年贈送各種善書，無論面索、函索均完全照給，總計亦在十萬冊之外。

---

[21] 《崇善月刊》64 期，頁 52-53。
[22] 《崇善月刊》88 期，頁 37。

三、本會經過之史略……本會在（甲子年）即民國十三年五月卅日開創於上海南市陸家濱寶庭里卅號，內設有勸善部、救濟部、義務學校、閱書報室、惜字部等，力行二年。遷至老白渡橋橫街，亦設有各部工作。十六年冬遷於十六舖大達里口，迨至十九年春因經濟與人才關係乃遷於現址普育西路洪興里內。

四、本會此後之希望……本會之希望即會所早日建築成功，以推廣各部工作。最重要之工作即救濟與勸善、安老和福幼數種。工作之目的在減輕人民之困苦，消除淫盜綁劫之危機，務使人人崇善，人人自立謀善，不再有凶險艱苦之事跡。此即輔助孫總理三民主義之完成，亦即運動大同世界之實現也。[23]

由此可見，良心崇善會於民國十三年五月向政府立案，得到合法身分。創立目的是想透過救濟、慈善、送善書等善舉，改良社會、挽救人心。根據前述，該會會長是王一亭、至此沒變，但增副會長丁健康等，而董事則多加黃茂盛、陳江山等臺灣人，可見這些臺灣人大力支持大陸救濟、慈善活動。以上這些有關黃茂盛的事，學界罕知。不久前文訊雜誌社所編的《記憶裡的幽香：嘉義蘭記書局史料論文集》（文訊雜誌社，2009 年 3 月二刷）即未見任何討論，可見一斑！

三、餘論：光復初期（1945-1949）兩岸宗教往來

多年前，我曾為文，討論光復初期臺灣道院人士溫祿如何透過書信與大陸道院領導取得聯繫，進一步派人至臺傳教的情形。[24]二年前，在拙文日文譯本中又更詳細討論此一過程！[25]

除此之外，孔子後代七十七代衍聖公孔德成亦在民國三十八年初來

---

[23]《崇善月刊》88 期，頁 36-37。

[24] 王見川〈道院、紅卍字會在臺灣（1930-1950）〉頁 93-102，《臺灣宗教研究通訊》2 期，2000 年。

[25] 王見川著、豐岡康史譯〈道院、紅卍字會の臺灣における發展およびの慈善活動：戰後日本の新興宗教とのかかおりを含めて〉，頁 101-121，武內房司編《越境する近代東アジアの民眾宗教：中國、臺灣、香港、ベトナム、そして日本》，東京明石書店，2011 年 11 月。

臺中旅遊，此一經驗有助於他選定 1949 年二月落居臺中的決定。[26]相對於此，道教六十三代張天師在民國三十六年也曾來臺主持建醮活動。當時臺灣的《自立晚報》報導其事，[27]而大陸的《一四七畫報》（1947.12）則云：

> 天師臺灣賞符：張天師法駕已抵臺灣，在臺大賣其神符，據說求符者甚為踴躍，天師的豹皮囊中日收臺幣不少。脫離國家五十年的臺胞，今日能啟其信仰，其惟有張天師乎？（17 卷 4 期頁 3）

　　至於佛教部份，則有玠宗法師的大陸行。不久，大陸局勢逆轉，一些大陸宗教人物來臺避難、傳教，一貫道、理教、天德教、同善社陸續來臺，臺灣逐漸形成宗教更加多元原的面貌。

　　附記：關於清末日據初臺灣宗教人士去龍虎山，初見王見川 2009 年在香港中文大學道教會議上的論文〈清末日據初新竹的道士與張天師：兼談其時臺灣北部宗教人物的「龍虎山朝聖」〉（此文現收入本書）。本文原刊於《媽祖與民間信仰：研究通訊》（1），頁 57-67，2012 年 6 月。

---

[26] 王見川〈李炳南與戰後初期臺灣佛教（1949-1952）〉頁 148-149，范純武、王見川、李世偉《臺灣佛教的探索》，臺北博揚文化公司，2005 年。
[27] 王見川〈張天師信仰在臺灣：一個地域的例子〉頁 11-12，《道統之美》創刊號，2003 年。

戰後臺灣一貫道經卷、劉伯溫預言與其他

這次出版是本叢刊的第一輯：《民眾經典》，5 冊，含括：一貫道、經卷訓文、道院開壇及預言書。主要目錄如下：

書籍名稱	作者	備　註
道脈圖解	蘇南野人純一一貫道	臺灣法輪書局（1954）
綱常倫理從德合編	一貫道	乾記出版社（1958）
皇娘十憂喚子訓	一貫道	丙辰年天一佛堂
月慧菩薩勸世書	一貫道	壬子年
明德新民進修要言	一貫道	
嘉義道院成立紀念壇訓文	道院	己亥年
老　中　聖訓	一貫道	癸亥年
修身寶鑑	一貫道	上海崇華堂原印萬有經書流通處翻印（1974）
聖訓	道院	
聖哲嘉言錄（印刷版）	道院	
聖哲嘉言錄（手抄版）	道院	
玉露金盤	先天道	
救苦經太陽經太陰經灶君經十歸空課頌本	善書	雲林縣佛教支會印行
劉伯溫錦囊（二種）	善書	有缺損
合宗明道集	修道書	
無極聖母親演血書	一貫道	
歷年易理	一貫道	上海崇華堂原印臺灣法輪書局經銷
一貫道脈圖解	一貫道	上海崇華堂原印大興圖書重印（1986）
一貫道疑問解答	一貫道	

暫訂佛規	一貫道	上海崇華堂原印（1939）
考證龍華經	一貫道	上海崇華堂原印 臺灣法輪書局經銷
奉天承運道統寶鑑	一貫道	大千世界出版社（1980）
增註大學白話解說	一貫道	嘉義玉珍書局（1955）
人生寶鑑	一貫道	嘉義玉珍書局乙未年
認理歸真	一貫道	萬有善書（1974）
清靜白話解說	一貫道	天恩堂
天然古佛普度正宗	一貫道	
學庸淺言新註	一貫道	瑞成書局（1976）
三陽開泰	一貫道	
劉伯溫懺（又叫劉伯溫讖）	一貫道	附醒世文與勸世文
暗室明燈	一貫道	林內濟公堂（1974）
道學須知（一）（二）	一貫道	
關帝聖君指迷篇	善書	仁和堂
仙佛聖訓	一貫道	博德堂（1967）
慈航渡世問答	一貫道	
一陽帝君結緣訓	一貫道	天廣佛堂（1975）
天道規律	一貫道	
婆娑蜜素食部	素食名錄	鄭行中編（1981）

這些經卷文獻中，由雲林縣佛教會出版的《救苦經》等經的合刊本，其價值主要在書末的齋堂表，而道院的《聖哲嘉言錄》則提供道院在臺初期的代表性信眾及其言論。至於《劉伯溫讖》則是由大陸道親帶來之善書，並加以在地化的作品，在一貫道中非常流行[1]，而另一種劉伯溫預言書：《劉伯溫錦囊》是《燒餅歌》的延續，其意義與中秋節反元傳

---

[1] 關於《劉伯溫讖》的形成與流傳，詳見陳學霖、王見川合著之〈臺灣流傳的劉伯溫讖〈救劫碑文〉探溯〉，香港中文大學《中國文化研究所學報》47期，頁165-190，2007年。另見陳學霖《明初的人物、史事與傳說》（北京大學出版社，2010）頁183-212。

說的形成密切相關（詳後述）。但就本輯而言是以一貫道經卷文獻為主體。

　　本叢書所收的一貫道經卷文獻，大致反映四大主題：一、經典（《歷年易理》、《一貫道疑問解答》、《暫定佛規》），二、乩訓（《仙佛聖訓》、《月慧菩薩勸世書》、《老母聖訓》），三、教史（《道統寶鑑》、《普度正宗》），四、出版書局。眾所周知，戰後一貫道即傳入臺灣，至 1950 年間，至少有十八組線由大陸各地到臺佈教。這些點傳師或道親大都攜帶當時流行的經卷，作為佈教之用，如韓雨霖即帶有《朱子刪定玉泉真本桃園明聖經》等經典。[2]而本輯中的大部份一貫道經書訓文大都是由他們帶來在臺翻印或重刻的。大致說來，當時的出版情況可分為三種：

　　一、是油印。

　　二、是翻印。

　　三、重新打印。

　　其中以翻印為主，這是宗教新傳入該地的表徵。所謂的翻印，一是道親出錢請印刷廠印行，不標年月，僅標出資人及印經目的。二是由書局正式出版。

---

[2] 在民國四十一年，韓雨霖重印此書云：「今值三期末運，時衰道危，人心不古，世道反常，男不忠貞，女不柔順，倫常掃地，四維不張，世風日下，邪說流行，以致釀成世界紛亂，黎庶遭災，自古及今未有若是之甚者也。聖人云，天下溺援之以道，現今欲挽世道於當時，正人心於晚代，必須提倡孔孟之道德。關聖之忠義，方可拯救人民，脫出水深火熱之中，挽回世界，由惡運而轉太平。桃園明聖經，言言是道，字字珠璣，所言忠孝節義四字，洵乃安身立命之要道，齊家治國之準繩。人人若能依此而行，何患不能成聖賢。余今刊送，敬仰有志之士，閱此經後，身體力行，多多宣化，方不負關聖帝君諄諄誥誡者也。是為序。中華民國四十一年壬辰春三月，後學潔清謹識於臺灣感恩堂」。過了二十年，他再版此書，透露當時重印的真正目的：「余於民國三七年來臺，至三十八秋，因操辦商店，身體勞碌，得肋膜炎重症，非常危險，醫藥枉效。延至四十年春，仍未恢復原狀，因翻閱由天津攜來之書時，發現明聖經。遂既翻印千部送人，由此時，余每日虔誦，經過旬日，倏然而愈，實乃出人意料之外。至今余年已七十有一矣，身體仍健，此乃誦明聖經之感應也。今值再印之際，謹附記數語，以報聖帝之恩，並望社會人士，人手一冊，共相諷誦，改過遷善，信受奉行，於世道人心，裨益豈淺鮮哉。民國六十年春月，潔清韓雨霖再識。」（《朱子刪定玉泉真本桃園明聖經》（高雄至善書局，1994 年再版）頁 11、12〈桃園明聖經序〉。

一、玉珍書局、萬有善書經銷處與一貫道的傳佈

在此，我們專談書局翻印出版。首先要提到的是嘉義玉珍書局，它之於一貫道在臺的地位，猶如瑞成書局之於臺灣佛教。大約在十三年前，我曾對該書局負責人陳金海有所訪問：

〈玉珍書局緣起記〉[3]

嘉義玉珍書局，創於昭和元年（1926），迄今已滿七十一年，是臺灣少數碩果僅存的傳統漢文書店。據現任負責人陳金海口述，玉珍書局的創辦人叫陳玉珍，書局之名即以創辦人名字命名，生於明治三十年（1897），卒於民國六十一年（1972），享年76歲。最早玉珍書局是賣漢書的，故稱「玉珍漢書部」。書局中所賣之書，都由上海知名書店如宏大善書局、明善書局等批發而來。昭和中期開始販售臺灣新民報等書局出版的小說。據陳金海說，玉珍書局經銷過小說家徐昆泉《可愛の仇人》、《靈肉之道》（暗礁）和林萬生（新營人）《苦林落花》、《暗照運命》、《漂水之愛》、《最後一封信》等書。

民國三十五年（1946）陳玉珍經由興毅組何宗浩點傳，加入一貫道，其時玉珍書局改變經營方向，開始出版道書和善書。

陳玉珍兒子陳金海的說法，值得重視，葛景濤《興毅年鑑》中即說：

……戊子年六月初，何宗好點傳師由臺灣回到天津……辦理與孫師母接金線事宜。八月初四日……來臺……於八月七日到達基隆……至戊子年八月底止，興毅在臺道務已逐漸弘展，臺南、六甲、高雄、嘉義、虎尾、北港、臺中等地，已設有佛堂多處，道親多人，當時已求道的有：

臺南：施茂林、黃登淵、吳梅代、林泗海
高雄：吳復傳、趙柏宏、陳榮得
嘉義：吳源祥、陳玉珍、嚴火治、蕭紅、劉登茂

---

[3] 這是筆者在撰寫《嘉義市志》〈宗教篇〉時所做的調查稿。

虎尾：吳水鏡、張金城、蘇能岳[4]

文中的「何宗好」，即是興毅組領導何宗浩。由此可知，至少在民國三十七年（1948）八月，陳玉珍已信仰一貫道，屬於興毅組。此後，玉珍書局出版方向由日據時期的歌仔簿等漢文書，改為宗教經卷、善書出版。目前所知，早期，民國四〇年代初，玉珍書局出版的宗教書籍，至少有這些：

> 五教合編、七真史傳、清靜經白話解說、萬善先資集、綱常倫理大成、孝經白話解、養真集、出世必要、白話註道德經、人生寶鑑、達摩寶傳、金剛經註解、佛說阿彌陀經、觀音普文品、六祖壇經註解、增註大學白話解說、學庸淺言新註、養生保命錄、金剛科儀、覺路指南、四十二品因果經、關帝明聖經、地藏王菩薩本願經、佛門必備課誦本。[5]

所謂的「觀音普文品」是「觀音普門品」之誤。這些經卷裡面有佛經、善書、道書等，其中屬於一貫道的經卷則是《綱常倫理大成》、《人生寶鑑》、《學庸淺解新註》、《覺路指南》。對照李世瑜《現在華北秘密宗教》〈一貫道經典〉的描述，這些經卷原是民國三〇年代大陸一貫道的書籍。

到了民國五〇－六〇年代玉珍書局新增出版：

> 四書說明、侍宗明言、彌勒經新介紹、大同篇、道學新論、觀世音傳、初學須知、率真進修錄、會元寶卷、歷年易理、還鄉覺路、三教重新、釋迦如來應化事蹟、孔子魁生聖上集、考證龍華經、精神錄、理數合解、修道要旨、江希張四書註、玉露金鑑、十全救苦、道義問答、道理淺言、觀音濟渡本願經、皇母十訓、何仙姑傳、看破世界、孔子演義、目蓮救母、修身寶鑑、老子演義、學庸淺註、鳥窩禪師、家鄉信書、釋迦演義、四書心德、觀音十二圓覺、正宗道統寶鑑、修心寶鑑、修道要旨、道理淺言、簡易

---

[4] 萬景濤《興毅年鑑：臺灣開荒史記》（作者自印，1996）頁79。

[5] 玉珍書局翻印《出世必要：附三教重新》書背〈玉珍書局佛經目錄〉，1955年6月。

淺說、修道指南、佛說三世因果經。[6]

　　引文中的「侍宗明信」係「傳宗明言」之誤，而《正宗道統寶鑑》就是本輯收著，收錄的《奉天承運道統寶鑑》。它與《道學新論》、《初學須知》、《率真進修錄》、《歷年易理》、《還鄉覺路》、《理數合解》、《道義問答》、《修道指南》等，都是一貫道經書。其中的《歷年易理》、《理數合解》是一貫道十五代祖王覺一的著作，其餘則是新出乩文。

　　當時這些書都是小冊子，約三十到五十頁間，字體小，書前標「非賣品」「輪流公看」，書背寫著「國家至上，民族至上」字樣以及書局地址、出版目錄。這些書三教皆有，被視為善書，一貫道獨特的經卷就這樣與善書公開在臺灣市面流傳。

　　在玉珍書局之外，臺灣一貫道最重要的善書店是萬有善書流通處，後稱萬有善書出版社。這個出版社位於舊臺北市政府（長安西路）對面，其創辦者叫周超，又叫周金標。據林萬傳多年前告知，此人原先似乎不務正業，信一貫道後改作善書出版。我在 1989 年左右曾光顧該店，是其女兒顧店，後再去已關門並將庫存書轉給尚德圖書公司。根據《尚德圖書目錄》所附〈萬有書目〉，計有出版品二百一十四部。其中主要者是這些：

　　一條金線、十條大愿、了道秘錄、大同真諦、大千圖說、三我、大聖末劫經、三教圓通、女子廿四孝、天臺山五公菩薩靈經、五倫大道、中天玉皇救劫指迷篇、洞冥寶記、南屏佛祖良心經、息戰論、破迷語錄、桃園明聖經、家鄉信書、基礎道學、道理真詮、道義疑問解答、萬年歸宗、慈航問答記、認理歸真、劉伯溫讖、還鄉覺路、彌勒救苦經、混元布袋真經、覺路指南、孔孟聖訓、化善靈丹、白陽寶筏、玉露金盤、初學須知、明本歸宗、明心寶鑑、奉天承運普渡收圓正宗道統寶鑑、佛規諭錄、佛規禮節、皇十中三嘆、祖師四十八訓、修天道、修道指南、修心寶鑑、素食進修錄、借屍還魂記、理數合解圖述、道脈圖解、復初淺言、聖哲嘉言錄、群仙嘉言錄、銘訓集錦、箴言集成、蟠桃宴記、木本

6　玉珍書局翻印《養生保命錄：附邱祖全書》書背〈玉珍書局佛經目錄〉，1962 年 2 月。

水源、天然古佛普渡正宗。[7]

　　資料記載，目前至少可以知道萬有善書局在民國五○年即已成立。
《道德》一卷十二期云：

> 讀者之聲
> 執事先生：竊於十二月十三日，閑假無事，經遊臺北市市府對面，
> 萬有經書流通處，購買道德月刊貴社發行第一卷第七、八、九期
> 三份，經閱數遍返後，知貴刊道德章章句句寶筏。明顯先天大道
> 之至理，以證道真，理真，是萬教歸根之要道。能使人人明善復
> 初，止於虛無之境，至善之地也。月昇東方，圓明普照，妙法無
> 窮，使我明白真理妙明，真慧寶藏。得之，修之，明之，了之，
> 成之之指南，誠謂暗路之明燈，救世之寶筏，普照大地，引導眾
> 生返歸理域，感謝諸大德道人，負起重大聖業，大費婆心，代天
> 揚道，挽回古風，使我敬佩萬分。經閱之後與感想，做參考，固
> 吾國素來是道德之邦，自歐風東漸，一般愚夫，偏着外表，標奇
> 立異，不惜倒行逆施，以教義之劬勞，作椿萱之義務，言孝為愚
> 行，視親如陌路，一倡百和，靡然盲從，由此人倫日壞，道德墮
> 落萬丈深淵。經閱月刊早覺塵世苦海無邊，欲使人人棄慾返本，
> 捨身濟世，幸今三曹天道普傳，心存救渡，但有愚笨眾生難渡，
> 未能如願。鄙人自拜讀貴刊棄慾，細悟妙理，真如霧夜之明燈，
> 平心靜氣，不勝雀躍之喜，受月刊大德道人憐愛雅示，實感恩不
> 盡，竊才學淺薄，亂筆謹奉，特以表謝表敬，請不見怪。最後請
> 多指教是禱。鄙人「自閱讀道德月刊興感有趣，未知訂購之資是
> 否付郵即可，特請詳明賜教為幸」並祝　道安
> 陽明山　蘇天來[8]

以往，大都認為一貫道不重視知識。其實，有的組線很早即透過雜誌傳
道，目前所知最早的是上引的《道德》月刊，它於民國四十九年五月創
刊。這個刊物由豐原一帶一貫道親創辦，發行人是楊見財，社長簡月蓮，
雪峯主編。在其第一卷第二期卷首即是北海老人〈大學之道〉、崇華老

---

[7] 尚德有限公司《尚德圖書目錄》內附〈萬有出版社〉，未標出版年代。
[8] 《道德》1 卷 12 期，頁 33〈讀者之聲〉，1961 年 3 月 15 日。

人〈真天大道淺說〉、金光〈末後收圓儒教當興〉。值得注意的是其稱一貫道叫「天道」。《道德》所載崇華老人〈真天大道淺說〉：

> 一日有客造余盧而問曰：甚麼是真天大道呢？余曰：天道就是孔夫子對曾子說的，吾道一以貫之那個道。客曰：這三字怎講呢？余曰：天道實是難講，其精微處我也說不出來，今將淺顯處，略略說說……可見這個一，就是天地三界，十方萬靈的真主也，稱為上帝：在人身上說，就是自己虛靈不昧的一個真性，寂靜圓明，渾然天理，從上帝分下來的，也名為身中上帝，為一身的主宰。目賴此，這纔明，耳賴此，這纔能聽，足賴此，這纔能動，手賴此，這這纔能舉，統四端兼萬善，也是這一點靈性統之兼之。禮儀三百威儀三千，也無不賴這一點靈性以為根本。

> 但不知崇華堂中都是用些什麼工夫，余曰：清心寡慾求其放心的工夫，客曰：這個工夫怎麼用法，余曰：靜坐，客曰：靜坐有甚麼益處？余曰：益處多得很，少則可以郤病延年，大則可以作賢作聖，成仙成佛……嘗聞求道，須講內外兼修，內修既已聞命，外功又當如何呢？

> 余曰：外功就是多辦慈善普度眾生，照三聖所說的一切善事，腳踏實地的行去，竭其力之所能，不為沽名起見，濟急救難，賑災除危等事，小則出財獨辦，大則集資共舉，內功欺缺者，外功亦可借以補助，至於不廢錢的功德，要更隨事隨時多方開道與父言慈，與子言孝，與兄言友，與弟言恭，與夫婦言和睦，與朋友言信實，遇惡人勸他改邪為正，遇善士勸他養性修真，廣行三教。報答四恩，處此三期末劫之時，種種浩劫臨頭正宜代天宣化，成己成人……子貢夫子，乃聖門之高弟，尚有聖道不可得聞之嘆，可見性與天道，是自古不肯輕傳的，何以今世之人都講性與天道究竟是個什麼理由呢？

> 余曰：今逢下元告終，上元肇始，世風人心壞到極點。近數年來，刀兵水火，瘟疫飢饉，屢屢發現，天之所以警化世人者，無非欲人知所改悔。無如世人終不醒悟，凶險詭詐，日甚一日，只恐將來尤有種種奇異之劫。諸天仙佛，深垂悲憫。不忍下界眾生盡死水火所以這纔奏准。

　　上帝到處飛鸞開化，神人相接，共闡大道，其意無他，不過
借木筆沙盤，晨鐘暮鼓，喚轉人心，消弭劫運。希望普天之下，
盡成賢人君子，脫離苦海，早登彼岸，化娑婆為極樂。此乃仙佛
救世之苦心，性道普傳之由來。我等生此困苦萬狀之時，誠為最
不好的時代，若非生在此時，焉能得聞大道……

　　道書云：中華難生今已生，人身難得今已得，佛法難遇今已
遇，大道難聞今已聞。又云：萬劫千生得個人，須知前世種來因，
此身不向今生度，更向何時度此身。

　　凡我同胞可趁此一息尚存，眼光未落之時，趕快訪求明師得
真口訣，研究天人一貫之旨，洗心滌慮，借假修真，遵守三皈五
戒，不犯十惡八邪，敬天地，禮神明，孝父母，重師尊，信朋友，
和鄉鄰。除綱常倫理，當行之事外，一概看破，全不念戀。免得
障我一性圓明難以複初……如此，方算在家出家在塵離塵，不愧
為人中豪傑。然處今之時，猶貴善與人同，己立立人，己達達人，
轉相導引，同舟共濟庶不負。

　　上帝降道之意，亦可以副神人傳道之心。

　　天然大道宗旨，崇華所講大概不過如是，望佛子勿以吾言為
妄，而不相信。

　這段話近似《一貫道疑問解答》中的用語，顯然參考它改寫的。

　不管是玉珍書局、萬有善書店的出版品或是《道德》上的文章，都
傳達一貫道的教義：三期末劫、濟公活佛、月慧菩薩、天道、中字等詞
彙。此外，當時不少一貫道組線道親透過這個《道德》聯繫：

讀者信箱

斗六鎮楊慶興先生：您的來信說：在偶然的機會中受友人介紹閱
讀本刊，閱後感覺到很有心得，殊承支助順致謝忱，先生是斗六
鎮崇修堂宣道人，勸化眾生，為道為德，您已貢獻了許多力量，
本刊同仁對您這樣精神，殊為欣佩，本刊必繼續寄上，請勿念。
關於宣講道德，本刊有一巡迴的計劃，如先生處信徒及讀者歡迎
宣道，本刊可派人前往宣講，您意見如何，亦盼賜示。[9]

9　《道德》1 卷 3 期，頁 39〈讀者信箱〉，1960 年 6 月 15 日。

　　文中的斗南楊慶興是斗六崇修堂領導，其時已加入一貫道，是發一崇線的老前輩。

　　一貫道如此積極的傳教，逐漸在臺灣社會引起迴響。當時佛教刊物的《佛學問答》反映在民國四〇~五〇年代一貫道在臺灣的發展影響：[10]

> 【問】吾鄉一貫道盛行，所謂「末法時期，稗販如來，宣說開示像似正法，到處皆是。」令人感慨萬千，甚至有類出家人亦交相往來，晚輩年青，然略識佛法，於心不忍，請示對此輩法師應如之何。（茆茂盛）
>
> 【答】本問所云之法師，指「一貫道」耶。指「類出家人」耶。此二者皆法師，不應以此尊號，隨便向人妄加，所謂「稗販如來」一語，固是罪過，然彼等尚無資格，膺此惡名。至云何以對付，有力感化，則勸之改邪歸正，自揣無力，天地之大，何所不容，置之不理而已。（《佛學問答類編》〈通問〉頁 375）
>
> 【問】性理題釋記載之上帝是最高的佛嗎？彼說是神怎能生佛呢？（何永丁）
>
> 【答】此書未曾萬目，據來問所云，定是無知外道，瞎造謠言。若遇此書，宜投水火，免使殺眾生之慧命也。（《佛學問答類編》〈通問〉頁 269）[11]

---

[10] 李炳南老居士全集編集委員會印行《李炳南老居士全集：佛學類之六》《佛學問答類編》（上），1992 年。

[11] 【問】我看四十八年二月八日出版的菩提樹刊十頁內有此一中，此是什麼字，刊內說係屬於外道，請問註在什麼外道裏面，什麼外道用此字，用來表示什麼。先天道屬於儒教嗎？儒教書有載嗎？載在什麼書？首創開立先天道是那一位？他的名叫什麼？怎稱創始？起在什麼時候？什麼年月日始有？極欲得知。前聽收音機講，三寶太監下西洋傳，有說金壁長老與火母神鬥法，火母神去黎山請老母來幫助，此位老母是男性或女性，是不是他開創先天道嗎？又有稱瑤池金母是不是就係此老母抑或另有一個老母？（南洋林秀豔）
【答】尊問須分答。（一）「中」此乃邪教自造之秘密符號，只有他們知，方倫居士曾有擬解，是否他們如此說，亦不一定，然無價值之事，理他做甚。（二）「先天道儒教書有記載嗎？」儒以孔子為宗，是全球公認之聖人，其書正大光明，那有此等邪魔之事，貴居士誤為彼係儒教，可謂侮辱儒教甚矣。（三）「首創開立先天道是那一位……等」，此係一般無知識而有野心之人，妖言惑眾所創立，聚散無常，名字隨時改變，大概遠自漢時黃巾賊張角等，再則元代白蓮教韓山童，至清代義和團紅燈照等，皆是其餘派，平時不過詐欺取財，至於勢力養成則造反，歷史數見不尠，今贈「暗路明燈」一書，內言甚詳。（四）「金壁長老、火母神、黎山老母」，皆是村俗小說，概瞎造謠，等於孫悟空豬八戒，豈可信以為真，人尚無有，還講甚男性女性。（《佛學問答類編》〈通問〉頁 127）

【問】濟公活佛一般人的根據傳說，知其事略，然在佛界之正宗果位上，屬何階級。其當初修道之經過與後來成佛之情形如何？請詳示之。（黎錦輝、李漢波、邵益清）

【答】濟公在高僧傳，實有其人而已。若乩壇及電影小說一切宣傳，皆係望風捉影，胡造謠言。（《佛學問答類編》〈通問〉頁 130）

【問】三期末劫之真意如何？一二期在歷史可考證否？（何江都）

【答】此外道無知妄造妖言，有何真意……（《佛學問答類編》〈通問〉頁 240）

【問】如何使信仰一貫道者能正式信三寶，皈入佛門，成為佛弟子，以便了脫生死自利利他。（《佛學問答類編》〈通問〉頁 557）

　　所謂的《性理題釋》，係一貫道在臺傳教用的小冊子，是《一貫道疑問解答》濃縮版，至少在民國三十八年即傳入臺灣。在書中為了躲避追緝，做了些改動，如將「一貫道」改為「孔孟道」，而道脈傳承部係，由弓長繼續辦理末後一著（傳教）事宜，改為「弓長、子系」共同辦理，很明顯這是配合孫素真掌教權的作法。至於濟公信仰在臺的流行，與三個現象有關：一是濟公小說的刊載。在民國四十四年七月初《自立晚報》即出現王小痴的《濟公新傳》小說連載[12]，二是濟公電影的上演，如民國四十四年三月二十日《真假濟公》[13]。三是一貫道道院與鸞堂的神明濟公。由於一貫道教主張天然是濟公活佛倒裝下凡，所以濟公是一貫道宣教的主要神明，隨著一貫道的流行，濟公在臺聲望越高，逐漸出現以濟公為主神的鸞堂，本輯收入的《暗室明燈》即是在此潮流下的產物。

二、劉伯溫錦囊與「八月十五月餅傳訊反元傳說」之由來

　　關於民間相傳元末劉伯溫教漢人月餅傳訊「八月十五日」抗元之事，陳學霖教授〈劉伯溫與「八月十五殺韃子」故事考溯〉有很深刻的

研究。[14]他在文中舉了一些民國中期至八〇年代的傳說做例證。其實，有二則劉伯溫餅中藏訊反元資料，更值得注意：

1、（陳槃《澗莊文錄》引《民俗》32 期黃詔年文）云……送餅的起源，是在元末明初的時候。當時朱洪武屢被元兵打敗，洪武向軍師劉伯溫請計，伯溫想了好久。……那時是七月初旬，他叫了許多人扮著道士，分向各州各縣去賣符，並揚言說：今年降大災，欲避的，必須於十八月十五掛他所畫的旗樣的旗。……但此事想傳播親友，口述無效，必要寫明來在餅內送去才可。如是爭先恐後，家家都真的照辦起來。到了那天，各人的門上都插上一面旗子，元兵一見，大驚失色，因此就敗了。原來這旗子就是明旗。……朱洪武做了皇帝，自然對於這件有功的事，獎令舉行了，就此傳到如今，成為風俗。[15]

2、張祖基〈客家舊禮俗〉：八月半名中秋節，又喊做團圓節。…月餅的來歷，有人話係漢族殺元靼子的記念品，明朝以後，正過盛行，其來歷係咁樣。

元朝自忽必烈到中國做王以後，就用其天子的威權來虐待漢族，他因為想使倒其同族的人安樂過日，就定個一條新例：凡有漢族人，每十家就愛供養一隻食飯唔作工的元靼子，服事他阿公一樣：漢人係娶老婆，元靼子就愛先做新郎。當時因為漢人被元朝皇帝的威權壓逼倒，就不得不愛服從，唔敢抵抗，這種苛例，一直行到元末明初，還唔曾革除。

當時有隻精明能幹的人姓劉名伯溫，他十分惱這種不平等的制度，就想出一條剷除的方法來：即係暗中印刷倒極多廣告，一疊還一疊，秘密分開，寄到各城各市的糕餅店，吩咐各商家愛藏落糕餅肚裏內去，凡有買糕餅的人，又愛叮嚀他話：「這宗餅可以醫（救）一切災病，但係愛八月半食夜以後來食，正有效驗，若使參早或延遲來食，就唔單止毛益，驚怕還會

[14] 《中央研究院近代史研究所集刊》46 期，2004 年 12 月。另見陳學霖《明初的人物、史事與傳說》頁 144-182。

[15] 陳槃〈中秋節雜識〉頁 472，氏著《澗莊文錄》，上海古籍出版社，2010 年。

惹倒禍患。」

係咁樣，一人傳十，十人傳百，大家聽倒都去買餅，漢族人家到八月十五該哺，食哩夜以後，就一律食月餅，拗開來就看倒，每隻餅內都有一張字條劇個話：「吾等漢族，愛辛苦勞力以後，正得衣得食，但係各家中愛供養一隻，不盡義務專享權利的人，實在係一件可羞可恨的事，眾同胞愛聯合起來，劇除這種惡魔，一見廣告就愛開刀盡殺，切莫遲疑觀望！」這幾句話激動漢人的心，係咁樣各處就同時起義，殺到元韃子毛隻髒倒。因此漢人的自由正復轉，後代的人欽仰劉伯溫，每年月八月半，仍然買倒月餅來慶賞中秋，成做一隻普通的記念節，這就係月餅的來歷。[16]

　　這二則史料都反映民國初民間流傳劉伯溫中秋反元時的宗教行為。而這樣的情節可在劉伯溫相關的小說《再錦袍》找到近似內容：「……明太祖自興師以來，或勝或敗。一日兵到鄱陽。鎮守鄱陽元將亞利甲有萬夫不當之勇，更且船堅炮利，是以明太祖到此屢屢兵敗……劉基見相召之急，即便齊同使者謁見太祖。太祖即命有司創祀賢館處之。劉基即日安佈禦敵之策。是夕大放流星於四野。次日命軍士扮道士數百名，謠傳災星佈散，每戶分送靈符，以免災禍。蠟丸一個，丸內有字云：中秋節，高樹五色旗，可保平安。於是四散謠言，至是八月十五果然各家各戶高樹旗竿，明軍大振，四處金鼓齊鳴。元兵以為四民樹旗大變，於是軍心大亂。明兵殺進，各處亡民斬竹為刀，以助軍威，明兵大勝…」

　　此《再錦袍》有木刻版、石印版，以及鉛字版，其鉛版封面題《劉伯溫錦囊》，內叫《燒餅歌》，標示「歷史小說」。未標年代。從書況來看應時民國中期刊本。而石印本，封面叫「劉伯溫錦囊」、「燒餅歌全集」、「定價一毫」，書內寫有「無限天機註錦囊，世人後習讅參詳。欲知秘訣前今事，細看書中此數章」字句。內有序「東林居士識」，其紀年提到「中華民國萬萬年」，是民國初年刊。至於木刻版封面題作「劉伯溫錦囊」，四周寫有「無限天機註錦囊，世人後習讅參詳。欲知秘訣前今

---

[16] 張祖基《客家舊禮俗》頁 70-71，臺北眾文圖書公司，1986 年。

事，細看書中此數章」字句。內有序「東林居士識」，其後半段內容與《燒餅歌》類同，中頁題「萬載流名」，文末所記為清朝諸帝紀年：「大清皇帝萬萬年，現十傳：順治十八年，康熙六十一年……同治十三年，光緒三十四年，宣統萬年。」可見，這《再錦袍》是宣統初年所刊。依此來看，此一清末《再錦袍》應是民國初期諸《再錦袍》的祖本，而劉伯溫餅中藏字「八月十五日」殺韃子反元傳說，可能受此影響下的產物。

附記：本文原刊於王見川主編《一貫道經卷、劉伯溫錦囊與其他》第一冊，頁 I-XXII，臺北博揚文化公司，2011 年。

關於近代媽祖經卷：兼談鄭成功成為
「民族英雄」由來

　　眾所周知，媽祖是南宋以來中國重要的神明之一。以往，不少學者投入，研究媽祖，取得不少成果！其中以媽祖史料的整理與出版，最為可觀！特別是蔣維錟帶領的團隊編輯出版的《媽祖史料彙編》1-3 輯 16 冊[1]，頗為全面，堪稱此方面的里程碑資料集！

　　不過，因這三套書係打字排版，非原文影印，如果校對不精或排版不慎，都會造成錯誤，影響理解！有鑑於此，我先選取該三套書未收與篇幅較小的媽祖經卷、文獻複印出版，供學界，各地宮廟與社會大眾使用，為媽祖研究與發揚，盡一份力！

　　《近代媽祖經卷文獻與鄭成功信仰資料》套書的資料由新港奉天宮及其文獻中心[2]、博揚文化公司楊蓮福社長與本人提供，分成 6 冊。前 5 冊主要收錄近代媽祖經卷與媽祖廟文獻，最後 1 冊與第 5 冊後半是鄭成功信仰資料！前 4 冊資料，主要包含《天后顯聖錄》、《敕封天后志》、《天后聖蹟圖誌》、《湄洲慈濟經》、《天上聖母經》、《天上聖母真經》、《天后救苦經》、《天后元君救苦救難真經》、《天上聖母幽冥普渡真經》等經卷與廣州《濬川天后會簿》等文獻。第 5 冊收錄臺灣著名媽祖廟嘉義新港奉天宮發行出版的廟誌、沿革與《日清簿》等內部文獻。尤其是其收藏民國 50 年代至今各地宮廟、地方政府、社會團體的發文[3]最值得注意！這次我們挑選部份不涉私密的重要來文出版，供大家參考！以下先就媽祖經卷與扶乩稍作說明！其次探討鄭成功成為「民族英雄」的由來。

---

[1] 蔣維錟等編《媽祖文獻史料彙編》第一輯（5 冊），北京中國檔案出版社，2007 年。蔣維錟等編《媽祖文獻史料彙編》第二輯（6 冊），北京中國檔案出版社，2009 年。彭文宇、周金琰等編《媽祖文獻史料彙編》第三輯（6 冊），福州海風出版社，2011 年。

[2] 新港奉天宮及其文獻中心全稱是「台灣新港奉天宮世界媽祖文化研究暨文獻中心」。該中心主要提供奉天宮日清簿與媽祖籤詩等資料。

[3] 這些資料目前正在掃描與整理中。

一、媽祖經卷與扶乩

　　目前所知，最早的媽祖專書是元代《明著錄》。其書不存，從書名與零星的轉引內容來看，《明著錄》是部講述媽祖靈驗事蹟一類的書，其後的《天后顯聖錄》、《敕封天后志》、《天后聖蹟圖誌》都是此方面的代表！至於媽祖經卷，以往學者一般認為《正統道藏》收錄的永樂 14 年《太上老君說天妃救苦靈驗妙經》最早，可是在日本天理圖書館購藏有一部永樂 12 年的媽祖經卷《太上說天妃救苦靈驗經》。該經題記記載這部經的由來：永樂 10 年宦官楊敏(楊佛鼎)奉皇帝命令往南洋「公幹」，於「永樂十一年四月初四日行至安得蠻洋，遇值風颶大作，要保人船平安，恭禮聖前，啟許印施《敕封護國庇民妙靈昭應弘仁普濟天妃靈驗經》一藏…果蒙聖力護佑，風波咸息…敏今不負盟，命工鋟梓印施，永樂 12 年…」[4]，可見在此之前，存在一部《敕封護國庇民妙靈昭應弘仁普濟天妃靈驗經》。也就是說《敕封護國庇民妙靈昭應弘仁普濟天妃靈驗經》最晚在永樂 12 年即已流通，所以楊敏才會知道此經。這部經典在當時似乎非常流行，有不同版本流通：永樂 12 年、永樂 14 年、永樂 18 年版等。其中永樂 12 年版叫《太上說天妃救苦靈驗經》，日本天理圖書館購藏一部。永樂 14 年版被改名叫《太上老君說天妃救苦靈驗妙經》，後收入《正統道藏》，廣為人知，而永樂 18 年版則由鄭振鐸買到，後捐贈北京國家圖書館！這部經叫《太上說天妃救苦靈驗經》也與鄭和下西洋有關，其題記云：

> …達勝慧…永樂十四年差往西洋公幹，要保人船無事，發心告許《天妃靈驗妙經》一藏，用作匡扶，祈求平善。不期勝慧年命已終，願心尤在，董將遺下資財，命工印造…永樂十八年四月初八日拜題。[5]

　　由此可見永樂年間下西洋碰見海上大風浪等危機，當時船上主事者

---

[4] 澤田瑞穗〈天理圖書館所見道書私錄〉頁 1094-1097，王秋桂編《中國文學論著譯叢》下冊，臺北學生書局，1985 年。

[5] 劉福鑄・周金琰編《媽祖文獻史料彙編》第三輯「經籤卷・經懺編」頁 17。

是以發心刊印《敕封護國庇民妙靈昭應弘仁普濟天妃靈驗經》類經典來祈求媽祖庇佑，渡過危難！從發心印造一藏 5048 卷來看，永樂朝《敕封護國庇民妙靈昭應弘仁普濟天妃靈驗經》類經典流通量很大，隨處可見！

　　所謂的《敕封護國庇民妙靈昭應弘仁普濟天妃靈驗經》未見，但據日本學者澤田瑞穗考察天理圖書館藏的永樂 12 年《太上說天妃救苦靈驗經》，說此經前附天妃等 5 張圖像，正文與《正統道藏》版《太上老君說天妃救苦靈驗妙經》相同。[6] 該經內容大致如下：

> 首咒語，次經文主體：太上老君見海上危險，尋求幫忙，於是廣救真人推薦妙行玉女於甲申三月三日降世救人，太上老君敕封輔斗昭孝純正靈應福濟護國庇民妙靈昭應弘仁普濟天妃。天妃發願濟人，並發十五則誓言，太上因此敕封天妃為無極輔斗助政普濟天妃，並配祀千里眼等部將。世間人若敬信誦經，必得庇佑！說經結束後，說符咒，並有天妃符一張！

　　《太上說天妃救苦靈驗經》與此內容相近：如出生日期，活動地湄洲，但次序不同，二經主要差異在：

主題	《太上老君說天妃救苦靈驗妙經》	《太上說天妃救苦靈驗經》
稱號	無極輔斗助政普濟天妃	無極輔斗助濟正德天妃
誓願	十五誓	十三願
部將	千里眼、順風耳、盯王使者、晏公大神等	千里眼、順風耳
出身	齊天聖后北斗降生	齊天聖后觀音化生

　　從《太上老君說天妃救苦靈驗妙經》文脈中出現普陀聖境，可知原經是以觀音化生媽祖的架構產生的，《太上老君說天妃救苦靈驗妙經》將其改為北斗大聖，可見此經原先是佛教背景，後被道教化成《太上老君說天妃救苦靈驗妙經》。相較之下，《太上說天妃救苦靈驗經》，則是在《太上老君說天妃救苦靈驗妙經》基礎上佛教化！

---

6 澤田瑞穗〈天理圖書館所見道書私錄〉頁 1095。

　　劉福鑄、周金錟在校記說：「永樂十八年出現的《太上說天妃救苦靈驗經》以及清同治、光緒出現的諸種《天后聖母真經》實皆以此經為基礎改編而成，可以說後代眾多的天后經卷均濫觴於此經！」[7]。真的是如此嗎？經過比對，本套書收錄的光緒元年《天后救苦經》（日據時期臺灣潮州複刻）確實在《太上老君說天妃救苦靈驗妙經》基礎上換上刊印時的媽祖封號，並去除觀音化生痕跡，將「普陀聖境」改為「莆田聖境」。最大的變化是《天后救苦經》加上一些淨神咒、迴向咒以及「天后聖母訓世寶誥」。此經又稱《天上聖母真經》，光緒間楊濬編《湄洲嶼志》收入其中。[8]

　　在觀念上與《太上老君說天妃救苦靈驗妙經》有所關聯，但幾乎是新經典的媽祖經典，是同治 10 年刊刻的《天上聖母真經》。該經全稱叫《太上老君說九皇聖母座前妙行玉女宏仁普濟元君真經》，旨在說明圓明斗母向太上老君推薦妙行玉女降生的天后媽祖創出一經來救世。天后領旨，以忠孝信義五倫善行創經，行世救人。其中值得注意之處有三，一稱天后是九牧林之後。二是天后有度幽超渡的能力。三是天后普陀證果。後來流行的《天上聖母幽冥普渡真經》，其思想即源自於此。[9]

　　這部《天上聖母真經》之所以與眾不同，主要與其創造方式有關。在此經跋，首先敘述媽祖聖蹟與皇帝敕封情形，後提到《天上聖母真經》由來：

> 湘經商，宿業舟楫營生，數十年來，累蒙恩庇，饋無以為報。本歲秋間因叩天后宮，或覿經懺一部，意欲持歸付梓。適同社中奉有王天君、呂大帝鸞，因將是經呈改，荷盟天后暨列聖降鸞諭，以是經頒行已久，茲在擇期頒降新經，以普傳誦。湘聞命之下，不勝心幸，遵於十一月初八偕同人周沐公詣道山啟筊，即蒙頒降是經…梓已成，因述其緣起…同治十年…侯官鄭湘薰沐敬跋。[10]

---

[7] 劉福鑄●周金錟編《媽祖文獻史料彙編》第三輯「經籤卷●經懺編」頁 7-8。

[8] 劉福鑄●周金錟編《媽祖文獻史料彙編》第三輯「經籤卷●經懺編」頁 168。

[9] 這些經卷均收入王見川編《近代媽祖經卷文獻與鄭成功信仰資料》，臺北博揚文化公司，2013 年。

[10] 王見川編《近代媽祖經卷文獻與鄭成功信仰資料》第 3 冊，頁 12。

從名稱「道山」、降臨神明王天君、呂大帝等情況來看，這個「道山啟筏」的鸞堂，是福州道山的同慶社。福州道山又叫烏石山，根據清末《烏石山志》記載，該山有一道山觀，創於順治年間，前建玉皇閣，旁建三寶殿。後又添設鬼谷子祠及呂祖宮。在光緒七年夾注載：呂祖宮近為乩堂，乩堂累經官禁。[11]李宗顥在光緒二十二年（1896）到此云：

> 烏石山…山巔有道山觀…光緒十八年間遭回祿，現鳩工重建，左為呂祖廟，廟口有石刻《無上宮主訪蔣暉》詩一首。無上宮主乃呂字隱語，即呂純陽所題詩也。[12]

很明顯這是乩詩，顯示道山呂祖宮確在扶乩。資料記載，鄭湘藉由扶乩著造的《天上聖母真經》是在道山觀旁的玉皇閣完成。這玉皇閣是他哥哥鄭暄受王天君降乩指示，鼓動家族興建的。玉皇閣蓋好後，鄭湘、鄭隆在此扶乩，成立的團體叫同慶社，對外稱「道山同慶社」。除著造《天上聖母真經》外，同治八年，他們還著有《醒世金鍼》，同治十二年《蕉窗廣訓》、《講學篇》，光緒二年《醫俗苦言》、《閫門通俗歌》，光緒六年《闡化彙編》。由同治十二年《講學篇》出現朱衣人降鸞道山二香社序文，可知至晚在同治十二年道山有一「二香社」鸞堂。對照光緒二年《閫門通俗歌》孚佑帝君降乩序，該鸞堂叫「道山香壇」[13]，可能即是道山觀旁呂祖宮乩堂！

這種扶乩著造媽祖經卷方式，成為潮流，《天上聖母警世真經》即是此類的產物！需要說明的是，同治十年道山同慶社著造的《天上聖母真經》，明治四十四年臺灣曾經翻刻，但刪去同治十年鄭湘跋一行，換上明治四十四年字樣！[14]

---

[11] 清末郭柏蒼・劉永松纂輯《烏石山志》卷三「寺觀」道山觀，頁89，福州海風出版社，2001年。

[12] 廣州圖書館主編《李宗顥日記手稿》頁99，廣西師範大學出版社，2013年。

[13] 王見川等編《台灣宗教資料彙編》第二輯，第一冊，頁505-515，臺北博揚文化公司，2010年。

[14] 這些經卷收入王見川編《近代媽祖經卷文獻與鄭成功信仰資料》第3冊。

二、鄭成功成為「民族英雄」的由來

　　很多人都知道鄭成功是「民族英雄」，可是他是何時成為「民族英雄」？如何變成「民族英雄」？恐怕很少人清楚其來龍去脈！如最近一本關於鄭成功信仰的通俗著作《解構鄭成功：英雄、神話與形象的歷史》有二個部份提到鄭成功是民族英雄[15]：〈中華民國／臺灣的民族英雄〉、〈中華人民共和國的民族英雄〉，比重不可不謂不多，但內容卻未對鄭成功何時成為「民族英雄」及如何變成「民族英雄」二個重要問題，有所回答，實在令人遺憾。

　　相對之下，另一本著名的鄭成功信仰研究專書《鄭成功信仰》[16]，雖未專論鄭成功是「民族英雄」的情況，但書中頻頻出現「民族英雄」鄭成功的用語。對於鄭成功何時成為「民族英雄」？該書作者提出一個判斷：二十世紀在孫中山驅除韃虜口號下，鄭成功多了「民族英雄」的形象[17]。

　　以上兩本書都曾參考過著名學者陳芳明關於鄭成功的大文，但似乎忽略其中重要敘述。陳芳明一文最值得注意之處在他參考 Ralph C.Croizier, Koxinga and Chinese Nationalism：History, Myth and the Hero（《鄭成功與中國的民族主義：歷史、神話與英雄》）[18]的內容，對沒有大功績的鄭成功何以被尊為民族英雄？這一問題，提出看法。他說：

> ……鄭成功被染上種族主義與民族主義色彩，還必須等到二十世紀中國革命展開之後。從種族主義觀點來看，鄭成功反清復明的立場，自然是符合孫中山「驅除韃虜」的宣傳口號，這是鄭成功由福建的地方飛越成為中國英雄的主要原因……基於客觀形勢的要求，鄭成功的民族英雄地位在一九三〇年代進一步確立。這

---

[15] 江仁傑：《解構鄭成功：英雄、神話與形象的歷史》（臺北：三民書局，2004 年），頁 115-142。

[16] 高致華：《鄭成功信仰》，（合肥：黃山書社，2006 年）。

[17] 高致華：《鄭成功信仰》，頁 18、314。

[18] 陳芳明：〈鄭成功與施琅：臺灣歷史人物評價的反思〉，張炎憲等編《臺灣史論文精選》（上）（臺北：玉山社，2002 年出版 6 刷），頁 137、153。關於此書，陳芳明譯作《國姓爺與中國民族主義》。

是因為中國受到日本帝國主義的侵略，近代性質的民族主義開始在中國境內抬頭……到一九三七年抗日戰爭爆發，民族意識才普遍傳入中國內地的鄉村……當時的國民政府為加強民族教育，許多歷史上的忠君人物都一律塗上民族主義色彩，像岳飛……一直到鄭成功……都被供奉成為民族英雄……在一九三〇年代，鄭成功被視為中國全民的民族英雄，已殆無疑義。[19]

陳芳明的推論很有趣，很可惜文中並未交代判斷根據。實際上他的論斷沒有資料支持，尤其是來自政府的材料，只是猜想。不過，他對鄭成功成為民族英雄的判斷，值得注意！沈松僑在其名文中有相近且進一步的分疏：他說「提到中國的晚清「民族英雄」系譜的建立，與晚清國族建構有關」。[20]沈松僑歸納清末救國士人、知識分子與革命人士建構的中國「民族英雄」系譜有三種類型：

甲、反抗異族或外族的漢族英雄：岳飛

乙、抵禦外人或排外的「民族英雄」：鄭成功

丙、殖民海外或拓展邊疆的英雄：鄭和[21]。

客觀來說，對清末救國人士藉由民族主義或種族主義重新詮釋或挖掘歷史人物，沈松僑的研究有其貢獻！不過，就「民族英雄」詞語的理解而言，他雖然在文中頻繁使用此一用語，很可惜並沒有告訴我們「民族英雄」一詞出現的時間與相關史料。他所說的「民族英雄」在當時資料中是叫「排外大英雄」或「海國英雄」或「殖民英雄」[22]，從未有叫「民族英雄」。也就是說，鄭成功等人是民族的 XX 英雄，而非「民族英雄」鄭成功或 XXX。依此來看，清末「民族英雄」一詞是沈松僑自己的建構，不是當時的用語。既然如此，那在中國與臺灣何時使用或出現「民族英雄」一詞？有的學者認為是袁世凱當政或國民政府時期。可惜都沒有史料根據。著名學者易君左在《中國民族英雄》（一九五四）

---

[19] 陳芳明：〈鄭成功與施琅：臺灣歷史人物評價的反思〉，頁138-140。

[20] 沈松僑：〈振大漢之天聲：民族英雄系譜與晚清帝國族想像〉（收於《中央研究院近代史研究所集刊》，第33期，2000年6月），頁138-140。

[21] 沈松僑：〈振大漢之天聲：民族英雄系譜與晚清帝國族想像〉，頁138。

[22] 部份資料，見江仁傑：《解構鄭成功：英雄、神話與形象的歷史》，頁32-37。

一書中回憶「民族英雄」一詞說：

> 為保衛國家民族生存和人民生活的戰爭，特別是對侵略主義的抵
> 抗，則是民族英雄值得稱述的地方。……對民族英雄的歌頌，是
> 歌頌他們能夠貢獻個人，犧牲個人來抗拒外來侵略暴力，以保衛
> 自己國民族的生存和人民的生活。……在我國快發動對日戰爭
> 時，我在鎮江曾寫一本《中華民族英雄故事集》，那是專以江蘇
> 一省抗倭史事為題材，以中學生為對象，純粹用故事體材來描
> 寫，這本書重版十七次，頗為一般中學生所愛讀……[23]。

如果易君左回憶屬實，那「民族英雄」一詞，在中日戰爭（一九三
七）前夕已有人使用，用來指涉對抗外敵的人物。目前所知，至少在民
國二十一年，一、二八事件，即有報指稱當時抗日的十九軍軍長，蔡廷
鍇為「民族英雄」。而在中日戰爭時期（一九三七－一九四五）已出現
「民族英雄」一詞指涉中國歷史上對外有功的名人。民國二十九年由商
務印書館出版的《中國歷史上之民族英雄》上冊即云：

> ……一個民族固需有自覺力，乃能取他國之長，以補我之短。然
> 亦必須有自信力，使能歷艱屯而不至失其守。國人目前頗能自
> 覺，而自信力則漸次漸減以盡。即無外侮之來，恐亦難圖存……
> 今吾國已與東倭交綏矣，國家民族之獨立與生存，實繫於此
> 時。……欲復興民族，戰勝強敵，必先喚起其自信心，必先使其
> 認識本國歷史上對外光榮之戰爭，及對外有殊績之人物……余向
> 喜讀本國歷史，竊不自揣，試輯一書，名曰：《中國歷史上之民
> 族英雄》，起黃帝迄民國……凡不背於民族主義，而對外有崇績
> 者，悉選錄焉。區區之意，即求國人認識我國對外光榮之歷史，
> 及有武功有殊績之民族英雄，以增厚其自信力，而將是等民族英
> 雄之容貌性情思想能力，再作一度無數度之活現，以挽救危亡，
> 中興華夏……余敢正告中國人曰：願國人認識吾國對外光榮之歷
> 史，及有殊績之民族英雄，以增加每一個中國人之自信力。尤當

---

[23] 易君左：《中國民族英雄》〈例言〉（香港：亞洲出版社，1954 年初版，1956 年 3 版），
頁 114。這段話寫於 1954 年 1 月。

積極的追蹤漢、唐之文治武功，以揚威域外，復仇雪恥。消極的
實踐東漢宋明人之氣節，不屈服，不妥協，是則著者之微意也夫。
中華民國二十七年三月，劉覺抱清識於成都自宅會府北街五十一
號。[24]

劉覺的《中國歷史上之民族英雄》分上下卷，上卷於民國二十九年
初版，三十三年（一九四四）贛一版，由遷至重慶的著名出版社商務印
書館印行。下卷有近古民族英雄鄭成功等人，於民國三十年五月開始
編，同年八月完成，民國三十三年一起與上卷由商務印書館印行。[25]在
該書上卷「凡例」說：

一、本編命名《中國歷史上之民族英雄》，其民族英雄之界說，
以對外有武功，或以對外有其他殊績為限。
一、本編主旨：在發揚歷史上我國之尚武精神，與征服異族之武
功，及其他對外之殊蹟，以列傳體敘次之，加以評論，以啟發國
人之民族意識，並增固其自信力，其對於現在之戰局，及國家前
途有所被益……
民國二十七年三月。[26]

很清楚劉覺的「民族英雄」定義：是指對外有武功，或特殊表現的
中國人物。他之所以如此解釋，完全是受到對日戰爭的影響。劉覺希望
藉這些中國歷史上的民族英雄激起民眾自信心，抵禦外侮，復興中華。
透過商務印書館全國各地銷售的網絡，劉覺的《中國歷史上之民族
英雄》逐漸發生影響，特別是鄭成功是民族英雄的說法，很快得到呼應。
當時，三民主義青年團編印的書《臺灣研究》即稱鄭成功為「民族英雄」：

……原來明朝自給滿清滅掉後，民族英雄鄭成功就據有臺灣來抵
抗清兵……。[27]

---

[24] 劉覺：《中國歷史上之民族英雄》「自序」（重慶：商務印書館，1944 年），頁 118。
[25] 劉覺：《中國歷史上之民族英雄》上下卷，「版權頁」。
[26] 劉覺：《中國歷史上之民族英雄》上卷，「凡例」，頁 1-2。
[27] 三青團中央團部編印：《臺灣研究》（1944 年 3 月），頁 7。此書收入陳雲林總主編：《館藏民國臺灣檔案彙編》（九州出版社，2007 年），第 19 冊。

　　民國三十二年前後的官方或政府關於臺灣或鄭成功的描述，都未見鄭成功是民族英雄或民族英雄鄭成功的稱呼，可見當時國民政府並未提倡民族英雄鄭成功或民族英雄 XXX 的說法。依此來看鄭成功為「民族英雄」是民間的叫法（封號）。

　　在中日戰爭結束（一九四五）後，鄭成功叫民族英雄的說法開始在臺灣流行。目前所知，最早採用此稱號的是《興臺日報》。該報民國三十五年八月十八日報導：「花蓮市民慶祝民族英雄鄭成功生日，舉行盛大慶典」情形。[28]其次是《中央日報》。該報民國三十八年五月三日報導「彰化地方人士以崇仰民族英雄鄭成功」舉辦祭祀慶典活動。[29]再者是《自立晚報》，特別在民國三十九年用整張版製作「民族英雄鄭成功三百廿六周年誕辰紀念刊」，登載程天放〈如何紀念民族英雄鄭成功〉，鄭彥棻〈發揚鄭成功的精神〉，吳國楨等黨國大老，政府高官紀念鄭成功文章。[30]其中程天放、鄭彥棻、吳國楨都在文中提及鄭成功是民族英雄[31]，可見至晚到一九五〇年代黨國大老，政府高官已熟知鄭成功的稱號民族英雄。

　　大約同時，總統府等中樞單位，以及省政府等都舉辦紀念鄭成功誕辰活動。[32]其中最值得注意的是臺灣省文獻會舉辦鄭成功誕辰紀念展。這次活動結束出了紀念集《鄭成功第三百廿六週年誕辰紀念展覽會圖集》。[33]從該書收錄當時官民各界慶祝鄭成功誕辰的活動，以不少單位報紙使用「民族英雄鄭成功」稱號。[34]

　　另一方面，民間的出版品也開始使用「民族英雄鄭成功」稱號，民國三十八年二月一日的《臺南導遊》介紹「明延平郡王祠──即鄭成功

[28] 《興臺日報》，1946 年 8 月 18 日。

[29] 《中央日報》，1949 年 5 月 3 日。

[30] 《自立晚報》，1950 年 8 月 26 日，〈民族英雄鄭成功三百廿六周年誕辰紀念刊〉第一期。

[31] 《自立晚報》，1950 年 8 月 26 日，〈民族英雄鄭成功三百廿六周年誕辰紀念刊〉第一期。

[32] 林熊祥主編：《鄭成功第三百廿六週年誕辰紀念展覽會圖集》（臺灣省文獻會，1951 年 3 月），頁 24。

[33] 林熊祥主編：《鄭成功第三百廿六週年誕辰紀念展覽會圖集》，頁 35。

[34] 林熊祥主編：《鄭成功第三百廿六週年誕辰紀念展覽會圖集》，頁 22-37。

廟」即說：「祀『民族英雄鄭成功』」。[35]民國五〇年代國軍發行地政治訓練小冊子在〈大陸與臺灣〉部份即稱：

> 「民族英雄鄭成功」驅逐荷蘭人，把臺灣作為民族復興的基地。[36]

以上種種顯示，「民族英雄鄭成功」稱號已逐漸在臺灣取得多數人認同，而一九五〇年以後出版的「民族英雄」類書籍更加強化「民族英雄鄭成功」的印象。當時至少有下列數種「民族英雄」類書籍[37]：

甲、《中華民族英雄傳》，許素玉等編，出版社不詳，一九五二年一月五版。該書收入鄭成功事蹟。這本書是由一、二集合成，曾獲臺灣省保安司令部政治部核准為「勞軍書刊」、臺灣省教育廳（四十年度）函送各地政府各級學校購買、國防部總政治部四十一年度指定「政治教材」。

乙、《民族英雄故事鄭成功傳》，金宇章著，香港美華書局印行，臺灣文化書店發行，一九五二年十二月出版。這是小說，演繹鄭成功的一生事蹟。

丙、《中國民族英雄》，易君左著，香港亞洲出版社，一九五四年初版，一九五六年三版。書中提及鄭成功臺人奉若天神，反攻大陸情形。此書香港出版，港臺風行。

丁、《廣播劇節目：民族英雄故事專輯》，教育部文化局編印，約在一九七〇年左右。全書是二十篇民族英雄故事廣播劇，其中第一篇是「國父傳」，第二篇「愛國女秋董」，第五篇是「民族英雄鄭成功」。這些廣播劇由當時政府主管機關教育部文化局，透過是各地公民營電臺，向全國廣播，影響眾多民眾。

戊、《民族英雄》，臺灣省新聞處編印，一九七五年。這是配合民國六十二年臺灣省政府主席謝東閔指示：編印國民小學民族精神教育畫頁，而做的系列叢書。其中第一本即是鄭成功。

---

[35] 《臺南導遊》（臺南：導遊出版社，1949 年 2 月），頁 21。

[36] 此書為王見川私藏。

[37] 以下這些資料，收入王見川編：《近代媽祖經卷文獻與鄭成功信仰資料》，第 6 冊。

　　己、《中國民族英雄傳》，正言出版社編輯部編，正言出版社，一九七八年。該書是「少年叢書國語注音」。書中民族英雄包含鄭成功，說他是民族英雄中最特出的。

　　庚、《中國民族英雄列傳》，沈剛伯等人著，臺北正中書局，一九七八年出版。該書由中華民國新聞局策畫，鄭成功也列入其中，由蕭一山撰寫。

　　很清楚，這些官民／海內外出版社，在不同時間，以多元面貌呈現鄭成功，宣揚中國民族英雄。這一股民族英雄熱潮，在戒嚴時期臺灣，頗為流行。也就是說，在這近五〇年時間，是民族英雄熱，「民族英雄」更是鄭成功的專屬用語，家喻戶曉。據說，「民族英雄鄭成功」這一稱號，一直到一九九七年方才從教科書消失。[38]

　　附記：本文原刊於王見川主編《近代媽祖經卷文獻與鄭成功信仰資料》第一冊，頁 I-XIV，臺北博揚文化公司，2013 年。收入本書，刪增一些話，略改篇名、修改與合併一個註。又關於「民族英雄」一稱的由來，最近筆者會為文探討。

---

[38] 江仁傑：《解構鄭成功：英雄、神話與形象的歷史》，頁122。

聚星觀、臺灣正劇與其他：
《水竹居主人日記》所見日據時期臺灣的宗教信仰與戲劇

一、前言

　　最近幾年，關於光復前臺灣的新史料頻出，頗引起史學界的重視。其中以涉及時間長、內容豐富的《灌園日記》、《水竹居主人日記》，最受矚目。著名的臺灣史學者許雪姬教授曾如此評論說：

> 張麗俊的〈水竹居主人日記〉與林獻堂的〈灌園先生日記〉是臺中縣非常重要而寶貴的文化資產，固然在知名度及日記內容的廣度上灌園先生日記可能略勝一籌；但若就日記的深度及其中所留下的資料來看，水竹居主人日記可謂毫不遜色。在社會史上他留下許許多多當時人的宗教活動、生命禮俗的各種儀式、神明會的狀況；在政治運動史上，自臺中中學設立、同化會、文化協會（包括兩次分裂）、臺灣民眾黨，甚至反對米穀統制運動，都有記載。在保甲資料上，由於過去研究保甲大體由制度面及功能面著手，而未能由被保甲制度管轄下的小民，甚至是保正的眼光來看，換言之，保甲研究較少運作面，張麗俊保留的第一手好資料，相信有助於保甲制度運作面的研究。其他如文學史料，有關他參與的詩社及文學活動、詩，都可以補充目前臺灣文學史研究上較不被看好的舊文學（漢詩）研究。[1]

　　《水竹居主人日記》確實具有多重史料價值，尤其對臺灣宗教信仰史而言，至今尚未發現可與之相比的史料，其價值可謂巨大。

　　關於《水竹居主人日記》的內容與價值，許雪姬教授等人已作了傑出的研究。他們的研究主要觸及慈濟宮的相關問題[2]。本文嘗試在前輩

---

[1] 許雪姬〈張麗俊先生《水竹居主人日記》的史料價值〉頁50，該文收入張麗俊作、許雪姬等編纂、解說《水竹居主人日記》（一），中央研究院近史所，2000年11月。

[2] 許雪姬〈由《水竹居主人日記》看豐原慈濟宮的改建及張麗俊所扮演的角色〉頁1-41，文建

研究基礎上，討論以下課題：

　　1、聚星觀的早期歷史與活動。

　　2、新竹城隍廟的宗教活動。

　　3、臺灣寺廟至大陸進香之情形。[3]

　　4、日據中期出現的新劇：臺灣正劇。

　　希望透過《水竹居主人日記》，窺見日據時期臺灣宗教信仰與戲劇的側面。

二、聚星觀的早期歷史與活動

　　張麗俊在大正十年以後，於日記中最常談的信仰情況，除了慈濟宮外，恐怕是「聚星觀」了。「聚星觀」位於現在豐原市中陽里，距豐原火車站不遠，是地方民眾公認的「靈驗」的信仰中心[4]。在該觀的牆壁上鑴刻〈聚星觀概略〉，敘述這間廟宇的歷史：

> 日本宮城縣……高橋央敬撰
>
> 西歷一九二一年左右，臺灣各地大事開拓農地，因此當時的日本當局卻連各處的墓地，也標售給民間開墾。結果，有主的墳墓由其後代擇地安葬，無主墳墓則因開闢為耕地而遺骨遍地皆是，慘不忍睹。據傳，在清朝時，豐原地區發生戰亂，當時合葬無數陣亡者之遺骨，也被挖掘出來。因此，本人為處理這些無主的遺骨，而大費周章。後來，本人獲悉烏牛欄林慶全夫人（當時六十歲家庭富有）平時樂善好施，便向林夫人提起收拾這些無主遺骨及陣亡者遺骨，並且建一納骨堂合葬，以慰在天之靈。林夫人對此事

　　會等主辦「地方文獻學術研會」論文，2002 年 10 月。洪秋芬〈日治時期殖民政府和地方宗教信仰中心關係之探討：豐原慈濟宮的個案研究〉，《思與言》42 卷 2 期，頁 1-41，2004 年 6 月。

[3]　許雪姬〈張麗俊先生《水竹居主人日記》的史料價值〉頁 14-15，王見川、李世偉《臺灣的民間宗教與信仰》頁 277-278，臺北博揚文化公司，2000 年 11 月，都稍有談到臺灣寺廟至大陸進香的情形。

[4]　Taiwan Today News Network　〈聚星觀傳說活靈活現〉，https://mail.stut.edw.tw/cgi-bin/downfile/VTOKLON3417B30368110_Taiwan_Today…2004/10/24。

十分贊同，認為事不疑遲，並即時答應樂捐全部費用。於是本人即時委託上南坑之羅安先生（當時為豐原製紙會社社長）代為設計納骨堂，並在下南坑墓地覓地約二十坪，建立了三合土磚造的堂皇納骨堂，而且當時每具遺骨花了兩圓的清理費用，才能使數百具遺骨都有安息之處。納骨堂創設後，便命名為「豐原萬善堂」，並訂定每年農曆七月十六日為祭祀之日。于時參拜者絡繹不絕，香火綿延不斷，終於成為遠近民眾信仰之中心。當時，不僅烏牛欄慈善家林夫人的善行博得地方人士讚揚，連與籌建萬善堂有關人士和本人在內，也獲得稱讚。因而，深感做了一件好事，心裏萬分欣慰。據聞，在萬善堂祈求而病癒者甚眾。本人有病時，則回到日本後也繼續信仰……[5]

　　這個碑記透露幾個訊息：一、此廟又稱「豐原萬善堂」，儲放墓地整理出現的無主的遺骨。二、「聚星觀」是由日本人高橋央發起，烏牛欄庄林慶全夫人捐資興建的。三、該觀佔地約二十坪，初造時頗為堂皇。四、當時有不少民眾至「聚星觀」祈求病癒，應驗者頗多。

　　「聚星觀」頗為靈驗這一訊息，可在《水竹居主人日記》中得到印證。在該日記記著：

1、辛酉年（1921）舊三月初八日……是日，聚星觀豐原驛公雇人鳩金初來開演梨園，蓋自前月初六落成至今纔滿一個月，演掌中班十餘日，每日進香祭祀者接踵何只百計，彼靈魂一時何如此之靈也。[6]

2、甲子年（1924）……午后仍往，並到蔡源發木匠店相商做世垣、世屏之眠床。由聚星觀玩演掌中班歸，此聚星觀諸靈魂之顯赫，亘古希（稀）有，每日參拜者數百人，不特我中部之人信仰，即南北部之人亦來祈求也，故演梨園或掌中班指不勝屈，今番自去廿五日直演至來初四云。[7]

5　此〈聚星觀概略〉刻在聚星觀中，中、日文書寫，是一九八○年秋月吉旦由聚星觀管委會所立，中文由王昌傳譯。

6　《水竹居主人日記》（五），頁349。

7　張麗俊作、許雪姬編纂、解說《水竹居主人日記》（六），頁263，中央研究院近史所，2002年11月。

3、癸亥年（1923）舊九月二十四日……來聚星觀玩梨園。是日，
乃豐原第三保保正王興演謝故也，又他人亦演掌中班二枱，甚是
熱鬧。吁！此聚星觀諸靈魂現時感應，南北馳名，進香者挨肩接
踵，演掌中班謝者指不勝屈，演梨園謝者亦常常有之……[8]

由此可知，「聚星觀」在落成後不久，即靈驗異常，遠近馳名。當
時，民眾有疾病、困惑疑難等事情，都到「聚星觀」祈求。若所求靈驗，
民眾便會請戲班演戲謝神酬願，或是送匾表示感激，現今「聚星觀」尚
掛大正乙丑年秋臺中市後壠子張相蓋叩謝的「群靈濯赫」、北斗郡埤頭
庄莊陳中玉乙丑年春叩謝的「靈應遠及」等匾[9]。

究竟，民眾在「聚星觀」如何祈求呢？《水竹居主人日記》提供一
點線索：

1、昭和十一年（1936）元三月初一日…午后，往慈濟宮進香，
因錦昌來書託代祈禱其長女碧雯病之平安也。拔筶，抽籤俱吉，
又到聚星觀祈禱拔筶吉，抽籤要交立夏方得平安，晚歸。[10]
2、昭和八年癸酉元十月初三日…歸遇吳玉成，邀我由聚星觀歸
到其店子坐談，因隨他到焉，並對聚星觀諸靈魂問我欲與霧峰謝
氏緞結婚可否如何，撤筶，遲則聖筶，速則陰陽也，坐談及午乃
歸。[11]

由此可見，民眾是藉著「撤筶」（拔筶）和「抽籤」祈求神意。為
什麼「豐原萬善堂」稱作「聚星觀」呢？當地的說法是這樣：

豐原市中陽里有一個百姓公廟卻名為「聚星觀」，名字很浪漫，
因為命名的是素有「臺中縣第一號作家」名號的張麗俊，他是日
據時代的保正，以孤魂野鬼有如天上孤星，因此命名為「聚星

---

[8]　《水竹居主人日記》（六），頁112。
[9]　筆者2004年10月3日至聚星觀考察報告。
[10]　張麗俊、許雪姬等編纂、解說〈水竹居主人日記〉（十），頁193，中央研究院近史所，2004
　　年11月。
[11]　張麗俊、許雪姬等編纂、解說〈水竹居主人日記〉（九），頁328，中央研究院近史所，2004
　　年11月。

觀」。[12]

不過，張麗俊在《水竹居主人日記》一九二一年舊元月十七日卻說：

> 午後，在家書聚星觀區字並對聯文。此聚星觀何為而作，因前葫
> 蘆墩萬善堂在建築郡守宿舍右側，茲移來下南坑墩畔建築，壯麗
> 宏敞，並收拾各處無緣骸骨納入其中，邀我命名。我因此墩有堪
> 輿師言，對上墓埔云是孤星伴月，我故取名聚星觀，並內外兩聯
> 云。
> 聚星觀對聯文
> 蓋世英雄餘白玉
> 一鄉夢士築黃金[13]

顯然，地方人士是誤解「聚星觀」的意義。另張麗俊的記載，有三
點值得注意：一、「聚星觀」內收聚的骨骸，是由前葫蘆墩萬善堂移來
和各處收拾而來的，與高橋央說法不同。二、是「聚星觀」頗為「壯麗
宏敞」。三、張麗俊曾替「聚星觀」題寫對聯。

張麗俊的對聯現仍刻在「聚星觀」，不過未見題名，目前觀中留有
張麗俊撰書的對聯：「大正十二年孟夏，影響奇希子女丁男同信仰，聲
揚遠近五州三市益焄蒿」。「聚星觀」何時落成呢？《水居主人日記》提
供了答案：

> 辛酉年（1921）舊二月初六日……是日，本庄聚星觀落成式，釋
> 善緣欲開眼超渡觀中諸靈魂，作成道牒，邀我改之，午歸。午后，
> 備祭品到觀前普濟陰光，則見豐原街管內諸信士備祭品來供奉者
> 絡繹不絕，少焉，掌中班開演，釋善緣來超渡無緣者靈魂，祭罷
> 歸[14]。

由此可知，「聚星觀」是在一九二一年舊二月初六日落成，當時「各
庄保正及捐緣金拾圓以上諸信士」、「豐原郡守、課長、警官、街長、助

---

[12] 同註4。
[13] 《水竹居主人日記》（五），頁335。
[14] 《水竹居主人日記》（五），頁341-342。

役、書記等」俱來「赴席拈香」[15]，可謂冠蓋雲集，備受重視。對照《水竹居主人日記》的記載，「聚星觀」是在一九二〇年舊曆十月才開始興工建築，於一九二一年舊曆二月廿三日全部告竣[16]。

　　據張麗俊描述，此觀「堅壯華麗，可謂曠全島之萬善堂而首屈一指」，共費建築費貳仟餘元[17]。這一筆錢，主要來自豐原區管內街庄信士的捐款[18]，依此來看，「聚星觀」可說是豐原區的「公廟」或「公共納骨塔」。所以，「聚星觀」的管理人是豐原街長[19]，平時則委由「助役」代管，吳子光之孫吳玉成任「助役」時，即曾管理此觀。

　　關於「聚星觀」的活動，除了供民眾祈求外，年度最盛大的法會，應是農曆七月的普渡。現今一到「農曆七月的第一天」有很多民眾即帶著祭品前往祭拜[20]。不過，在日據時期，「聚星觀」的普渡法會似乎在農曆七月十六日，《水竹居主人日記》即說：

> 1、癸亥年（1923）舊七月十六日…午后，再往對聚星觀一遊，因是日道士做一朝道場拔（祓）渡諸靈魂…[21]
> 2、戊辰年（1928）元七月十六日…二時到豐原…遂由聚星觀玩慶一朝中元，挑果品來普施者，因女挨擠不開馬…[22]

　　《水竹居主人日記》還告訴我們亦有民眾在「聚星觀」舉行禳災「祭天狗」儀式[23]。以上這些宗教活動自從慈濟宮善緣法師被開除後，都是由道士執行，他們彼此競爭激烈，甚至殺價服務[24]。

　　由於「聚星觀」成立後，靈驗異常，香火鼎盛，不僅帶來人潮，也

---

[15] 《水竹居主人日記》（五），頁342。
[16] 《水竹居主人日記》（五），頁343。
[17] 同前註。
[18] 《水竹居主人日記》（五），頁343。
[19] 《水竹居主人日記》（六），頁243。
[20] 同註4。
[21] 《水竹居主人日記》（六），頁82。
[22] 張麗俊作、許雪姬編纂、解說《水竹居主人日記》（七），頁413，中央研究院近史所，2004年1月。
[23] 《水竹居主人日記》（九），頁28。
[24] 《水竹居主人日記》（七），頁239。

帶來了金錢。其周邊環境亦逐漸變化，開始有人搭棚賣金紙，開店做生意[25]，而豐原街人亦視「聚星觀」為重要地標，《水竹居主人日記》即說：

> 甲子年（1924）舊九月十一日…因豐原驛前欲整理看板，將慈濟宮、聚星觀距離町數錄在板…[26]

可以說，在當時豐原人眼中，「聚星觀」已是「當地名勝」了。

三、新竹城隍廟與其他

張麗俊在《水竹居主人日記》中描述的宗教、信仰活動，除了南瑤宮、慈濟宮、聚星觀外，尚有其他活動，值得介紹，以下擇要評介。

（一）關於新竹城隍廟

在《水竹居主人日記》中，提到張麗俊頗為尊崇城隍神，常在每年農曆六月十五日買辦物品慶城隍壽誕[27]。他並在一九〇六、一九〇九年等時候到彰化城隍廟參拜，也曾在一九一八年往「臺中城隍進香，並求靈籤指點」[28]。不過，這些行動，在史料上意義不大。倒是他對新竹城隍廟活動的描述，值得注意：

> 1、丙寅（1926）舊十一月初四日…我全添喜、玉榮出遊市街，到改築之城隍廟，甚然壯麗，工事雖未竣而告落成式者，因乘此共進會時連慶三朝清醮，以助鬧熱也，故正殿及諸神像俱煥然一新，三川及兩廊則未完也。又到主會鄭肇基方，既將其祖之春官第結成主會醮壇…[29]
>
> 2、丙寅（1926）年舊十一月初八……回新竹……又見車站紅男綠女來觀醮事者人海人山，乃到市街一遊。見主醮古雲梯及市場

---

[25] 《水竹居主人日記》（六），頁 242-243、406。
[26] 《水竹居主人日記》（六），頁 266。
[27] 《水竹居主人日記》（一），頁 98。
[28] 關於前者見《水竹居主人日記》（一），頁 71，（二），頁 185。後者見同書（五），頁 196。
[29] 《水竹居主人日記》（七），頁 127。

俱結三層醮壇，主會鄭肇基、主壇□□□，各將其住店結彩壇，
此番建三朝醮係祝城隍廟之落成，及助共進會之熱鬧也……[30]
3、戊辰（1928）年元六月十五日…晴天，往市場買物品，令世城
持歸祝城隍壽誕。到慈濟宮，令將新油木裙棹二張俱移置宮中以
陳列祭品，因是日元墩腳內往請新竹都城隍來遶境演戲也。又見
街中男女欲往臺中玩迎城隍者，車為之滿，到春草家被留午飯。[31]
4、庚午（1930）年元六月十五日…昨今年加請新竹州城隍來合
迎遶境……[32]

根據《臺灣日日新報》的報導，在明治末期，新竹城隍神，威靈顯
著。「上自竹北一二堡、下至苗栗、後壠、通霄、苑里等處」有眾多信
仰者[33]。《水竹居主人日記》提供新竹城隍在一九二八～三○年被葫蘆墩
人迎請的情形。豐原街民眾會迎請新竹城隍遶境，顯然與張麗俊的經歷
有關。早在一九一九年，他即聞知新竹城隍大名，故專程到新竹進香，
《水竹居主人日記》即云：

舊十月廿三日
晴天，全清連坐八時餘列車往新竹下車，入城隍廟進香，並求數
枝靈籤指示休咎，又入佛堂進香，懇道人智伯指明城隍靈籤，奈
他堅執不肯說明何。蓋他嚮（向）來善解城隍靈籤，凡有求他解
說者，一見籤詩，休咎立辨，故時人稱他為半仙，此名傳入當道
耳，遂被戒嚴，今故不肯妄與人解[34]。

目前所見關於新竹城隍的文獻與研究，僅提及新竹城隍籤詩非常靈
驗，但都未說明抽籤人如何得知籤意[35]，張麗俊的記載，提供了答案，
原來廟中有個「半仙」解籤人「智伯」。由於智伯解籤靈驗，盛名遠播，

---

[30] 《水竹居主人日記》（七），頁131。

[31] 《水竹居主人日記》（七），頁400。

[32] 張麗俊作、許雪姬編纂、解說《水竹居主人日記》（八），頁240，中央研究院近史所，2004
年1月。

[33] 《漢文臺灣日日新報》明治44年8月28日〈香客漸來〉。

[34] 《水竹居主人日記》（五），頁263-264。

[35] 洪惠冠等編《新竹市都城隍廟建築藝術與歷史》頁28-29，新竹市立文化中心，1998年10
月。此部份為張德南撰寫。

遂遭日本當局管制，可見殖民政府的統治如何深入底層。

　　至於張麗俊記載大正十五年新竹城隍廟建醮的情形，至少有二點，可補現有研究之不足：一、新竹城隍廟建三朝清醮時，該廟重修並未竣工，而是配合共進會的展覽進舉行的。二、是當時的主醮是古雲梯、主會則是鄭肇基。

（二）臺灣寺廟神明至大陸進香

　　臺灣民眾崇奉的神明，大都來自大陸。在經費許可下，這些信徒常會攜帶神明至大陸進香，以誌飲水思源或尋求靈力。從證據來看，目前僅見鹿港舊祖宮和新竹郊戶所祀之天后，在清代曾往湄洲進香[36]。而根據《臺灣日日新報》的報導，日據時期臺灣媽祖廟曾到湄洲祖廟進香的，有下列各廟：

1、大正元年基隆慶安宮。

2、大正5年鹿港媽祖廟。

3、大正6年新竹長和宮。

4、大正6、10年新竹內天后宮。

5、大正8年雲林麥寮拱範宮。

6、大正9年嘉義樸仔腳配天宮。

7、大正9年嘉義溪北六興宮。

8、大正13年臺中市萬春宮[37]。

　　《水竹居主人日記》中記載當時萬春宮進香的代表是賴以墩外[38]，尚提及二個到湄洲進香的例子：大正四年梧棲朝元宮[39]、大正十三年旱溪媽祖廟[40]。此外，張麗俊還記錄大正十五年「二份埔賴厝部元保宮保生大帝往漳州心田庄進香回駕」的情形[41]。這些記載，都豐富了日據時期臺灣寺廟進香大陸的歷史。

---

[36] 王見川、李世偉《臺灣的民間宗教與信仰》頁277-278。

[37] 同前註。

[38] 《水竹居主人日記》（六），頁198。

[39] 《水竹居主人日記》（四），頁188。

[40] 《水竹居主人日記》（六），頁192。

[41] 《水主居主人日記》（七），頁38。

四、餘論：關於「臺灣正劇」

張麗俊喜歡看戲，因此《水竹居主人日記》記載不少戲劇消息，但大多是關於採茶戲、中國戲劇等傳統戲曲，只有一則提到張麗俊看了新劇：

> 辛亥年（1912）……中十二月初七日……飯畢，並到慈濟宮內玩改良正劇，此劇就臺灣風俗、士、農、工、商、警官、殷紳各因其人粧飾，並隨其人口音婦孺亦能曉，全係規勸世人。是夜，齣名演「青年要鑑」，乃臺南有名藝妓陳氏爽，當繁華時籠盡青年子弟，時有臺北判任陳錫金迷他，盜用官金，以致食毛非自盡；又臺南裕昌行掌櫃劉王迷他，偷收帳項，以致被貶入監獄；又殷紳林炳輝戀他，因娶之，以致棄妻子了田產，身入監獄，餘不能俱載。後又隨奸夫渡廈，金銀首飾被奸夫用盡，遂得沈疴，渡回臺北無依，流為廢病乞婦，餓死途中。吁！少年男女，如此類者，滔滔皆是，令觀此劇，諒有前車之鑑云[42]。

關於這個「改良正劇」，邱坤良等人的解釋都有問題[43]。它又叫「臺灣正劇」、「正劇」，是日本人高松豐次郎推動起來的新劇種[44]。它的特點是「情景逼真、言語分明」，也就是重背景及使用臺灣話演新近的事[45]。根據《臺灣日日新報》的報導，高松曾組織「同仁社」，在明治四十二年七月起專做「開演活動寫真」以及到日本招聘名優來臺演出[46]。到了明治四十三年，高松轉變方向，開始招募本島人演「臺灣新劇」，大受歡迎[47]，陸續在朝日座等戲院，演出《義僕報仇》、《洪禮謨臥軌自殺》、

---

[42] 《水竹居主人日記》（三），頁 160-161。

[43] 邱坤良《日治時期臺灣戲劇之研究（1895-1945）》，頁 301-304，臺北自立晚報出版部，1994 年 7 月一版二刷。《水竹居主人日記》（三），頁 160-161 所做的解說。

[44] 這是綜合《漢文臺灣日日新報》明治 43 年 7 月 21 日〈臺灣正劇開演一夜〉、6 月 19 日〈蟬琴蛙鼓〉而做的敘述。

[45] 這是綜合《漢文臺灣日日新報》明治 43 年 7 月 7 日〈蟬琴蛙鼓〉、44 年 7 月 30 日〈正劇盛況〉、8 月 8 日〈正劇近況〉、8 月 10 日〈蟬琴蛙鼓〉等相關記載而成的敘述。

[46] 《漢文臺灣日日新報》明治 42 年 9 月 26 日〈寫真初演〉、43 年 1 月 19 日〈名優渡臺〉。

[47] 《漢文臺灣日日新報》明治 44 年 7 月 30 日〈正劇盛況〉。

《斷髮奇談》、《大稻埕毒殺親夫》、《鄭成功》等劇。其中最值得注意的是該社在明治四十四年八月十七日夜於朝日座，開演「凶賊廖添丁扮商人入竊土城江昕家，至八里坌被殺而死」的戲目，共二十餘幕，二夜演完[48]。這是廖添丁事蹟首次被搬上舞臺，大正二年朝日座又上演凶賊廖添丁故事[49]，造成轟動，也帶動新一波的廖添丁傳說[50]。

　　附記：本文宣讀時，蒙顏尚文、康豹、黃秀政等教授、先生之指正，非常感謝！此文原刊於許雪姬主編《水竹居主人日記學術研討會論文集》，頁 7-21，台中縣文化局，2005 年。收入本書時，刪去「南瑤宮的進香與信仰圈」部份，並略改篇名！又文中未標出版資料的《水竹居主人日記》，俱係許雪姬編纂、解說，中研院近史所出版。

---

[48] 《漢文臺灣日日新報》明治 44 年 8 月 17 日〈正劇齣目〉。
[49] 《臺灣日日新報》大正 2 年 8 月 3 日漢文部份〈正劇齣目〉、日文部份〈演藝〉「朝日座」。
[50] 筆者已撰有〈廖添丁的信仰與傳說〉，待刊。

臺灣傳統節日文化之變遷考察(1945-2010)

一、引言

　　每個社會都發展出特有的節日時間與相應的「節日文化」，這是認識該地民眾生活文化的入徑。中國的節日文化淵源甚古，雖經歲月流變，節日形貌損益不一，但依然形成極富民族特色的文化。臺灣同屬於中國文化原生態，自十七世紀以降，以閩南、客家為主體的族群大量渡海來臺，繁衍生息，也將傳統的中國節日文化帶來；1945 年隨日本戰敗投降，國民政府入主臺灣，1949 年國民政府自內戰中敗退，將中央政府播遷來臺，二百餘萬軍民隨之遷徙，大江南北各地節日風俗亦由這些新移民引入，臺灣的節日文化樣貌更形豐饒。

　　節日文化雖然是在民間自然生成與積累，但隨時空環境而有所變革，影響臺灣節日文化者，其一為官方政治性的介入：戰後以來，國民政府對民俗節日進行「現代性」的改革，伴隨戒嚴時期之威權體制，對諸多民俗節日進行嚴格管控與改造；解嚴以後，官方從剛性的控制改為柔性的介入，無論剛性或柔性，皆對民俗節日造成極大之影響。其二為社會變遷：近半世紀以來，臺灣快速地由農業社會轉型為工商社會，伴隨都市化、市場經濟、個人主義與自由化的風氣，民俗節日時間依舊，但節日文化已大非昔日風貌。本文即以此兩個主軸，考察臺灣節日文化變遷，其間新舊常變是交織進行著。必須說明的是，本文的探討時間是1945 年以降，其原因除了政權鼎革，臺灣脫離日本殖民統治與文化，中國文化再次於臺灣得以全面發展外，現代化社會也在這半個多世紀快速形成，對傳統的節日文化有更劇烈地衝擊與變革，有關 1945 年之前的發展僅作背景式的提示。另外，臺灣原住民的節日文化不同於漢族，暫非本文探討的之對象，請讀者留意。

二、傳統社會之時間軸與節日習俗

每個人類社會中都會形成時間軸，以作為個人生活作息的依據，以及社會秩序的確立。在中國的傳統社會，大致形成四種時間軸：一是「日常時間」，主要為民眾工作、生產活動的時間，在農業社會時代，傳統中國發展出「二十四節氣」的時間軸，這種依據北半球太陽運行的時間制定，用以規範中國農業活動的有效運作。二是「節日時間」：主要是以月亮運行的陰曆時間為主，其作用在於供民眾休養生息、消費、狂歡，如新年、清明、端午、中秋為其中最著者。三是「神誕時間」，傳統民間社會因對神明的信仰與祭祀所需，發展出重要的神明誕辰日。在民間善書、農民曆等更制定出一整年的「神誕表」，以供民眾參考運用，神誕日之時間特質，兼具祭典的神聖性與狂歡娛樂的世俗性，即在神誕當日，民眾進行祭祀、齋戒、勸善教化的同時，也作遊神遶境、看戲、遊藝等活動。四是「帝國節日」：亦即統治者所定下的節日，包含帝王生日等具有特殊意義的政治假日。傳統中國社會中，此四種時間軸平行發展，形成一套穩定的民間百姓生活節奏。唯其間偶有交錯者，如佛誕日、中元節兼具「節日時間」與「神誕時間」；本文則針對第二類的「節日時間」為對象作探討。

　　中國傳統的節日系萌芽於先秦，定型於隋唐兩宋時期，據宋代陳元靚《歲時廣記》所載，當時的節日計有元旦、立春、人日、上元、正月晦、中和節、二社日、寒食、清明、上巳、佛誕日、端午、朝節、三伏節、立秋、七夕、中元、中秋、重九、小春、下元、冬至、臘日、交年節、歲除，《事物紀原》甚至認為這些節日大都是古聖賢所制定：如伏羲初置元旦、神農置臘節、周公置上巳、晉平公置中秋、齊景公置重陽、端午，而楚懷王則置寒食。照宋王楙《野客叢書》所載，當時國家官私以冬至、元旦、寒食為三大節日，而清末大儒俞樾則告訴我們：清代的三大節日是端午、中秋、冬至[1]。現代社會基本上繼承此一節日體

---

[1] 俞樾《茶香室四鈔》卷一，頁 1476-1477，北京中華書局，2004 年。

系，唯其重要性有別，大致上以新年元旦、清明、端午、中秋這四大節日最為中國人所重視。

　　十七世紀以降，閩、粵移民大量來臺，也將傳統的節日時間與文化帶來，其節日內涵具有高度的同質性，僅活動形式有地域性的差別。我們以早期編修的臺灣方志，即康熙三十三年高拱乾纂修的《臺灣府志》中卷七〈風土志：歲時〉為例觀之，其歲時節日有：元日（正月初一）、元宵（正月十五）、春祈福（二月二日）、清明、洗佛（四月八日）、端午（五月五日）、乞巧（七月七日）、中元、中秋、重九、冬至、送神（臘月廿四日）、歲除，並載：「凡此歲時所載，多漳、泉之人流寓於臺者；故所尚，亦大概相似云[2]。」以此可知，臺民的節日體系與大陸，尤其是主要移民原鄉福建漳州、泉州基本上是一致的。

　　1895 年日本殖民臺灣，引進現代西方的時間制度，為臺灣民眾帶來一種嶄新的「日常時間」同時，也加入日本「節日時間」，1926 年以前每年有十天的「祝祭日」，1926 年起的昭和時代多了一天紀念大正天皇[3]。這些雖為臺灣民眾帶來新的時間體驗，但除了在 1937 年至 1945 年「皇民化運動」期間外，臺灣民眾依然循傳統「節日時間」作息（「神誕日」亦然），相關的節日活動與文化一如往昔地進行著。1934 年日人鈴木清一郎出版經典名著《臺灣舊慣冠婚葬祭と年中行事》，其中第三篇〈歲時祀典〉，詳載了民眾的節日時間與活動，除了過節時間承襲舊例，各地紛然並陳的過節活動蔚然大觀，儘管日本展開強力的殖民統治，但民間社會中傳統的「節日時間軸」不但沒有動搖改變，反倒是益發牢固而豐富，也因而鈴木清一郎在書中〈自序〉感慨著：日本統治臺灣近四十年，在政治、產業、教育等方面都有相當的成績，但有關聘金制度、冠婚葬祭、迎神賽會、年節祭祀等「劣俗陋規」仍待「改善」[4]。

---

[2] 參見中央研究院「漢籍電子文獻——臺灣文獻叢刊」，http://hanji.sinica.edu.tw/index.html?tdb=臺灣文獻叢刊。

[3] 日本的祝、祭日舉要如元始祭、春季皇靈祭、神武天皇祭、天長節、秋季皇靈祭、神嘗祭、臺灣神社祭、天長節祝日、新嘗祭等，參見呂理政，《水螺響起：日治時期臺灣社會的生活作息》（臺北：遠流出版社，1998 年 3 月），頁 59。

[4] 鈴木清一郎，馮作民譯，《增訂臺灣舊慣習俗信仰》（原名《臺灣舊慣冠婚葬祭と年中行事》），臺北，眾文圖書公司出版，1994 年 5 月（原出版 1934 年），頁 8。

　　1945 年 8 月 15 日本戰敗投降，國民政府統治臺灣，「皇民化運動」
期間壓抑已久的傳統漢文化重新復甦，臺灣民眾很快地恢復節日時間與
文化活動。但另一方面，如其它近代國家一般，國民政府也制定相關的
紀念性節日，形塑出另一類新型的「節日時間」。這類新型節日的法源
為〈紀念日及節日實施辦法〉，於 1954 年一月二十七日由行政院訂定發
布，以後迭經修訂至今。此一辦法將現行節日分為紀念日、民俗節日、
一般節日三大類，其中紀念日有十一個（如和平紀念日、國慶日、行憲
紀念日等），一般節日有九個（如青年節、婦女節、教師節等），民俗節
日有五個：春節、民族掃墓節、端午節、中秋節、農曆除夕，除了春節
放假三天外，其餘放假一天[5]。另外兩類的節日也有選擇地放假，故節
日不一定是假日，又節日放假與否亦隨時代而變革，也易隨政治社會情
勢而淡薄，唯民俗節日不論是否放假，在民間社會仍承繼傳統、年復一
年地進行，甚至於發展出新的型態。

三、官方的角色：從剛性管制到柔性參與

　　傳統社會中，官方對於民俗節日雖有局部的否定與規範，但基本上
是採取認同與參與的立場。研究者已指出官方或官方代表人物為節日或
節俗的創造者，如元宵節的起源與西漢皇帝有關，清明賜新火為唐朝官
方所創，又漢代開始已有節日放假之習，顯示官方循民間之時間節奏作
息。更有甚者，官方或主動或被動配合的參與各種節日民俗活動，凡此
可知官方對民俗節日的參與與認同立場[6]。不過，為了維繫政治社會秩
序，官方固然對民俗節日尊重，也必須加以掌控，例如在元宵節百姓點
燈賞玩，可稱是中國的狂歡節，但明清時期官方扮演著參與者、導演者、
監控者的多重角色[7]。

---

[5] 內政部公布，臺內民字第 0960155673 號，〈紀念日及節日實施辦法〉，2007 年 10 月 3 日。
[6] 相關討論參見張勃，〈從我國傳統社會官方與節日的關係看當下語境中官方對傳統節日的積
　　極干預〉，中國民俗學會、北京民俗博物館編，《節日文化論文集》（北京，學苑出版社，
　　2006 年 1 月），頁 309-316。
[7] 陳熙遠，〈中國夜未眠──明清時期的元宵、夜禁與狂歡〉，《中央研究院歷史語言所集刊》，
　　第七十五本第二分，2004 年 6 月，頁 283-316。

　　整體而言，傳統社會中官方與民俗節日可說是一種共融性的關係，但這樣的關係在近代發生了根本性的變化。研究者曾指出，西方自啟蒙時代以來，所有國家在從事現代化的「系統整合」時，面對早期農業社會與宗教崇拜所生的活動，被視為違逆現代理性文明的落伍文化，而進行清理與消除，民俗節日被視為現代文明的對立面[8]。而近代民族國家的建立，往往以告別傳統作為訴求，民俗節日成為改造或壓制的對象，同時，為使其國家政權的建立具正當性，以及凝聚集體的國民意志，另行創制一套深具政治性的紀念日，藉以打造一個嶄新的國民意識。國民政府在臺灣施政期間（特指 1987 以前戒嚴時期），一方面以「國定假日」的強制政策，將政治性以及文化正統性的節日加以制定確立，以強化其國家認同[9]，一方面則對傳統民俗節日進行管控與改造。

　　在傳統民俗節日的改造上，最明顯可見者即是抽離民間文化的脈絡，賦予政治性的新貌。以端午節為例，傳統上民間社會為紀念屈原投江之舉，而有包粽、划龍舟之舉，在《荊楚歲時記》中載有：「五月五日競渡，俗謂為屈原投汨羅江，傷其死所，並命再舟楫以拯之。」百姓感懷屈原之悲劇人格，而有划龍舟之舉，但在國府官方的文宣品上，突出了屈原「愛國詩人」的形象：「像這樣的一位愛國詩人，竟為祖國憂勞而不惜一死，他的人格和精神，真永遠值得我們同情和尊敬[10]。」言下之意，也期許民眾見賢思齊，以屈原為人格典範，為國家盡心奉獻。

　　然屈原到底是端午節日中民間所熟知而紀念者，獨特的是，官方也將當天訂為「秋瑾殉國紀念」。秋瑾在清末時參加孫中山的「同盟會」，投入反清革命工作，於光緒三十三年於紹興起事不久便為清兵所伏，因而殉難。國府官方將端午節當天同時訂為「秋瑾殉國紀念」，然而秋瑾殉難日為農曆六月初五，已晚於端午節一個月了。國府為紀念其同黨革命先烈，尋其最接近之民俗節日——端午節，以資紀念，其理由為：「秋

---

[8] 南方朔，〈節慶狂歡消費民間文化〉，收於姑娘廟民眾文化工作室編，《天地人神鬼》（臺北：前衛出版社，1994 年 2 月），頁 118。

[9] 有關國民政府制定國定假日的問題可參見：周俊宇，〈戒嚴、解嚴與集體記憶——以戰後臺灣的國定假日為中心〉，《臺灣文獻》，58 卷 4 期，2007 年 12 月，頁 41-93。

[10] 興漢出版社編輯委員會，《紀念節日手冊》（臺北：興漢出版社，1953 年），頁 132。

瑾於六月初五日殉國，後人敬仰其詩，復哀其忠勇事蹟，乃於詩人節合併紀念[11]。」國府擬運用端午節（詩人節），塑造出一個「愛國詩人」的新典範。

端午節的政治化改造也在軍隊中進行，划龍舟一向為端午節之重頭戲，除了民間組織競技外，軍方也都會選拔部隊好手參賽，在此民間節慶的場合既達到與民同樂之效，也柔性地展現軍人的體能與技能，端午競舟可是是提供了一個極佳的展演舞臺。另一方面，軍營中也展開「愛國文藝活動」，效法屈原憂國憂民的人格，具政戰學校背景之作者黃嘉煥稱：「我們要秉持這一種純正高深的榮譽感，和憂國憂民的責任心，來充實我們的革命文藝精神，開展我們的愛國文藝運動，我們要為救國救民而創造，為主義領袖而謳歌，為責任榮譽而寫作[12]。」

在諸多的傳統民俗節日中，被官方政治改造最大者為清明節。臺灣漢人的清明節主要為上墓行培墓、壓紙、拾骨等習俗活動，以表達思親與祖先崇拜之意，唯掃墓時間略有所別，漳州人多在農曆三月初三（俗稱「三月節」）、泉州人於陽曆四月五日，客家人則於過完春節新年後農曆正月十六日到清明之間之一天。早在民國時期，國民政府定都南京後，將四月五日清明節訂為國定假日「民族掃墓節」，同時官方舉辦祭黃帝陵的儀式，以示黃帝為中華民族的共祖，藉以強化民族國家的文化認同。1951 年起，臺灣之中央與地方政府每年清明節皆舉辦黃陵遙祭典禮，清明節至此沾染官方色彩。1972 年政府更訂定清明節為「民族掃墓節」，因屬國定假日，全國放假一天。1975 年 4 月 5 日總統蔣中正病逝，臺灣社會經歷「國喪」經驗，國府隨之於該年 7 月 2 日訂民族掃墓節為「蔣公逝世紀念日」。自此每逢該日，中央、地方各級政府機關、學校、社團舉辦各種紀念會、赴慈湖謁陵等活動。1977 年，教育部「為發揚蔣公忠孝至德」，訂每年四月為「教孝月」[13]。風氣所及，各級機關、

---

[11] 同前註，頁 133。

[12] 黃嘉煥，《紀念節日概覽》（臺北：青年戰士報印刷，大中國圖書公司總經銷，1957 年 4 月），頁 116。此外，端午節掛蒲艾、灑雄黃以避邪祟，故軍中也提倡軍中環境清潔運動。

[13] 相關論述可參見蔡佩娥，〈國家與民俗節日的關係----以清明節為例〉，《臺灣風物》，57 卷 1 期，2007 年 3 月，頁 101-123。

軍隊、學校每逢四月「教孝月」，便有大量相關「孝」之論述，諸如「為國家盡全忠，為民族盡大孝，實為我們中國教忠教孝的極則」，「清明節的活動，當不止於形式上的墓祭家祭……更擴大為國族的精誠團結，推此孝順之心，凝結為民族感情，達到『為民族盡大孝』的目的[14]。」官方將傳統的孝道觀念與對威權領袖、國家的效忠情操，加以巧妙結合，民俗節日的政治化改造可謂達到極致。

政治化改造下的民俗節日在政治運動時獲得進一步強化，1966 年中國大陸發生「文化大革命」，大肆批判否定傳統文化。為表示其繼承中華文化道統與民族精神，1967 年國民政府成立「中華文化復興運動推行委員會」，大力推行中華文化復興運動。在這個前所未有國府官方所推動的文化／政治運動中，民俗節日的提倡與宏揚，也被視為重點，重要者便是 1972 年政府宣布「為復興我國固有文化，崇尚倫理道德」，訂清明節為「民族掃墓節」，全國放假一天[15]。許多紀念節日的文章也多所刊載，並加以推廣，諸如：「今天我們在復興基地上，節逢清明，或掃墓拜祖，或遙祭先靈，我們忘不了列祖列宗對中華民族文化的貢獻，我們更責無旁貸的要挑起歷史文化復興的重擔子。唯有在三民主義的文化上去認同我們的民族，去回歸我們的文化，去統一我們的國家[16]。」

國民政府在臺灣進行的長達三十八年戒嚴期間（1949-1987），民眾置身於威權統治下，政府公權力深刻地介入於民間，乃至長存已久的舊慣習俗、節日活動亦難避免。早在宣布戒嚴前一年的 1948 年 9 月，內政部便公布〈查禁民間不良習俗辦法〉，以公權力強力干預民間習俗活動，1963 年 8 月，臺灣省政府更公告〈臺灣省改善民間習俗辦法〉，其中針對中元節及祭祖活動尤為明確，舉其要者：針對農曆七月慶中元期間，各地皆有不同時日的普度活動加以規範：「農曆七月普渡統一規定於農曆七月十五日舉行一次」。中元普度及重要神明慶典，民間均備豐

---

[14] 蔣可文編著，《紀念節日文選》（臺中：洋洋出版社印行，1977 年 1 月），頁 98、99。

[15] 蔡佩娥，前揭文，頁 113。

[16] 蔣可文編著，《紀念節日文選》（臺中：洋洋出版社印行，1977 年 1 月），頁 94。值得注意的是，該書封面注明「本書供寫作、演講、壁報參考之用」，可知該書所搜錄的文章具有極大的示範作用，並鼓勵節日時加以宣傳。

盛祭品、冥紙供祀之,在該辦法中規定:「祭品應限用清香、茶果、鮮花,其須用牲祭者,寺廟以豬羊各一頭為限,限民共祭,不得以全豬羊作為祭品」、「焚燒冥紙應勸導盡量節省,逐漸廢除」、「祭祀祖先應從簡約」;同時該法令規範「各級公教警察人員應以身作則,拒絕應邀參加普渡及祭典宴會」[17]。威權體制的強力干預下,大大地限縮民俗節日與相關祭典活動,其中又以中元節為最。

國民政府對傳統民俗節日的強勢干預,除了威權統治外,也與其前述所言,國民政府在建立民族國家時,進行「現代性」的國家及社會體制變革,農業社會所遺留的傳統民俗節日文化,被視為現代文明的對立面,必須加以改良進化。前段所述之「節約拜拜」、「統一祭典」云云,均是此種「現代性」思維下的產物,在此可以進一步指出相關的例證。戒嚴時代,主管臺灣禮俗事務者為省政府民政廳,曾於 1980 年代指示所屬機關臺灣省文獻會,研議改善「不良習俗」方案,其間有其研究員指出歲時節俗改進案,舉要者如 1、春節民眾賭風盛行,須革除此「陋習」,代之以「正當康樂活動」;2、過節與拜拜燒冥紙頗多浪費,易造成空氣污染,宜訂出節約祭拜方案,文中點名臺南天公廟每年燃燒冥紙過多,相對地稱許臺北市行天宮不燒冥紙、不接受牲禮等節約之舉;3、民間放鞭炮之習俗弊多利少,如增加燥音、製造髒亂,應予限制,並點名臺南鹽水於元宵節放「蜂炮」發生傷人之舉;4、清明節掃墓祭品宜改用清香、茶、水果、鮮花,過往公墓因民眾重風水而致墓位雜亂無章,宜加強辦理公墓公園化;5、部分寺廟普渡及祭典時仍有賽豬公、供祭全豬、豎燈篙、放水燈之「陋習」,應勸導改善;6、寺廟祭典外臺戲之申請演出,宜限制為祭典日一天,以免徒增募捐與噪音[18]。

上述的歲時節俗改進議案,相當程度反映著官方的思維:傳統民俗

---

[17] 上述法令參見何鳳嬌編,《臺灣省警務檔案彙編----民俗宗教篇》(臺北:國史館出版印行,1994 年 1 月),頁 5-7。

[18] 陳壬癸,〈臺灣地區現行歲時節俗改進之研議〉,《臺灣文獻》,37 卷 1 期,1986 年 3 月,頁 35-54。

節日當中的「陋習」是因為浪費、髒亂、噪音，以及伴隨而來的賭博、風水、混亂等，話語背後所指涉者實為：民俗節日中充斥太多的「落伍」、「迷信」、「低下無知」的成份，這些都是「現代性」國家前進的阻礙，必須加以革除改良。內政部早在 1976 年起為改善民間習俗，於各鄉鎮成立有「改善民俗實踐會」，推動改善民俗活動，加上戒嚴期間不時對民俗文化活動的干預、取締，一定程度限縮了民俗節日的範圍與發展，但基本上官方並無禁絕的條件與能力。更重要的是，官方的政策大為忽視民間信仰中的生態與習俗，如官方批判管制最力的中元節，傳統上民間的普度時其之所以長達農曆七月一整個月，一則是普度為中國極其重視的信仰活動，規模皆盛大且普遍於各地，所需之宗教儀式專家（道士、法師、齋公等）及協力者極多，故平均分散於七月各日，使其普度儀式之人力調度得以從容安排，一旦集中在同一天，則造成儀式專家的疲於奔命，甚至主辦者尋人不得的困境。

再者，民間對鬼月的信仰習俗，認為七月第一天開鬼門關，最後一天關之，一旦集中於七月十五日辦完普度，關上鬼門，何以安置大小諸鬼？鑑於上述種種問題，官方的民俗節日的政策實窒礙難行，1987 年解嚴前後，官方之政治控制力逐漸鬆弛，民俗節日重現活力。

1980 年代後期以降，隨著冷戰結束，解除戒嚴，臺灣政治與社會環境日益自由與開放，國民政府從剛性政權轉型為柔性政權，對民俗節日及民間文化，其角色由家長型的管制者、改革者，轉向朋友型的協力者、參與者，過往張牙舞爪、疾言厲色的姿態一變為親和柔軟、與民同歡。一個最直接快速的變化是政治性的退位，端午節不再有秋瑾紀念日，屈原不再定性為「愛國」詩人；清明節期間的「教孝月」已然遠颺，更具標竿性的是 2007 年 8 月 30 日，官方廢除了「蔣公紀念日」，清明節正式返回民俗節日本來面目。

原本民俗節日即有人群團聚、休閒、狂歡的特質，進入民主時代，官方自然的會加以運用，加上伴隨著本土文化的興盛，政黨政治的競爭，官方與政治人物更會卯勁參與民俗節日活動，不論主動策劃動員或被動贊助，民俗節日無疑是提供其認同本土文化最佳的舞臺。尤其近年

來，不論中央或地方，不論在朝或在野政黨，參與民俗節日活動者已多
得不勝枚舉，諸如 2010 年的七夕，新竹市便舉辦有「愛在九九‧幸福
久久」活動，晚間在南寮地中海舉辦「愛在九九‧幸福久久」七夕情人
節晚會，邀請知名樂團「OMG 樂團」演唱搖滾情歌、菲揚飛揚舞蹈團
的「天河喜鵲七夕情」、「金碧生輝」舞蹈，世界高中的動感熱舞、婚紗
走秀等表演，新竹市外籍配偶關懷協會的「異國服裝秀」、「性感肚皮舞」
等[19]。尤其重要的是，一到重大的民俗節日：新年、元宵、端午、中秋，
各地方政府皆積極策劃各式慶祝、展演活動，近年來幾成不可或缺的慣
例，單以 2010 年中秋節為例，各中央、地方政府主辦的「中秋節」活
動擇要者如下[20]：

主辦單位	「中秋節」活動內容
宜蘭縣冬山鄉	中秋晚會：賞月、喝茶、蘭陽戲劇團表演歌仔戲
臺北縣勞工局	「2010 外籍勞工千里親情 e 線牽」：提供免費視訊或電話予外勞聯繫母國家人；「2010 臺北縣外勞樂團聯誼及中秋園遊會」：邀請外勞及與會者品嚐臺灣小吃、東南亞風味料理
行政院農業委員會、華山社區發展協會	中秋節前夕上午將舉辦登山大會師、淨山活動；下午中秋節音樂會、叫阮 A 名－華山步道命名活動、吃阮 A 餅—超級大月餅、喝阮 A 加比（咖啡）
苗栗縣政府	傳統建築的客家大院品嚐客家風味的「月華餅」，舉辦祭拜月光儀式，歌手演唱
臺中市政府	下午及晚上歌星演唱、二胡與大提琴演奏、贈送小月餅等
臺中縣政府	舉辦「月來月搖滾～2010 臺中縣中秋圓夢晚會」：歌手演唱會、熱舞街舞表演
臺南市政府環保局	中秋前夕舉辦海岸淨灘活動

　　由上表約略可知，官方所策劃的中秋節活動中，兼具傳統與新型

[19] 參見網站 http：//tw.tranews.com/Show/Style1/News/c1_News.asp？SItemId=0271030&ProgramNo =A000001000001&SubjectNo=3234114，2010 年 10 月 10 日擷取。

[20] 參見網站：http：//i17.tw/?p＝1272j ；http：//myinfo.pixnet.net/blog/post/15523649，2010 年10 月 10 日擷取。

態，傳統式中秋如賞月、祭月、喝茶等，但更多的是以歌舞表演的大量
出現，與民同樂的熱鬧氣氛更甚於前，另外也有結合環保、外勞關懷、
生態等主題者，藉以顯示官方呼應現代社會的新價值。官方這種柔性參
與、與民同樂的方式，一般而言是受到民眾歡迎的。

　　饒有趣味的是，過去被官方批判最嚴厲的「中元節」竟也鹹魚翻身，
從迷信陋俗者流，瞬間變身成形式各異的民俗文化盛會。其中最富盛名
者為基隆中元節普渡，這個起源於咸豐年間長達一百五十年，由地方大
姓所主辦的民間祭典，解嚴後不久便形成基隆市政府主辦民間協辦的形
式，並以「雞籠（基隆）中元祭」之名對外號召。新型的中元節活動除
了傳統的老大公廟開龕門、各姓氏迎斗燈遊行、放水燈、送孤等，更加
上中外的演藝團體表演，從月初一路歡鬧到月底[21]。至今基隆中元祭，
不但已成為臺灣地區最盛大的中元節民俗活動，更獲得交通部觀光局，
選定為重點節慶觀光活動；配合國際宣傳，廣邀國內外觀光客前來參觀
遊玩。1992 年臺北縣政府則別出新意，與民間團體合作推出「中元普
渡宗教藝術節」，期間邀請醒獅團、八家將、車鼓陣等舉行「陣頭比賽」，
更號召許多藝術工作者參與製作水燈、裝置藝術，更有重新設計傳統意
涵者如「新新鬼類落地掃」等，這種將現代藝術元素融入傳統節日祭典
的模式進行數年之久，頗具引動視聽之效[22]。中元節從戒嚴時期的被壓
制禁抑，到今日之豔光四射，被視為本土文化之瑰寶，一如中元所祀之
鬼，從黑暗之淵步向舞臺之頂，兩相截然對照，竟讓人有今夕不知何夕
之感。

四、社會變遷下的節日新貌

　　臺灣民俗節日的變化，除了來自官方勢力的介入干預外，快速地社
會變遷更是關鍵。尤其在 1980 年代以來，政治的解嚴，工商業社會成

---

[21] 參見網站：http://klgf2008.touch4u.net/index.php，2010 年 10 月 11 日擷取。
[22] 臺北縣政府的相關活動記錄集結於：姑娘廟民眾文化工作室編，《天地人神鬼》（臺北：前
　　衛出版社，1994 年 2 月）。

熟，加上消費意識的形成，及個人主義之風尚，使得臺灣社會日益開放自由，影響所及，傳統民俗節日也趨向於都市化、商品化、觀光化。以春節為例，除夕守歲者稀，登門拜年慶賀已為電話、手機簡訊所替，平日的豐衣足食也使得傳統新年必須的新衣飽食成為多餘，年假期間更多的是出門旅遊、血拼購物、閒看電視，或乾脆出國旅遊，「年味越來越淡」已是眾所同感，就文化性言，傳統過年的保守性——一種充滿禁忌、期待、轉換的習俗，已然日益淡漠[23]。

　　這其中商業性的積極操作介入尤值得注意，傳統民俗節日中民眾所自製之食物、禮品，用以過節所需或饋贈親友聯繫情感，但在日益都市化的工商社會，大多數人鮮有餘暇準備，卻也不想因此失其「節味」，無形中成為一大商機，於是商人於過年前推出年夜菜，端午節推出粽子，中秋節有月餅，以及各式禮品……，形式多端精緻，包裝精巧美觀，更可網路訂購、宅配到府等服務。於是傳統的年節物品，從個性化轉為均質化，標準性也取代了差異性，商業之手幫人們解決了問題，卻也支配了節日的物品選擇。尤有甚者，商業之手創造了節日物品與文化，最具代表性者為中秋節的烤肉活動，這個流行於臺灣最熱門的新興中秋活動，不過二十年間，竟迅速成為南北城鄉之習俗共識，相傳源自於一家醬油業者，強力播送烤肉醬廣告，引起第二家、第三家醬料公司跟進，也拍攝廣告，強打中秋節就是要烤肉，再加上量販店又舉辦大型烤肉活動，久之竟成流行[24]。又七夕之「情人節」為舊節日新內容，傳統自無相應之物品，故商人仿效西洋情人節，於七夕推出巧克力禮盒，亦為熱賣之商品。商業伴隨著廣告產生強大之威力，不僅提供傳統節日所需物品，更創造了新型態的節日物品與文化。

　　身處於現代化的臺灣工商業社會，工作、家務的緊張勞頓已為常態，於是休閒觀光應機而生，進一步地，觀光甚且成為官方與民間共倡的重要產業，一時間蔚為風氣，傳統民俗節日原本具有的休閒時間特質，此時堂而皇之地與觀光活動加以結合，或者擴大原有節日活動之規

---

[23] 江燦騰，〈海峽兩岸春節年俗的變革與新貌〉，《歷史月刊》，1995 年 2 月號，頁 53。
[24] 網站：www.epochtimes.com/b5/7/9/25/n1846008.htm.　2007 年 9 月 25 日擷取。

模，或加以轉化創造另成新貌。著名之例為元宵節，不論官民皆舉辦各式燈節活動，臺北市政府近年來均於中正紀念堂舉辦大規模花燈展，南部高雄佛光山也例行性地有春節平安燈法會。同時各地方在元宵節活動相互較勁拉抬，以致近年有「北天燈、南蜂炮、東寒單」之說，即新北市平溪區的放天燈、臺南市鹽水區的放蜂炮、臺東市的炸寒單，上述活動皆吸引數十萬人的參與，人潮洶湧、攤販雲集，全臺灣幾乎陷於集體嘉年華會式慶典中，元宵節掩然成為臺灣的觀光大秀。中元節的觀光化發展也不在元宵節之下，前述之「雞籠（基隆）中元祭」活動，即是一例。另外，宜蘭縣頭城鎮與屏東縣恆春鎮的「中元搶孤」活動，以其驚險刺激、充滿儀式性暴力的競爭，使其具有高度的觀賞娛樂價值，在地方人士的鼓吹與內政部觀光局、文建會等官方支助下，也成為具全國知名度的民俗觀光盛會。

　　各地方民俗節日的規模日益擴大，還與鄉土記憶的再現有關。臺灣在戒嚴威權時代飽受壓抑的鄉土意識，在 1980 年代後期被釋放開來後，將當地最富特質性的文化加以提倡，重新呼喚失落已久的集體記憶，甚至進行文化再詮釋與再創造，成為凝聚鄉土意識之極佳利器。宜蘭頭城之中元搶孤原中斷四十餘年，在 1991 年因「開蘭一九五（週年）」活動而重現，標舉紀念開墾英雄吳沙及先民的貢獻[25]。臺北平溪放天燈之故事，據說可溯源道光年間因山村盜賊出沒，村民收成後遁入山區至元宵確定安全後，點燈以示鄉人，故天燈又名「平安燈」，以此歷史掌故強化愛鄉祈福求平安的集體記憶。臺北市士林洲美里的「龍舟文化祭」，以其全臺唯一奉祀的「屈原宮」，使其端午划龍舟活動相較各地更具象徵性，地方人士加以強化宣傳，並獲得政府大力挾助[26]。

　　地方人士藉民俗節日強化鄉土記憶，乃至進行社區營造，多少達到一定的效果，至少在「節日品牌」的鞏固與宣傳上見其功，為地方知名

---

[25] 邱彥貴，〈頭城搶孤：歷史補白與意義蠡測〉，宜蘭縣史館承辦，「2009 年頭城搶孤學術研討會」，2009 年 9 月。

[26] 黃麗雲，〈臺北洲美里龍舟文化祭——屈原宮觀光化的期待〉，《臺灣風物》，57 卷 2 期，2007 年 6 月，頁 165-180。

度之提昇創造極大之附加價值。但這些具地方特色的「節日品牌」，有許多是歷史斷裂後的美麗誤會，以臺東元宵節「炸寒單」為例，在日本殖民臺灣之初期，新竹、基隆、臺北艋舺、大稻埕一帶，均流行元宵節「炸玄壇（寒單）」之習俗，用以逐疫或驅逐火災，後隨其官方禁抑而息，待近年只有臺東將此失落已久的「民俗記憶」加以恢復，隨其能見度大增，竟被社會上誤認臺東為「炸寒單」之文化原鄉[27]。類似者如中元節「搶孤」活動，過往臺灣各地多有所在，其後因官方以其危險性、影響社會秩序為由加以取締，民俗傳統以致中斷，近年因頭城、恆春恢復「搶孤」，並加以宣揚，「搶孤」於焉成為南北兩鎮之「節日品牌」。

五、省思與建言

臺灣除原住民外，大多數移民自中國大陸，也因而將中國文化加以承繼發展，至今三百餘年，有關民俗節日的時間仍與傳統相同，唯迭經不同時期之官方干預，加上社會變遷，使其內容多有損益且新舊夾陳其間。到了近二十年，臺灣的民俗節日已漸形觀光化、消費化、都市化，加上官方與民間的共同參與運作，節日活動規模益發盛大，節日文化也豐富多元。綜觀戰後以降民俗節日歷史發展，以下作出二點觀察與建言以代為結語。

（一）官方的角色

從戒嚴威權時代的強制干預、改造，到解嚴後的策劃挹助，官方角色是有一種剛性轉變柔性的經歷。會有這種轉變，適足以證明原先剛性干預的失效，儘管民俗節日一時退讓，政治威勢一旦去除便迅疾恢復，一切船過水無痕，因此過往的剛性的干預政策勢將難返。唯當前相關的管制仍有鬆綁之必要，如民俗節日假期的彈性調整，民俗節日來自民

---

[27] 王見川，〈「炸寒單」的由來〉，收於氏著，《漢人宗教、民間信仰與預言書的探索：王見川自選集》（臺北：博揚文化公司，2008 年），頁 431-437。

間，而民間的族群、社群為多元複雜之構成，其相應之節日亦具傳統性，可依其不同族群、社群之民俗節日所需彈性放假，如佛誕節、聖誕節可依不同宗教別放假之，又原住民也可依其部落節慶祭典准其假期。

再者，目前官方柔性介入策劃民俗節日，是否得宜？在民主化與本土化已成主流價值的當代，官方向民俗認同、與民同歡似乎皆大歡喜[28]，但其間問題也不少：競相端出歌舞表演，使其節日文化淺薄化；過度觀光性的打造，製造短期喧鬧歡慶，節日過後一切如昔，其對民俗節日態度過於工具化。更重要的是，地方承政府之文化政策與經費補助而舉辦活動，這究竟屬官方或民間的民俗活動？研究者曾針對頭城搶孤活動指出，經由官民之合作，原有之社區儀式意義因此消失，成為單純的民俗體育競技活動[29]。須知，既為民俗節日即來自於民間，一旦官方以經費等資源為誘，以符其政策，民俗節日抽離了民間土壤，便徒留其形式，或有自我異化之危機。因此，官方能否願意避免短線式的介入，退居幕後，讓民俗節日真正回歸民間，自主性的創造發展，是值得反思的一點。

（二）民俗節日的新方向與新詮釋

臺灣當前的民俗節日，面臨商業化、觀光化、都會化的大潮流，快速且強大地受其影響，除了中元節因其掌握住中國重視超度的核心價值，能夠形實俱存外，餘者其空疏化的形式頗為明顯。儘管如此，有心之士還是企圖為民俗節日找出新的方向，或有學者提出將端午節作為「藥草節」，以其陽極而陰的時節，諸多藥草被應用於端午習俗上[30]。而具有行動實踐者如：1990 年代後期臺北縣與民間文化工作者舉辦數年的「中元普渡祭宗教藝術節」，結合藝術家與在地民眾作有機互動，更重新拓展民間習俗的關懷面，如人與周遭環境如淡水河、

---

[28] 近期最明顯的例子為：2010 年上海世博時，臺灣館以「天燈」造型呈現，其靈感便是取自平溪元宵節之放天燈活動，天燈這種民俗符號被改造成臺灣官方對外宣揚之文化意象。

[29] 邱彥貴，前揭文，頁 33。

[30] 林美容，〈臺灣「五日節」民俗及其意義的流變----兼籲定端午節為「藥草節」〉，陶立璠主編，《亞細亞民俗研究》第六輯（北京：學苑出版社，2006 年 10 月），頁 123。

重新定義生者與死者的關係等。又如臺北民間文化團體「南村落」，
於近兩年清明節前舉辦「春天潤餅文化節」，從最富親近性的民俗飲
食入手，讓民眾親手作潤餅，結合南管音樂、飲茶等活動，更進一步
拍攝記錄片，呈現閩南地區潤餅製作與文化差異[31]，受到一定的好評，
也開出民俗節日的新可能。民俗節日文化原屬農業時代產物，要能持
續發展，尋找新方向與呼應時代之需提出新詮釋，創造新價值，才能
使民俗節日免於文化鄉愁與傳統懷舊，找出新的生命力所在。

　　附記：此文與李世偉合著，初刊於《節日研究》第二輯，頁 232-245，
山東大學出版社，2010 年。收入本書時，修改題目，略動內容。

---

[31] 網址：http：//www.southvillage.com.tw/popia/index000.html，2010 年 10 月 5 日擷取。

解嚴（1987）後臺灣一貫道的轉型——
以興辦高等教育為探討中心

　　回顧中國百年來的民間宗教發展，伴隨著中國近代史的迭蕩而起伏，自 1949 年中共主政後，民間宗教基本上在大陸被視為「會道門」，遭禁抑而無法活動，相對的在臺灣及海外地區則有較大的發展，其中在臺灣的一貫道發展是更為眾人所矚目的。臺灣戒嚴時期（1949-1987）的一貫道，儘管受到政府的打壓管制，其勢力仍然擴展到臺灣每一個地區，1980 年代其信徒便有三十萬人以上，已高於天主教與基督教長老教會之數。1987 年一貫道合法化後，其道場與道親更快速擴張，依「一貫道總會」的資料，至西元 2000 年時，臺灣一貫道的佛堂便有三萬間之多，道親信徒也在一百萬人以上。相對於同時期從大陸傳來的民間宗教（如道院、萬國道德會、天德教、同善社）所呈現的萎縮化，一貫道的宗教成就確實可觀，其因由為何引起諸多學者的討論，其中一貫道因應現代社會文化的變遷，而積極尋求轉型的可能，為其關鍵要素，本文則以解嚴後一貫道興辦高等教育（大學，即教育部核可的宗教研修學院）為主題，探討一貫道轉型之道及相關問題。

一、戰後以來一貫道的發展

　　一貫道的道統譜系可溯源自乾嘉年間興起的先天道。先天大道在道光二十三年後分裂成許多教派，其中一個信徒王覺一（十五祖）回到山東的老家自建了「東震堂」，劉清虛（十六祖）在接掌祖師位後便將它改名為「一貫道」，「一貫道」這個名稱於焉誕生。民國時期，祖師之位經路中一再傳給張奎生（字光璧，號天然子，成道後被一貫道奉為「天然古佛」），成為十八代祖。當今所看到的一貫道，便是由張天然所努力振興，所以他也被當今一貫道稱為「師尊」。其妻張素貞因傳教能力強，亦被道中視為十八代祖稱「師母」。自張天然接掌祖師位之後，一貫道便有了更大的發展，在中共取得大陸政權時，一貫道已是遍佈大江南北

的大教派。

　　1945 年八月，臺灣重新回歸中國，江南及北方的道親紛紛籌款到臺灣傳道。1946 年便有十組人到臺南、臺北開荒設堂，由於一貫道的信仰是源起於本土，和臺灣的民間宗教諸多教義、儀式（扶乩、無生老母）相近，所以在突破語言障礙後，便快速的在臺灣蔓延開。1948 年前後，大陸因國共內戰而局勢不穩，且受到共產黨、國民黨的打壓，諸多道長、前人、點傳師和各地道親紛紛來到臺灣避禍，諸多一貫道領導幹部的到來，使臺灣成為一貫道的發展重鎮。

　　一貫道雖然遷來臺灣，還是無法免於政治的迫害與社會毀謗，1953年，內政部引用「查禁民間不良習俗」辦法，將一貫道列入邪教，1958年又加強查禁，1963 年又大力取締，逼迫各道場登報聲明解散。由於政府的查緝、媒體的宣傳，加上佛教團體與中國孔學會為了爭奪教義與信徒，不斷宣揚一貫道是邪教，使其處境有如過街老鼠，其宗教性格也越趨內向化。在此風聲鶴唳之際，一貫道並沒有消失，反而是以家庭佛堂為發展的重心和據點，以地下化的形式快速蔓延，因而就造成今日一貫道場十九組分立局面。[1]

　　1980 年代以降，臺灣社會日益開放與自由化，國民黨一黨獨大的局面漸漸不再，加上黨外反對勢力的強大與競爭，為了選舉的需要，國民政府開始拉攏一貫道，兩者之間的關係由緊張漸漸緩和並走向友好。在一貫道領導人與官方人士的推動之下，國民政府終於 1987 年二月十一日解除對一貫道的禁令，同年十二月八日正式核准「中華民國一貫道總會」為社團法人，並於隔年三月十五日一貫道總會成立。[2]合法化之後的一貫道日益活躍，除了在臺灣內部，更積極向世界各國傳道發展，展現出一種世界性大宗教的強大企圖，一貫道已傳遍八十六個國家，並於一九九六年十月六日在美國洛杉磯成立「一貫道世界總會」，儼然成

---

[1] 一貫道各組線的發展可參見慕禹（林萬傳）編著，《一貫道概要》（臺南：靝巨書局，2002），頁 80-128。

[2] 一貫道從查禁到合法化的過程可參見林本炫，《臺灣的政教衝突》（臺北：稻鄉出版社，1990年）；宋光宇，《天道傳燈：一貫道與現代社會》（臺北：王啟明出版發行，1996）頁 201-301。

為國際性的教派。

　　身為一個積極入世的宗教團體，一貫道因應現代社會需要投入社會事務，也因而尋求轉型之道，在教育事業方面：一貫道道親在臺灣開設了一百多所幼稚園，社會教化方面，主辦或承辦諸多社區大學、松年大學（針對老齡者）、婦女學院等；又每個道場都會開設國學研究班、兒童讀經班等課程，推廣儒家的思想，教導兒童背誦中國的古代典籍。在海外各地，一貫道也普設許多中文班、中文學校，教授華裔子弟與外籍人士中文。對內方面，為強化人才的培訓，一貫道將過往的五年制研習班，擴大設立學院、書院，以提供道親與講師進修之機會，重要者如崇德學院、一貫書院、忠恕學院、天道學院、純陽學院、崇正學院等。

　　在公益活動方面，一貫道設立了許多慈善機構，在臺灣有三所育幼院、二間養老院及相關安養中心。再者是濟貧與急難救助，幾乎每一個道場都會有類似「慈善會」的設置，負責救助社會貧苦。平時各道場的慈善工作都是各自進行，但若遇到較大的天災，便會合力由總會統籌進行救助。就以 1999 年九二一地震為例，一貫道總會募款四千六百餘萬，並動員上萬人次在災區設立三十六個餐飲供應站、三十三個物品供應站、九個醫療服務站、二十二個心理諮詢及課業輔導站，而災區的心理諮詢及課業輔導工作至今仍在進行中。在總會之外，各單位仍有各別捐助，是以這次大地震，總會及加入總會的各組線共集資三億五千萬元進行賑災救助。[3]

　　儘管一貫道積極於社會文教事業，也取得相當的成果，但在看似繁景的背後也有其潛在問題亟待面對。其一是專業化的不足：一貫道儘管戮力於社會文教事業，道親們也懷抱熱誠投入其中，其宗教奉獻精神無庸置疑，唯身處快速社會變遷及社會結構日益複雜的時代，單憑熱情不足成事，更專業性的知識與能力，更細緻完善的作業方式與規劃，勢將更具重要性。以慈善事業論，相關的人力組織、財務規劃、調查訪視、宣傳公關、永續經營、與公權力的互動等相關問題，已日益分工細密而

---

[3] 一貫道之教育、教化、慈善救助事業可詳見慕禹，前揭書，第十一章，〈一貫道的教化功能與公益慈善事業〉。

講究，已遠非傳統鋪橋造路式的行善可比。一貫道在這方面仍有未逮，以至相較於慈濟功德會、基督宗教等宗教，一貫道未因努力付出而為社會所認知。（兒童讀經的問題亦然）其二是的人才不足：這其實也連帶的是第一個問題而來，一貫道的信徒與道親雖多，個個熱心十足，但面對紛雜的社會問題，除了宗教本業外，相關的社工、生態、諮商、國土規劃、教育、藝術、建築等專業人才更有迫切的需要，方能應付諸多的社會事業，於人才的養成與提昇便提上日程表。特別是今日一貫道已在全球各地發展，頗有國際宗教的態勢，但真正要能在「全球化」的環境立足，如何有效的傳教、如何對異國政經文化的掌握理解，人才資源還是最緊要的。其三是教義詮釋的必要性：一貫道宣稱其教義融合儒釋道三教之中華文化精華，但經常遭外界評價缺乏特質性的教義；又一貫道雖有自身之《暫訂佛規》、《修道指南》、《一貫道疑問解答》等修行專著，但體系未精，難與佛道等經典並提，且各道場所開設的國學班、讀經班，也多是以四書為主、輔以佛道經典，這也引來一貫道缺乏經典之質疑。作為一個大型宗教，教義為其核心價值所在，若無法對教義作原創性、嚴謹化的詮釋，勢難以面對外界的質疑，與其它宗教的挑戰，而這些都需要更高深學養及現代學術研究能力之人才，這使得高等教育的設立勢所必須。

二、「宗教研修學院」的籌設

1990 年代，隨著臺灣邁向民主化與自由化，教育政策也大為鬆綁開放，宗教研修教育院所的開放設立也在此背景下形成，大專院校相繼成立宗教研究系所，至今共有九所大學設立相關系所。[4]但這些宗教系所教授之課程含括各大宗教及相關知識，所培養的人才也是以具備客觀

---

[4] 這九所大學中，政治大學是唯一國立大學，其餘具基督教背景的私立大學有輔仁大學、真理大學、中原大學、真理大學；具佛教背景之私立大學有慈濟大學、佛光大學、南華大學、玄奘大學。有關這九所宗教系所的綜合討論參見蔡源林，〈國內宗教系所的教學與研究趨勢分析〉，《人文與社會科學簡訊》，11 卷 2 期，2010 年 3 月，頁 23-32。

宗教知識為主，不以主觀信仰為目的。但過去已有許多宗教團體創辦以培養傳教人才為目的之宗教學院（神學院、佛學院等），只是無論這些宗教學院辦學績效如何良好，也不為教育部所承認。新設立的大學宗教系所，也未能符合宗教道場之人才養成期待。直到 2004 年三月，立法院三讀通過「私立學校法第九條」修正草案，開放私立大學或宗教法人向教育部申請單一宗教研修學院，以培養神職人員，並得授予宗教學位。[5]2006 年 4 月 4 日，教育部增訂私立學校設立標準第八條之一規定，明訂「宗教研修學院設立辦法」，明白認定「宗教研修學院，指專為培養特定宗教之神職人員及宗教人才，並授予宗教學位」，而臺灣第一所宗教研修學院----法鼓佛教學院，即依此立案成立。2008 年教育部又將此辦法加以修訂，使其更具彈性，該辦法共計十九條，修訂後的規定即考量較重要的有：[6]

（一）、校舍面積：由原先樓地板面積最低 5,000 平方公尺，降為 4,000 平方公尺（第七條）。

（二）、教師資格：應有三分之一以上課程由符合大學教師資格者擔任，其餘得予專業技術人員擔任（第十條）。這是考量到許多宗教教學資深的宗教師，未能符合大學教師資格，或從事宗教修行等課程需要宗教專業特別師資，而將教師資格放寬認定。

（三）、所屬名稱：宗教研修學院及所授予之宗教學位名稱，可冠以該學院所屬宗教名稱或該宗教慣用之文字（第十一條、十三條）。

（四）、學生總人數：宗教研修學院學生總人數以不超過二百人為限（第十二條）。這是為了避免當前臺灣過度飽和之高等教育市場。

（五）、設校資格：除了學校法人外，其它經宗教主管機關許可設立之宗教法人亦可直接申設「宗教研修學院」（第三條）。

上述之修訂案是朝向更彈性、開放之方向而為的，其中又以設校資格的放寬更具突破性，許多宗教法人機構便依此法源申請設校。截至

---

[5] 游謙，〈宗教研修學院立案的討論——以神學院為例〉，《思與言》，42 卷 3 期，2004 年 9 月，頁 45-68。
[6] 教育部，〈宗教研修學院設立辦法〉，2008 年 11 月。

2011 年 12 月止，臺灣共計有十七個宗教研修學院籌設的案例，其中以佛教、基督教最多，一貫道也依此法源共有三個單位申請籌設，分別是一貫道崇德學院（「一貫道發一崇德教育協會」申請）、一貫道學院（「一貫道天皇基金會」申請），後改稱一貫道崇華學院、白陽一貫道學院（「一貫道崇正基金會」申請）。就籌設進度言，以「一貫道崇德學院」最早，通過第一階段審查，准予籌設。但因土地變更問題，未得解決而停頓。而「白陽一貫道學院」通過第一階段審查，准予籌設後，不知何故，長時間未有進展，導致教育部人員去函詢問，因遲未接到回函，「白陽一貫道學院」已遭到教育部撤銷籌設資格，宣告出局，也就是說「一貫道崇正基金會」已不辦宗教研修學院。目前，一貫道只剩下崇德與天皇基金會有意辦宗教研修學院。以「天皇基金會」後來居上，今年應可通過最後審查，正式招生。[7]若無特殊狀況，許可立案只是時間早晚的問題而已，至此一貫道在現代教育發展上可說是劃時代地揭開新頁。雖然，一貫道白陽學院已被撤銷申請，但其構想，仍值得注意，故文中仍予討論。

三、兄弟登山各自努力：一貫道三所道場籌設學院探析

　　教育主政者雖然對宗教教育廣開善門，但籌設高等教育必須耗費相當的財力、人力，更需要有完善縝密的規劃設計，非一般社會文化事業可比擬，因此儘管臺灣的宗教道場林立，但申請籌設「宗教研修學院」者也不過十七個，其中一貫道的三個組線約在同一時期各自申請籌設，呈現出兄弟登山、各自努力的態勢。

　　有關宗教研修學院設立，教育部制定出一套審查機制及標準，並邀聘數名學者專家進行實地勘查與書面審核，申辦者必須根據審查委員的意見回覆，或作說明或進行改善。其審查項目有土地、校地開發可行性

---

[7] 依教育部所規劃之「宗教研修學院」其籌設進度，其依序先後進程為：0.籌設法人學校、1.籌設計劃審核中、2.許可籌設、3.籌設進行中、4.許可立案。

評估、校舍建築、組織架構規劃、財務、師資、圖書儀器設備、整體評審等八項。以上各項固然是籌設高等教育所必要之條件，但影響教育成效更具關鍵性者為課程架構、師資結構及圖書儀器等軟體要項，這可以看出主事者的教育理念落實情況，以及教育格局如何，因此下述一貫道三所研修學院之介紹與評價，集中在這些項目討論。

（一）一貫道崇德研修學院

該學院由一貫道之「發一崇德」組所籌設，臺灣的發一組源出於天津同興壇，共尊同興壇創始人韓雨霖為領袖，下分七個次級支線，其中最具規模者為陳鴻珍所領導之「發一崇德組」。發一組在一貫道的資源頗為雄厚，以點傳師人數言，該組便佔了一貫道點傳師人數的 40%。發一組可說一貫道各組中最早與學界建立緊密關係者，早在 1968 年起，便在臺灣各大專院校發展素食伙食團與學界佛堂。[8]1980 年代，該組配合國民政府提倡之中華文化復興運動，經常與各地方政府合辦「國學研習營」，為一貫道初始嘗試與政府打交道。[9]由於該組線與學界的淵源較早，對人才的培育與自我提昇亦有較高的意識，使其對宗教研修學院的籌設也有極大的熱情投入其中。

「發一崇德」以其關係組織「社團法人中華民國一貫道發一崇德教育協會」籌設該校，校址位於南投縣埔里鎮鯉魚潭畔之天元佛院，即韓雨霖創立「發一組道務中心」所在地。該校之規劃發展有三個階段，第一個「近程」階段：成立「一貫道研究所」碩士班，預計 2011 年招生，初期不分組，至開辦第四年依道場培養人才之需分成三組：學道組、弘道組、禮義組，其中各組都要學習五個研究方向學科，包括道統道脈、修道研究、經訓證道、辦道研究、佛規禮義。第二個「中程」階段：預計 2015 年成立「一貫道宗教學系」；第三個「遠程」階段：預計 2021年招收博士生。

---

[8] 參見林榮澤，〈一貫道大專學生伙食團之研究：以發一崇德「臺北學界」為例〉，《東方宗教研究》，新 5 期，1996 年 10 月。

[9] 宋光宇，前揭書，頁 122-133。

在課程結構上，有必修、選修兩類，學生之畢業學分共計 36 學分，包括必修課程 20 學分，選修課程 12 學分，碩士論文 4 學分。目前所規劃之課程及科目如下[10]：

> 共同必修課：研究方法、一貫道總論、中華道統文化。
> 宗教對話課程：民間宗教專題、儒家哲學、基督教研究、伊斯蘭教研究、佛教研究、道教研究、社會科學宗教研究群組、宗教與社會群組。
> 各組必修課：一貫道歷史、道統傳承與精神內涵、一貫道三寶心法、一貫道義理、三曹普渡辦法與神蹟顯化研究、一貫道愿立與規戒、佛規禮義研究。
> 各組選修課：一貫道發展與分佈概況、一貫道文學、白陽經訓道學研究與集結、五教經典證道、一貫道制度與組織倫理研究、聖賢仙佛心性涵養、內聖功夫研究、崇禮尚義研究、發一組前人行道、行誼典範、修行實踐課程、社教弘道研究、佛規禮義研究、道化生活與研究、國內外開荒研究。

在師資結構上，第一年擬聘專兼任師資 15 員，至第五年增至 21 員。

（二）一貫道學院

該學院由一貫道之「寶光建德」組所籌設，寶光組出自上海寶光壇，1945 年 12 月潘華齡派陳文祥來臺灣開荒傳道，次年農曆元月在宜蘭礁溪設天德壇，為一貫道在臺灣第一所佛堂。其中建德道場為 1946 年楊永江，於臺中、豐原創設，該組線最令人矚目者為海外傳教的成就，其海內外共有六千餘個佛堂。[11]

「寶光建德」過往的辦學經驗為：曾經聘請南部十餘位教授，在高雄市之「天臺聖宮」創設「一貫書院」，針對教內現有講師與道親，進行經典教育。

---

[10] 社團法人中華民國一貫道發一崇德教育協會，《一貫道崇德研修學院籌設計劃書》，2008 年 2 月 25 日，頁 45-48。
[11] 慕禹，前揭書，頁 96-100。

　　寶光建德組以其關係組織「財團法人一貫道天皇基金會」名義籌設「一貫道學院」，校址位於高雄縣六龜鄉，由天皇基金會出資向神威天臺山天臺聖宮購地。該學院設置有「一貫道研究所」，其設置理由為：「培育一貫道之佈道弘法、道務經營及經典學術研究」三類專業人才。發展方向有三個階段：1、初期----創設碩士班，培養前述三類人才，並適時創立碩士推廣學分班。2、中期----設立一貫道學系之學士班，擬分經學組、弘道組、道務經營組。3、遠程----開設一貫道研究所博士班，並籌設國外分校。[12]該學院立案於 2009 年三月十日獲教育部部內複審通過。

　　該所碩士班在課程架構規劃上，共分五類：一貫道教義課程（必修 11 學分）、研究方法課程（必修 2 學分）、會通學術課程（選修至少 6 學分）、現代世學課程（選修至少 6 學分）、弘道服務課程（必修 2 學分，選修至少 4 學分），另有碩士論文（必修不計學分），碩士生至少應修 40 學分，其中必修 15 學分，選修 25 學分。詳細課程與科目如下所列：

> 一貫道教義課程：宗教學研究、一貫道精義研究、一貫道與世學研究、一貫道修持與弘道研究、一貫道發展史研究、專題討論。
> 研究方法課程：研究方法、質性研究、量化研究。
> 會通學術課程：宗教經典專題研究、儒學研究、佛教研究、道教與民間信仰研究、一神論宗教研究。
> 現代世學課程：人類學與宗教研究、傳播學與宗教研究、管理學與宗教研究、教育學與宗教研究、社會學與宗教研究、文化與宗教研究、宗教藝術。
> 弘道服務課程：道務經營研究、英語、日語、諮商輔導研究、社會服務研究。

　　在師資規劃方面，該校擬於設校第一年聘任專任教師 7 員，其中教授 2 員，副教授 3 員，專業技術教師 2 員。未來五年內逐年增聘教師，至第五年時預計專任教師 28 員，兼任教師 26 員。其師資得以擴增，主要還在於該校預計於第三年起設立大學部（一貫道學系），除共同必修

---

[12] 財團法人一貫道天皇基金會，《財團法人一貫道天皇基金會一貫道學院籌設計劃書》，2010 年 5 月，頁 24-26。

之「通識課程」外，課程將以儒釋道三教經典與人文社會基礎學科（社會學、人類學、宗教學）為主[13]。

（三）白陽一貫道學院

該學院由一貫道之「寶光崇正」組所籌設，該組線由陳文祥所創，目前以臺中太平崇正寶宮為道務中心，海內外佛堂有二千以上，宗教勢力亦頗可觀。[14]寶光崇正由其關係組織「財團法人一貫道崇正基金會」，籌設「白陽一貫道學院」。近年來該組積極參與一貫道相關研究之學術研討會，以作為設校前之暖身與學習，其中與政治大學宗教中心之「一貫道研究組」密切合作，計劃在短期內成立「一貫道暨民間宗教研究中心」。

「白陽一貫道學院」之籌設計劃於 2012 年先成立「一貫道研究所」碩士班，2016 年增設碩士在職專班，2017 年將碩士班分成「一貫道經史研究組」與「資訊管理組」。「一貫道經史研究組」著重於研究一貫道之教義思想與歷史，研究範疇包括：歷代祖師著作研究、一貫道之經典詮釋研究、一貫道之扶鸞訓文之編纂與研究、一貫道之歷史與發展史研究、一貫道與三教比較研究、一貫道之三寶與性理心法研究等，擬透過史籍之研究印證道統源流與天命傳承。「資訊管理組」著重於培養弘法之一貫道研究人才，由於一貫道已是跨國性之宗教，各組線在世界各地發展快速，因此透過資訊管理各道場之道務、教育、財務、行政勢在必行。同時「崇正基金會」的道務管理已電腦化，且架構有網路電視（白陽電視臺），並設置一貫道全世界入口網站，培養相關專業人才亦有其必需。該學院並有其遠程目標，計劃於 2021 年招收博士班。[15]

在課程結構上，該學院有必修、選修兩類，必修課程分為學術類與弘法實習類。「學術類」課程以一貫道經史研究為主軸，包括有一貫道歷代祖師著作、理數合解研究、一貫道系統道學、一貫道發展史、學術

---

[13] 同前註，頁 49-56。

[14] 慕禹，前揭書，頁 97-98。

[15] 財團法人一貫道崇正基金會，《白陽一貫道學院籌設計劃書》，2008 年 12 月 10 日，頁 7-9。

論文寫作與研討；「弘法實習類」課程包括有一貫道佛規禮儀、渡化成全實習。選修課程則藉由比較宗教學等宗教課程，增進其研究能力，包括有宗教學理論與方法、一貫道詩詞訓文之研究、一貫道之經典詮釋、宗教哲學、一貫道與四書學、宗教心理學、一貫道義理思想專題研究、宗教與文學、比較宗教學、修辦心靈輔導、非營利組織會計與內部制度、一貫道與佛教思想比較、一貫道與宋明理學、宗教事務管理、儒家哲學與詮釋學、一貫道與陽明學、宗教與生命教育、道教思想、宗教相關語文。碩士班學生至少須修習 40 學分，其中 32 學分與學術研究有關，4 學分與一貫道弘法實習有關，碩士論文為 4 學分。[16]

在師資方面，該學院第一至第五學年度均維持七名專任教師，兼任教師若干。

另外較具特色者是圖書採購上，該校擬建立館藏特色，故強化「一貫道史料」部分的採購，如歷代祖師著作、訓文史料典籍、一貫道教義經典詮釋、儀軌文獻等。

同時，該校在未來發展上亦有自我期待，包括有：成立「一貫道暨民間宗教研究中心」、與海內外相關研究院校進行締結姐妹校等交流、2012 年成立博士班。[17]

四、「一貫道研修學院」之評估與討論

綜觀上述三所一貫道研修學院之籌設，大致可看出其用心規劃之處，三者雖都有階段性的規劃，但近期皆以設立研究所碩士班為重心，可以清楚地看出，一貫道已意識到學術研究及高等教育人才養成的重要性，這些在其計劃書中可見：

> 過去之教育，著重各教經典與一貫道義理之詮釋，所缺者即為經整理與歸納之結晶，以及經過條理化、系統化、理論化與學術化後所建立的普世化教育，學院的成立，務求架構經典、理論之基

---

[16] 同前註，頁 18-22。
[17] 同前註，頁 26。

礎，有利於以學術化之薪傳教育推動道脈傳承。[18]

……弘法佈道之講師，向來皆由道內之「點傳師」或學歷較高之
道親擔任，所依之經典雖一，然訓解、論述難免參差。加之以一
般民眾教育水準普遍提昇，佈道弘法，誠非泛泛之論所能信服於
人。有鑑及此，規劃周全之學程，聘請專精之學者，創設專業研
修學院，依創設宗旨與目標，積極培養一貫道之佈道弘法、道務
經營及經典學術研究之三類專業人才，乃刻不容緩之要務。[19]

……這些一貫道內部的作品，迄今皆急需具有一貫道信仰背景的
學術人才從事研究，再加以現代一貫道的教義闡述，往往因講道
者的背景，呈現「六經皆我註腳」的講述方式，又扶鸞訓文的文
詞的簡易化，漸漸脫離了王覺一所創立之「理、氣、象」架構，
而呈現儒家思想的世俗化。面對這些教義的流動，以及一貫道如
何看待這個現象，都是當今宗教研究的重要課題……。[20]

　　從上述可知，作為一個大宗教，面對當前學術專業的嚴格要求，以
及民眾教育水平的提昇，一貫道必須加以轉型，強化教義的系統化與合
理性，調整過往教義詮釋任意性、個人化的問題，這也是三個學院的課
程結構中，都會有教義或一貫道經典這一大類。

　　再者，一貫道不僅在臺灣快速發展，海外的傳道成果也極為驚人，
但創業容易守成難，開荒之後如何更深耕發展需要更多的專業能力；又
面對現代日益複雜多元的社會，從事慈善教化事業也必須有更專業成熟
的人才投入，而非只有宗教熱情。一貫道這三所學院顯然意識到此問
題，在課程結構中也反映出來，如天皇基金會的「一貫道學院」安排有
道務經營研究、英語、日語、諮商輔導研究、社會服務研究；「一貫道
崇德研修學院」課程有國內外開荒研究、弘道社教研究等；「白陽一貫
道學院」更將碩士班分出「資訊管理組」，以強化未來弘法管理人才之

---

[18] 社團法人中華民國一貫道發一崇德教育協會，《一貫道崇德研修學院籌設計劃書》，2008
　　年2月25日，頁12。

[19] 財團法人一貫道天皇基金會，《財團法人一貫道天皇基金會一貫道學院籌設計劃書》，2010
　　年5月，〈設校理念〉，頁24。

[20] 財團法人一貫道崇正基金會，《白陽一貫道學院籌設計劃書》，2008年12月10日，〈創校
　　目的〉，頁5。

養成。凡此皆表現出一定的特色，也可看出一貫道經由高等教育之籌設，展開積極轉型的企圖心。

不過，或囿於自我中心，或因經驗不足，一貫道所規劃的高等教育存在不少問題，茲將相關審查委員的意見舉要列之。

（一）課程規劃方面：

偏重於文哲類，宗教專業課程薄弱（「崇德研修學院」、「一貫道學院」共有）；課程有所重疊，如「一貫道三寶心法」和「一貫道義理」；學術性課程與修行實踐課程區分不明確（以上為「崇德研修學院」）；缺乏完整性規劃；缺乏條理與層次；缺乏重要課程如宗教學術理論、世界各宗教研究等（以上為「一貫道學院」）；必修課程過多（以上為「白陽一貫道學院」）。

（二）師資方面：

師資偏重文哲義理專長；教師專長與所授課程專業不符（「崇德研修學院」、「一貫道學院」、「白陽一貫道學院」共有）；師資在學術上不具競爭力，多為教學型教師，罕見一流或研究型教師，不利於指導研究生；教師專長與所授課程專業不符（以上為「崇德研修學院」）；教師年齡偏高；著作目錄與學經歷資料不足；專任師資偏重國立大學退休教授，忽視學術傳承；師資來源考量過狹，宜考量臺灣現有學術人力資源（以上為「一貫道學院」）。

（三）圖書儀器方面：

圖書數量不足；圖書搜藏較一般性，未具特色（以上為「崇德研修學院」、「白陽一貫道學院」共有）；專業圖書不足（以上為「一貫道學院」）；計劃書不完整（以上為「白陽一貫道學院」）。

上述之缺點不難改善，目前各學院也有所調整，審查委員也提出不

錯的建議供參考，如在師資改善方面，建議以較優厚待遇延聘，或多邀請國內外知名學者擔任客座教授；而辦學經驗不足的問題，可以多觀摩國內外辦學經驗有成者，並有建議成立「學術委員會」者以廣納建言。

　　不過，這一類的缺點都不難克服解決，真正的挑戰與問題在於三所學院的整合。籌辦高等教育需要極大的人力、財力、物力，目前一貫道這三個組線：發一崇德、寶光建德、寶光崇正得以興辦，可以看出他們的宗教實力與雄厚資源。然而，他們也必須面臨內外的挑戰，外部的挑戰是目前臺灣高等教育過度膨脹，要發展出一流、具特色的學校十分不易，即使僅是維持平盤，如何永續經營也都相當費心費力，目前許多私立大學及部分宗教系所面臨招生不足、準備轉型等困境，都已是前車之鑑。就內部環境言，三個組線固然有其實力，但兄弟登山、各自努力下，仍然分散了資源與人力，同時都難以顯現特質性，因此三校的整合是必要的考慮。整合後的一貫道研修學院，可以設立三個研究所，在課程方面設計一套共同必修課，如教義、教史、弘道等學生所必備之宗教知識，同時可依三個道場所專擅之項目發展其重點，如經典詮釋、慈善救濟、道務經營管理等。相較於同時期的佛教辦學，儘管已成立有十餘個佛教研究所（暨佛學院），1990 年代更紛紛成立慈濟、華梵、佛光、南華、玄奘等佛教大學，看來氣勢非凡，卻因各擁山頭、無法整合，目前大多陷入尾大不掉、後繼乏力的危機。殷鑑不遠，一貫道若能吸取教訓，極早作整合的工作，強化師資、課程、圖書設備等，將會是臺灣宗教團體創辦高等教育之典範，否則各自為政的結果，極可能難以受到社會的重視，並淹沒於臺灣茫茫高等教育大海中。

　　另一方面，一貫道宗教研修學院的整合，也較有利於「全球化」的發展。一貫道在全球八十餘個國家均有其道場，已具有國際性宗教的態勢，這固然是極大的宗教成就，但面對日益複雜、變化萬端的世界情勢，更具宏觀視野與專業知識素養的宗教人才勢所必須，這需要一貫道作整體的規劃與進行人才養成，非個別作戰所能為。整合後的一貫道研修學院若能運作良好，可作為未來海內外傳教人才養成的必備要件，如此才能提昇整體的宗教人才水平。其實，基督宗教的傳教經驗是可引以為參

照的，姑不論其伴隨近代帝國主義的發展因素，基督宗教傳教士的知識水平、專業素養、奉獻精神，均是其宗教勢力快速發展的要件，尤其是醫療傳教、學習在地語言、考查在地社會文化風土民情、檔案管理等，均極有特色可資借鏡。因應新時代所需的海外傳教者，一貫道其實有更多著力之處。

五、結語

回顧臺灣政府與宗教團體的互動，戒嚴時期採取剛性的管制態度，在國家安全與社會秩序要求下，宗教團體必須絕對地臣服，到了 1980 年代以後「解嚴時期」，在自由化、民主化的潮流下，政府一變為柔性的開放態度，經常為了選舉考量，拉攏宗教團體勢力，甚至近乎放任無策。從剛性到柔性，政府的態度擺盪於兩個極端。唯宗教政策的放任性到底不足取，自由發展的宗教團體也產生不少問題，1990 年代後期，政府雖擬訂有「宗教法」草案，但諸多宗教團體疑慮其政治干預，而有反對聲浪，以致該法仍躺在立法院，不了了之，至今未決。如何摸索出一條政治與宗教的界線，頗為為難。以開放宗教團體創辦高等教育，可視為政府對宗教團體的試金石，加上宗教團體也有人才培育，以及自我轉型的需要，使其「宗教研修學院」適時地扮演試煉之角色，若運作良好，雙方可再進一步擴大發展其它個案或議題，以此逐步地找到政教之間的合理空間。

臺灣「宗教研修學院」若能運作良好，對宗教團體的發展將具有正面的意義，除了提昇宗教人才素質外，未來應朝向宗教領導者的必經之階，亦即凡擔任宗教師或幹部領導者，必須接受高等教育之訓煉養成。如此藉由一套制度化、理性化的設計，較能避免教團因個人崇拜而興，也因人去而政息的問題。

一貫道在臺灣半個多世紀的發展，從地下化到公開活動，從大陸外來宗教到立基本土社會，再由臺灣擴展到全世界，成為國際性的宗教，其宗教成就與影響力值得重視。至今在臺灣政府當局開放「宗教研修學

院」的政策下，一貫道把握機會，擬作為自我轉型與人才提昇，可以看出他們的自我期許，外界也多樂觀其成。歷史性地看，民間宗教在中國歷史上的角色，大多為官方及士大夫所貶抑，以致長期以往均是以隱性的面貌處於社會中。如今在臺灣，民間宗教擁有極大的自由活動環境，甚至可以創設高等教育，這是過往民間宗教所難以想像者，也是中國歷史上所未見，立足於此一歷史契機，一貫道籌設高等教育，能否廣納諫言，去蔽革新，樹立起歷史性的典範，存乎主事者一念之轉。

　　附記：本文與李世偉合著，初刊於《媽祖與民間信仰：研究通訊》（1）頁 15-29，臺北博揚文化公司，2012 年。當時用的是筆名馬立。當時我們二人皆為教育部宗教研修學院審議委員。又前二所一貫道研修學院皆已招生運作。

國家圖書館出版品預行編目資料

王見川臺灣史研究名家論集（二編）/王見川　著者. -- 初版. --
臺北市：蘭臺, 2018.06
面；　公分. -- (臺灣史研究名家論集；2)
ISBN　978-986-5633-70-7　（全套：精裝）

1.臺灣研究　2.臺灣史　3.文集
733.09　　　　　　　　　　　　　　　　107002074

臺灣史研究名家論集 2

王見川臺灣史研究名家論集（二編）

著　　者：王見川
主　　編：卓克華
編　　輯：高雅婷、沈彥伶、塗語嫻
封面設計：塗宇樵
出 版 者：蘭臺出版社
發　　行：蘭臺出版社
地　　址：台北市中正區重慶南路 1 段 121 號 8 樓之 14
電　　話：(02)2331-1675 或(02)2331-1691
傳　　真：(02)2382-6225
E－MAIL：books5w@gmail.com 或 books5w@yahoo.com.tw
網路書店：http://bookstv.com.tw/、http://store.pchome.com.tw/yesbooks/、
　　　　　博客來網路書店、博客思網路書店、三民書局
總 經 銷：聯合發行股份有限公司
電　　話：(02) 2917-8022　　　傳　真：(02) 2915-7212
劃撥戶名：蘭臺出版社　帳號：18995335
香港代理：香港聯合零售有限公司
地　　址：香港新界大蒲汀麗路 36 號中華商務印刷大樓
　　　　　C&C Building, 36,Ting, Lai, Road, Tai,Po, New,Territories
電　　話：(852) 2150-2100　　傳真：(852) 2356-0735
經　　銷：廈門外圖集團有限公司
地　　址：廈門市湖里區悅華路 8 號 4 樓
電　　話：86-592-2230177　　　傳　真：86-592-5365089
出版日期：2018 年 6 月初版
定　　價：新臺幣 30000 元整（套書，不零售）
ISBN：978-986-5633-70-7

《臺灣史研究名家論集》

（共十四冊）卓克華總編，汪毅夫等人著作

**王志宇、汪毅夫、卓克華、周宗賢、林仁川、林國平、韋煙灶、
徐亞湘、陳支平、陳哲三、陳進傳、鄭喜夫、鄧孔昭、戴文鋒**

ISBN：978-986-5633-47-9

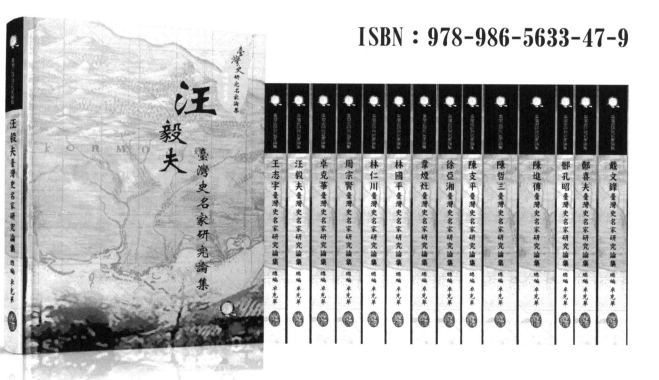

這套叢書是兩岸研究台灣史的必備文獻，解決兩岸問題也可以從中找到契機！

　　這套叢書是十四位兩岸台灣史的權威歷史名家的著述精華，精采可期，將是臺灣史研究的一座豐功碑及里程碑，可以藏諸名山，垂範後世，開啓門徑，臺灣史的未來新方向即孕育在這套叢書中。展視書稿，披卷流連，略綴數語以說明叢刊的成書經過，及對臺灣史的一些想法，期待與焦慮。

《臺灣史研究名家論集》共十四冊

陳支平——總序

　　臺灣史研究的興盛，主要是從二十世紀八十年代開始的。臺灣史研究的興起與興盛，一開始便與政治有著密切的聯繫。從大陸方面講，「文化大革命」的結束與「改革開放」政策的實行，使得大陸各界，當然包括政界和學界，把較多的注意力放置在臺灣問題之上。而從臺灣方面講，隨著「本土意識」的增強，以及之後的「臺獨」運動的推進，學界也把較多的精力轉移到對於臺灣歷史文化及其現狀的研究之上。經過二三十年的摸索與磨練，臺灣歷史文化的學術研究，逐漸蔚為大觀，成果喜人。以大陸的習慣性語言來定位，臺灣史研究，可以稱之為「臺灣史研究學科」了。未完待續……

汪毅夫——簡介

1950年3月生，臺灣省臺南市人。曾任福建社會科學院研究員，現任中華全國臺灣同胞聯誼會會長，福建師範大學社會歷史學院兼職教授、博士生導師，享受國務院特殊津貼專家。撰有學術著作《中國文化與閩臺社會》、《閩臺區域社會研究》、《閩臺緣與閩南風》、《閩臺地方史研究》、《閩臺地方史論稿》、《閩臺婦女史研究》等15種，200餘萬字。曾獲福建省社會科學優秀成果獎7項。

汪毅夫名家論集—目次

100 台北市中正區重慶南路1段121號8樓之14
TEL：（8862）2331 1675 FAX：（8862）2382 6225

E-mail：books5w@gmail.co
網址：http://bookstv.com.tv